EARLY AGRICULTURAL ECONOMIES ON NORTH LOESS PLATEAU:
FROM LATE NEOLITHIC TO EARLY BRONZE AGE

黄土高原北部早期农业经济研究

从新石器时代晚期到青铜时代早期

生膨菲 ◎著

复旦大学出版社

目 录

001 **第一章 绪论**
001 　一、选题意义和研究背景
008 　二、研究内容与研究目标
016 　三、本书的写作思路

019 **第二章 研究区域与年代框架**
019 　一、研究区域
021 　二、考古遗址
036 　三、年代框架

039 **第三章 作物组合分析**
039 　一、引言
042 　二、材料与方法
044 　三、结果
047 　四、讨论
064 　五、小结

066 **第四章 作物种子尺寸分析**
066 　一、引言

068 二、材料与方法
070 三、研究结果
073 四、讨论
079 五、小结

081 **第五章　作物种子同位素分析**
081 一、引言
084 二、材料与方法
086 三、结果
089 四、讨论
096 五、小结

098 **第六章　人与家畜同位素古食谱分析**
098 一、引言
100 二、材料与方法
105 三、结果
115 四、讨论
138 五、小结

140 **第七章　野生动物同位素古食谱分析**
140 一、引言
143 二、材料与方法
145 三、结果
148 四、讨论
156 五、小结

- 157 **第八章 总结与展望**
- 158 一、主要研究结论
- 161 二、不足与展望

- 163 **附录**

- 195 **后记**

第一章

绪　论

一、选题意义和研究背景

在人类文明演进的历程中,农业文明以其波澜壮阔的发展进程和深远持久的影响力,成为人与自然互动最显著的标志——它既是人类适应改造自然环境的里程碑,更是构建宜居宜业生存空间的创造性实践。考古学为探索农业起源、扩散传播与环境适应提供了独一无二的认识视角,使其成为考古学界最具研究价值和生命力的课题之一。打开人类的历史长卷,随着人类对谷物的栽培与驯化,农业出现并广泛传播,农业经济逐渐成为人类生存与社会发展的基石,并催生了地球上最早的城市和国家①。正如恩格斯指出,"马克思发现了人类历史的发展规律,即历来为繁芜丛杂的意识形态所掩盖着的一个简单事实:人们首先必须吃、喝、住,然后才能从事政治、

---

① Bruce G. Trigger, *Understanding Early Civilizations: A Comparative Study*, Cambridge University Press, 2003; T. Douglas Price, and Ofer Bar-Yosef, "The Origins of Agriculture: New Data, New Ideas: An Introduction to Supplement 4", *Current Anthropology*, 2011, 52, pp.163-174.

科学、艺术、宗教等等"①。农业经济是"何以文明"的基础。因而，探索文明起源与早期发展过程中农业经济发生的变化，不仅能够极大丰富人们对特定时空背景下人类农业生产与生活历史的认识，而且有助于加深对古代文明化过程的理解，是进一步开展全球范围内不同文明区域社会演化发展轨迹之间比较研究的基础性工作。

本研究关注的区域为我国的黄土高原北部地区，大致位于整个黄土高原的北缘。该区域地处我国东部季风区和西北干旱区之间的过渡地带，气候敏感，生态脆弱，如今是典型的农牧交错地带②。该地区长期被认为处于中国新石器时代文化核心区的边缘③，不过近些年来的考古发现显示黄土高原北部的人类文化在新石器时代晚期至青铜时代早期却异常兴盛，在中华文明起源过程中具有举足轻重的地位④。其中，总面积超过400万平方米的高等级核心聚落——石峁，横空出世，石破天惊⑤。石峁古城的考古发现与科学研

---

① 恩格斯：《在马克思墓前的讲话》，《马克思恩格斯文集（第三卷）》，中共中央马克思恩格斯列宁斯大林著作编译局编译，人民出版社2009年版，第601页。
② 韩茂莉：《中国北方农牧交错带的形成与气候变迁》，《考古》2005年第10期；王辉、莫多闻、袁靖：《陕北长城沿线先秦时期生业与环境的关系》，《第四纪研究》2014年第1期。
③ 严文明：《中国史前文化的统一性与多样性》，《文物》1987年第3期；韩建业：《早期中国——中国文化圈的形成和发展》，上海古籍出版社2020年版。
④ 孙周勇：《公元前第三千纪北方地区社会复杂化过程考察——以榆林地区考古资料为中心》，《考古与文物》2016年第4期；孙周勇、邵晶、邸楠：《石峁遗址的考古发现与研究综述》，《中原文物》2020第1期；戴向明：《从芦山峁到石峁——北方高原史前社会复杂化进程》，《考古》2024年第6期；张弛：《衰落与新生：论中国北方新石器时代两层经济文化体》，《考古》2024年第12期。
⑤ Li Jaang, Zhouyong Sun, Jing Shao, and Min Li, "When Peripheries Were Centres: A Preliminary Study of the Shimao-Centred Polity in the Loess Highland, China", *Antiquity*, 2018, 92(364), pp. 1008-1022; Zhouyong Sun, Jing Shao, Li Liu, Jianxin Cui, Michael F. Bonomo, Qinghua Guo, Xiaohong Wu, and Jiajing Wang, "The First Neolithic Urban Center on China's（转下页）

第一章 绪 论

究彻底改变了学界对中国史前文化格局和中国文明起源的原有认识[①]。大量新的考古材料与研究问题的涌现使黄土高原北部地区的考古学研究成为中国考古学研究的热点之一。越来越多的考古证据还表明,在青铜时代食物全球化过程中,黄土高原北部是我国农牧经济交错互动的策源地之一[②]。由此看来,我们对黄土高原北部地区新石器时代晚期至青铜时代早期农业经济变化轨迹的探索,对该地文明化和社会复杂化背景下农业发展模式的研究,可以为细说"何以石峁"和解答中华文明璀璨星河中石峁是怎样的存在,提供重要的考古实证。

田野考古调查与研究显示,新石器时代晚期至青铜时代早期(距今5 000~3 000年),黄土高原北部地区分布着大量属于仰韶晚期至晚商时期的人类文化遗存[③](彩图1)。其中,在仰韶晚期(距今5 000~4 500年),该地区出现了第一次新石器时代考古遗址面积、数量和文化层厚度的显著增长,人类文化面貌逐渐显露出独特

(接上页)North Loess Plateau: The Rise and Fall of Shimao", *Archaeological Research in Asia*, 2018, 14, pp.33-45.

[①] Yitzchak Jaffe, Roderick Campbell, Gideon Shelach-Lavi, "Shimao and the Rise of States in China Archaeology, Historiography, and Myth", *Current Anthropology*, 2022, 63(1), pp.95-117.

[②] Martin Jones, Harriet Hunt, Emma Lightfoot, Diane Lister, Xinyi Liu, and Giedre Motuzaite-Matuzeviciute, "Food Globalization in Prehistory", *World Archaeology*, 2011, 43(4), pp.665-675;张弛:《龙山-二里头——中国史前文化格局的改变与青铜时代全球化的形成》,《文物》2017年第6期;胡松梅、杨瞳、杨苗苗、邵晶、邸楠:《陕北靖边庙梁遗址动物遗存研究兼论中国牧业的形成》,《第四纪研究》2022年第1期;杨益民:《黄牛之路:从伏尔加河流域到黄河流域》,《中国农史》2024年第1期。

[③] 孙周勇:《公元前第三千纪北方地区社会复杂化过程考察——以榆林地区考古资料为中心》,《考古与文物》2016年第4期;杨亚长、马明志、胡松梅、王炜林:《陕西史前考古的发现和研究》,《考古与文物》2008年第6期。

性①。从龙山早期（距今4500～4200年）开始空三足陶器（以陶鬶、鬲、甗为中心）突然大量出现②，遗址数量明显增加，人类文化影响的范围进一步扩大③。至龙山晚-二里头时期（距今4200～3700年），距今4000年左右中国面积最大的石城都邑——石峁——出现④。该地区形成多层级区域性聚落系统，人口数量激增，政治、经济和社会结构日趋复杂，加速了文明化进程，开启了城市国家的发展道路⑤。朱开沟文化至晚商时期（距今3700～3000年），该地区遗址数量较之前出现波动，且明显减少，总数量较新石器时代遗址总数的三十分之一还少。不过，石峁、李家崖、辛庄和寨沟遗址的考古发现表明，该地在此阶段依然保持了城市文明和青铜文明的发展方向⑥。在以往的考古研究中，学者较多关注了具有"纪念碑"性质的物质文化遗存⑦，如石峁石城和各类高等级的文化遗物，如精制的玉器、石雕、骨器和陶器等⑧。大多数学者从文化互动交流和自

---

① 康宁武：《榆林市的仰韶时期遗存》，《考古与文物》2013年第4期。
② 张忠培：《黄河流域空三足器的兴起》，《华夏考古》1997年第1期；张弛：《衰落与新生：论中国北方新石器时代两层经济文化体》，《考古》2024年第12期。
③ 邵晶：《初论陕北地区龙山前期遗存》，《考古与文物》2019年第4期。
④ 孙周勇、邵晶、邸楠：《石峁遗址的考古发现与研究综述》，《中原文物》2020第1期。
⑤ 孙周勇、邵晶、邸楠：《石峁遗址皇城台地点2016～2019年度考古新发现》，《考古与文物》2020年第4期；戴向明：《从芦山峁到石峁——北方高原史前社会复杂化进程》，《考古》2024年第6期；王炜林、郭小宁：《陕北地区龙山至夏时期的聚落与社会初论》，《考古与文物》2016年第4期。
⑥ 张天恩：《陕北高原商代考古学文化简论》，《中国国家博物馆馆刊》2016年第9期；孙战伟、于有光、种建荣、曹大志：《陕西清涧县寨沟商代遗址》，《考古》2024年第10期。
⑦ Zhouyong Sun, Jing Shao, Li Liu, Jianxin Cui, Michael F. Bonomo, Qinghua Guo, Xiaohong Wu, and Jiajing Wang, "The First Neolithic Urban Center on China's North Loess Plateau: The Rise and Fall of Shimao", *Archaeological Research in Asia*, 2018, 14, pp.33-45.
⑧ Li Jaang, Zhouyong Sun, Jing Shao, and Min Li, "When Peripheries Were Centres: A Preliminary Study of the Shimao-Centred Polity in the Loess（转下页）

然气候变化的角度阐释石峁古城的兴衰历程,但对石峁所在区域城市文明的农业基础的综合研究尚待深入。

2001年国家文物局组织"河套地区先秦两汉时期的文化、生业与环境"课题开启了从考古学研究角度对黄土高原北部地区古代人地关系的探讨①。近十多年来,学者们在该区域陆续开展了动物考古研究②,体质人类学研究③,人骨与动物骨的C、N稳定同位素研究④,

---

(接上页)Highland, China", *Antiquity*, 2018, 92(364), pp.1008-1022; Rawson J., "Shimao and Erlitou: New Perspectives on the Origins of the Bronze Industry in Central China", *Antiquity*, 2017, 91(355), pp.e5.

① 内蒙古河套项目课题组:《开创生业、环境与考古学文化关系的先河——张忠培与"河套地区先秦两汉时期人类文化、生业与环境"课题》,曹建恩、孙金松、党郁、杨星宇执笔,《草原文物》2017年第2期。

② 胡松梅、孙周勇:《陕北靖边五庄果墚动物遗存及古环境分析》,《考古与文物》2005年第6期;胡松梅、杨利平、康宁武、杨苗苗、李小强:《陕西横山县大古界遗址动物遗存分析》,《考古与文物》2012年第4期;胡松梅、孙周勇、杨利平、康宁武、杨苗苗、李小强:《陕北横山杨界沙遗址动物遗存研究》,《人类学学报》2013年第1期;胡松梅、杨瞳、杨苗苗、邵晶、邸楠:《陕北靖边庙梁遗址动物遗存研究兼论中国牧业的形成》,《第四纪研究》2022年第1期;胡松梅、张鹏程、袁明:《榆林火石梁遗址动物遗存研究》,《人类学学报》2008年第3期;胡松梅、杨苗苗、孙周勇、邵晶:《2012~2013年度陕西神木石峁遗址出土动物遗存研究》,《考古与文物》2016年第4期;郭小宁:《陕北地区龙山晚期的生业方式——以木柱柱梁、神圪垯梁遗址的植物、动物遗存为例》,《农业考古》2017年第3期;黄蕴平:《内蒙古朱开沟遗址兽骨的鉴定与研究》,《考古学报》1996年第4期。

③ 周金妞:《陕北靖边五庄果墚遗址龙山时代早期人骨及相关考古学问题的研究》,西北大学考古学硕士学位论文,2012年。

④ 管理、胡耀武、胡松梅、孙周勇、秦亚、王昌燧:《陕北靖边五庄果墚动物骨的C和N稳定同位素分析》,《第四纪研究》2008年第6期;Pia Atahan, John Dodson, Xiaoqiang Li, Xinying Zhou, Liang Chen, Linda Barry, and Fiona Bertuch, "Temporal Trends in Millet Consumption in Northern China", *Journal of Archaeological Science*, 2014, 50, pp.171-177;蔡佳雯:《陕西石峁遗址年代和食性研究》,北京大学考古学硕士学位论文,2015年;陈相龙、郭小宁、胡耀武、王炜林、王昌燧:《陕西神木木柱柱梁遗址先民的食谱分析》,《考古与文物》2015年第5期;陈相龙、郭小宁、王炜林、胡松梅、胡耀武:《陕北神圪垯墚遗址4000 a BP前后生业经济的稳定同位素记录》,《中国科学:地球科学》2017年第1期;Pengfei Sheng, Yaowu Hu, Zhouyong Sun, Liping Yang, Songmei Hu,(转下页)

以及植物考古研究①等,奠定了科学认识该地区新石器时代晚期至青铜时代早期农业经济的基础。到目前,学者们开展了一系列专题性的探讨和个案研究,主要研究议题有:该地区仰韶晚期至晚商时期农业生产的内涵;先民对动、植物资源开发与利用的年代框架;先民在干旱地区的农业适应策略;龙山早期以绵羊、黄牛饲养为核心

(接上页)Benjamin T. Fuller, and Xue Shang, "Early Commensal Interaction between Humans and Hares in Neolithic Northern China", *Antiquity*, 2020, 94 (375), pp.622-636;李楠、左豪瑞、杨凡、闫欣、杨颖亮、吴小红、孙战伟:《陕西清涧寨沟遗址后刘家塔商代墓葬科技考古鉴定与分析》,《考古与文物》2024 年第 2 期;Liangliang Hou, Liuhong Yang, Binxin Wang, Yao Jia, and Guanghui Zhang, "The Subsistence Economy on the Northwest Edge of the Loess Plateau During C. 4000 a BP: Evidence from Stable Isotopes", *Journal of Archaeological Science: Reports*, 2022, 45, pp.103616.

① 夏秀敏、孙周勇、杨利平、康宁武、陈相龙、王昌燧、吴妍:《陕北榆林王阳畔遗址的植硅体分析》,《人类学学报》2016 年第 2 期;尹达:《河套地区史前农牧交错带的植物考古学研究——以石峁遗址及其相关》,中国社会科学院考古研究所考古学博士学位论文,2015 年;高升:《陕北神木石峁遗址植物遗存研究》,西北大学考古学硕士学位论文,2017 年;高升、孙周勇、邵晶、卫雪、赵志军:《陕西榆林寨峁梁遗址浮选结果及分析》,《农业考古》2016 年第 3 期;郭小宁:《陕北地区龙山晚期的生业方式——以木柱柱梁、神圪垯梁遗址的植、动物遗存为例》,《农业考古》2017 年第 3 期;Yige Bao, Xinying Zhou, Hanbin Liu, Songmei Hu, Keliang Zhao, Pia Atahan, John Dodson, Xiaoqiang Li, "Evolution of Prehistoric Dryland Agriculture in the Arid and Semi-Arid Transition Zone in Northern China", *PLoS One*, 2018, 13 (8), pp. e0198750; Pengfei Sheng, Shang Xue, Sun Zhouyong, Yang Liping, Guo Xiaoning, Martin Jones, "North-South Patterning of Millet Agriculture on the Loess Plateau: Late Neolithic Adaptations to Water Stress, NW China", *The Holocene*, 2018, 28(10), pp. 1554-1563;生膨菲、尚雪、杨利平、杨利平、张鹏程、郝建、王炜林、王昌燧:《陕西横山杨界沙遗址植物遗存的初步研究》,《考古与文物》2017 年第 3 期;生膨菲、尚雪、张鹏程:《榆林地区龙山晚期至夏代早期先民的作物选择初探》,《考古与文物》2020 年第 2 期;傅文彬、邸楠、邵晶、胡松梅、杨瑞琛、赵志军:《陕北靖边庙梁遗址浮选结果与分析》,《第四纪研究》2022 年第 1 期;杨瑞琛、邸楠、贾鑫、尹达、高升、邵晶、孙周勇、胡松梅、赵志军:《从石峁遗址出土植物遗存看夏时代早期榆林地区先民的生存策略选择》,《第四纪研究》2022 年第 1 期;蒋宇超、王晓毅:《兴县碧村遗址小玉梁台地的浮选结果及分析》,《文物季刊》2024 年第 2 期。

的牧业经济萌芽过程;龙山晚期社会复杂化过程中,不同等级的聚落居民在农业经济策略上的共性与差异;龙山晚期先民的食性;仰韶晚期、龙山晚期的家畜饲喂模式;全新世中晚期气候波动和干冷事件对人类农业活动的影响;新石器时代晚期至青铜时代早期先民食物结构中农业经济因素与狩猎、牧业经济因素比重的历时性变化,等等。

然而,目前研究仍缺乏在定性与定量分析的基础上,集成创新,以多种生物考古发现(人、植物和动物遗存)作为线索,综合回答是什么样的农业经济发展模式支撑了黄土高原北部地区新石器时代晚期至青铜时代早期的社会复杂化和文明化进程。更具体来说,黄土高原北部地区的先民用什么样的农业生产策略进行食物生产,来喂养该地区青铜时代早期快速崛起的城市文明。纵观人类历史,城市的出现在人类历史上具有革命性的意义,在早期城市化地区引发了深刻的社会变革①。它彻底打破了原始社会的均质化状态,通过"资源虹吸效应"等途径,使城乡之间与农牧之间走向了复杂的博弈。这种变革不仅是经济结构的调整,更是人类社会从分散走向集中、从简单走向复杂的关键转折②。在此过程中,农业不仅为早期城市提供了食物和劳动力的来源,还为经济发展、社会分工、文化传承和生态平衡提供了支撑③。基于此,我们选择以石峁古城为核心的黄土高原北部地区新石器时代晚期至青铜时代早期遗址中的各类生物考古发现为基础,利用科技考古方法,由多重

---

① Gordon Childe, "The Urban Revolution", *The Town Planning Review*, 1950, 21, pp.3-17.
② 戴向明:《中国史前社会的阶段性变化及早期国家的形成》,《考古学报》2020年第3期。
③ Bruce G. Trigger, *Understanding Early Civilizations: A Comparative Study*, Cambridge University Press, 2003, pp.279-314.

视角出发，汇聚多条考古线索，探讨该地区在文明起源、社会复杂化过程中的农业发展模式，揭示农业经济在此过程中发生的变化与影响。

二、研究内容与研究目标

农业生产和农产品消费是研究农业经济的两个核心方面，它们相互关联且共同构成农业经济系统的关键环节。农业生产属于供给端，决定了农产品的数量和质量，是农业经济的基础。农业生产涉及土地、劳动力、技术等资源的配置效率，直接影响农产品供给能力和经济收益；不同地区的自然条件（气候、土壤）和政策导向决定了作物种植结构和农业经营模式；农业生产也面临生态约束（如土壤退化、水资源短缺），需平衡短期经济效益与长期可持续性。消费属于需求端，反映了人类和家畜动物对农产品的需求情况，消费者的偏好直接影响农业生产的结构调整，而消费不平等（如贵族与平民在食物消费中的差异）反映农业经济中的分配问题。在农业生态系统中，一些野生动物对农产品的摄食消费则一定程度上可以指示农业活动的扩张，反映人类对生态环境的干扰与影响加剧。概之，从农业生产和农产品消费这两方面开展研究，能够帮助我们较为全面理解农业经济的运行机制。

考古学不仅擅长利用实物证据提供，观察特定时空中人类行为与环境状况的"横截面"[1]，还为我们探索古代人类活动与人地关系

---

[1] 霍巍：《从青藏高原新出土吐蕃墓葬看多民族的交流融合》，《中国藏学》2022年第4期。

提供了宏观的"深时"(deep time)视野①。因而,在明确的时空背景下,比较分析能够反映人类农业生产和农产品消费情况的各种生物考古证据(人、植物和动物遗存),揭示其历时性变化,对全面、具体地认识古代人类农业活动的变迁,具有不可替代的学术价值。鉴于此,本书中我们将在之前已获得的黄土高原北部地区新石器时代晚期至青铜时代早期考古遗址出土炭化植物种子、人类和动物骨骼遗存科技考古研究数据的基础上,系统收集整理其他相关研究数据,集成创新,综合运用 AMS-^{14}C 测年、植物考古学和 C、N 稳定同位素分析结果,对黄土高原北部地区新石器时代晚期至青铜时代早期的农业经济开展研究工作。

本研究的主要内容和目标如下。

(一)建立年代框架

碳-14 测年法是一种用于测定含碳物质年龄的科学方法,主要应用于考古学和地质学领域,适用于距今约 5 万至 6 万年以来的考古样本②。碳-14(^{14}C)属于一种放射性同位素,由宇宙射线与大气中的氮原子反应生成。植物通过光合作用吸收大气中的二氧化碳,动物则通过食物链间接吸收碳-14。生物体死亡后,碳-14 不再补充,并按半衰期约 5 730 年的速率衰变。通过测量样本中剩余的碳-14 含量,可以推算其死亡时间。考古遗址经浮选法收集的炭化农作物种子是良好的碳-14 测年材料,配合出土地点的自然地理背景和年代测定结果,可以帮助人们构建考古出土古代农作物的时空框

---

① Torben C. Rick, and Daniel H. Sandweiss, "Archaeology, Climate, and Global Change in the Age of Humans", *Proceedings of the National Academy of Sciences*, 2020, 117(15), pp. 8250-8253.
② 陈铁梅:《科技考古学》,北京大学出版社 2008 年版。

架。因此,我们重点收集整理研究区域相关时段内炭化农作物种子的 AMS-^{14}C 测年结果,整合其他相关遗址人骨等的 AMS-^{14}C 测年结果,建立新石器时代晚期至青铜时代早期黄土高原北部地区先民农业活动的年代学框架。

(二)作物组合分析

作物组合分析主要利用植物考古学研究方法,结合年代学研究结果,揭示千年尺度上黄土高原北部地区新石器时代晚期至青铜时代早期人类农业活动中作物组合结构发生的变化。植物考古(archaeobotany)是利用考古出土植物遗存研究过去人与植物关系的一门考古学的分支学科[1]。学者们主要是通过研究考古遗址发现的与人类直接或间接相关的大植物遗存(macro-botanical remains)和微体植物遗存(micro-botanical remains)来研究人类的生存环境以及人类利用不同植物的文化史,探讨古代人类社会的经济基础及其发展过程[2]。进入 21 世纪以来,随着植物考古研究实践在我国的推广,大量古代植物遗存在考古遗址中被科学系统地收集、研究与保管[3]。植物考古研究成为国际学界公认的探讨古代农业经济的重要途径之一[4]。学者们通过对考古出土各类农作物遗

---

[1] Deborah M. Pearsall, *Paleoethnobotany: A Handbook of Procedures* (3rd ed.), Routledge, 2015.

[2] 赵志军:《植物考古学:理论、方法和实践》,科学出版社 2010 年版;胡耀武、熊建雪、董宁宁、生膨菲、文少卿、董惟妙、薛轶宁、袁靖:《复旦大学科技考古研究院生物考古研究的工作流程》,《南方文物》2024 年第 4 期。

[3] 刘长江、靳桂云、孔昭宸:《植物考古:种子和果实研究》,科学出版社 2008 年版;赵志军:《植物考古学:理论、方法和实践》,科学出版社 2010 年版。

[4] Daniel Zohary, Maria Hopf, Ehud Weiss, *Domestication of Plants in the Old World: The Origin and Spread of Domesticated Plants in Southwest Asia, Europe, and the Mediterranean Basin* (4th ed.), Oxford University Press, 2012.

存的分类、鉴定和量化统计考察作物品种、作物数量和组合结构等信息,为清晰掌握古代农业经济的内涵及其变化轨迹奠定了基础①。本书收集并整理分析了新石器时代晚期至青铜时代早期黄土高原北部地区各类炭化农作物遗存的原始数据,选择合适的量化方法,重点关注不同农作物品种在农业生产中的比例变化,结合田野考古和自然环境背景,研究该地区相关时段内作物组合结构的历时性变化,探讨先民在城市崛起、社会复杂化加剧和人口激增过程中的作物选择和环境适应策略。

(三) 作物种子尺寸

作物种子尺寸分析主要利用植物种子的传统形态测量结果,结合年代学研究结果,揭示在新石器时代晚期至青铜时代早期的千年尺度上,黄土高原北部地区人类农业活动中作物种子尺寸大小的变化情况。种子尺寸属于作物种子的表型性状之一,是多种影响因子协同作用的结果。除了受到遗传潜力的影响外,作物生长的自然环境与人工管理也会对种子尺寸大小产生显著影响②。学者们通常对考古出土炭化农作物种子的粒长、粒宽和粒厚进行测量,经统计分析后,结合自然和人工环境其他证据,探讨在农业起源与传播扩散过程中,作物对自然和人工环境的响应与适应③。本书将随机选

---

① Christine A. Hastorf, Virginia S. Popper, eds., *Current Paleoethnobotany: Analytical Methods and Cultural Interpretations of Archaeological Plant Remains*, University of Chicago Press, 1988.
② 潘家驹:《作物育种学总论》,农业出版社 1994 年版。
③ Dorian Q. Fuller, Tim Denham, Manuel Arroyo-Kalin, Leilani Lucas, Chris J. Stevens, Ling Qin, Robin G. Allaby, and Michael D. Purugganan, "Convergent Evolution and Parallelism in Plant Domestication Revealed by an Expanding Archaeological Record", *Proceedings of the National Academy of Sciences*, 2014, 111(17), pp.6147-6152.

取一定数量,经浮选法收集的炭化粟和黍的种子,使用传统形态测量方法进行测量,收集已有的种子籽粒的测量数据,建立研究区域内目前所见最大的考古出土粟、黍种子的测量数据集,开展统计分析和对比研究。从粟、黍的粒长和粒宽的历时性变化出发,探讨研究区域内相关时段的气候环境和人工选择对农作物种子尺寸的选择压力。

(四) 作物种子同位素分析

农作物种子的化学组成也是作物种子重要的表型性状之一。通常来说,农作物生长的整个周期都是在自然环境与人为环境因素的协同作用中完成的。在此过程中,作为构成地球生命体的核心元素,碳(C)和氮(N)会在植物生长过程中会发生同位素分馏。这种分馏现象源于植物在吸收、代谢和转化这些元素时,不同同位素(如 ^{12}C 与 ^{13}C、^{14}N 与 ^{15}N)因物理、化学或生物过程的差异而被选择性利用或排斥。就碳(C)来说,主要由植物光合作用类型($C_3/C_4/CAM$)、气孔行为、环境胁迫(干旱/CO_2浓度)等因素共同决定;而氮(N)的影响因素包括:氮源类型(硝态氮/铵态氮/有机氮)、土壤微生物活动(硝化/反硝化)、施肥管理等[①]。因而,我们可以说农作物种子的C、N稳定同位素值能够一定程度上"记录"作物生长过程中来自气候环境与人为管理对作物产生的综合影响。近年来,对农作物种子开展C、N稳定同位素分析在国际植物考古学领域异军突起,帮助人们了解作物生长过程中的环境状况(自然环境与人工环

---

① Girolamo Fiorentino, Juan Pedro Ferrio, Amy Bogaard, José Luis Araus, and Simone Riehl, "Stable Isotopes in Archaeobotanical Research", *Vegetation History and Archaeobotany*, 2015, 24 (1), pp. 215-227; Paul Szpak, "Complexities of Nitrogen Isotope Biogeochemistry in Plant – Soil Systems: Implications for the Study of Ancient Agricultural and Animal Management Practices", *Frontier Plant Science*, 2014, 5, pp. 288.

境),揭示农田土壤质量变化(例如水分和肥力变化)等重要信息①,极大助力了学者们对古人农田管理活动的探索。土壤质量指土壤维持生态系统功能、支持生物生产、保持环境健康以及促进动植物与人类福祉的能力②。本书对黄土高原北部地区新石器时代晚期至青铜时代早期遗址浮选出土炭化农作物种子进行 C、N 稳定同位素分析,揭示作物生长期间环境状态(自然和人工)的一个个历史"切片",结合年代学和古环境研究结果,从土壤质量宏观演变历程出发,探讨区域内农业经济的发展模式。

(五) 人和家畜同位素古食谱分析

近二十年来,稳定同位素古食谱分析被广泛应用于中国考古学研究领域,特别是在探讨农业起源、家畜驯化与管理、人与动物的生存状态与营养健康情况等领域,发挥了越来越重要的作用③。该研究方法根据的原理是"我即我食"(you are what you eat),即"生物组织的化学成分直接取决于其所摄取的食物"④。学者们常以人和动

---

① Anne de Vareilles, Ruth Pelling, Jessie Woodbridge, and Ralph Fyfe, "Archaeology and Agriculture: Plants, People, and Past Land-Use", *Trends in Ecology & Evolution*, 2021, 36(10), pp.943-954;王欣:《黄河中游史前农田管理研究——以植物稳定同位素为视角》,中国社会科学出版社 2023 年版。

② Intergovenmental Panel on Climate Change, "IPCC Special Report on Climate Change, Desertification, Land Degradation, Sustainable Land Management, Food Security, and Greenhouse Gas Fluxes in Terrestrial Ecosystems", Summary for Policymakers, IPCC, 2019.

③ Yaowu Hu, "Thirty-Four Years of Stable Isotopic Analyses of Ancient Skeletons in China: An Overview, Progress and Prospects", *Archaeometry*, 2018, 60(1), pp.144-156;屈亚婷:《稳定同位素食谱分析视角下的考古中国》,科学出版社 2019 年版。

④ Matthew J. Kohn, "You Are What You Eat", *Science*, 1999, 283(5400), pp.335-336;胡耀武:《稳定同位素生物考古学的概念、简史、原理和目标》,《人类学学报》2021 年第 3 期。

物的各种身体组织遗存为研究材料,例如骨骼和牙齿等,通过 C、N 稳定同位素分析(carbon and nitrogen stable isotope analysis)研究人类和动物的食性,结合相关植物考古和动物考古发现,重建人类与动物个体或群体的食谱结构与营养级水平①。在黄土高原地区,学者对关中盆地出土人骨和家畜骨的 C、N 稳定同位素分析结果显示距今 5 500 年之后,该地区人骨和家畜骨骼样品的 $\delta^{13}C$ 值大多较高。结合植物考古发现,人们普遍认为粟黍食物在新石器时代晚期时已经成为黄土高原地区人类及家畜主要的食物来源②。本书中对黄土高原北部地区新石器时代晚期至青铜时代早期,考古遗址出土人骨和家畜动物骨骼遗存进行 C、N 稳定同位素分析,重建人类食谱和家畜饲喂模式,了解研究区域相关时段内人和家畜对农作物的消费情况,探讨人类饮食与家畜饲养业对农业经济的依赖程度,观察研究区域内城市化进程中农业经济的变化对人类和家畜生存状态的影响。

(六) 野生动物同位素古食谱分析

农业生产作为人类改造自然、进行生态位建设(niche construction)的主要手段,对自然生态系统的干扰不容忽视③。在史

---

① J. A. Lee-Thorp, "On Isotopes and Old Bones", *Archaeometry*, 2008, 50(6), pp. 925-950; Cheryl A. Makarewicz, and Judith Sealy, "Dietary Reconstruction, Mobility, and the Analysis of Ancient Skeletal Tissues: Expanding the Prospects of Stable Isotope Research in Archaeology", *Journal of Archaeological Science*, 2015, 56, pp. 146-158.
② 屈亚婷、胡珂、杨苗苗、崔建新:《新石器时代关中地区人类生业模式演变的生物考古学证据》,《人类学学报》2018 年第 1 期。
③ Bruce D. Smith, "Niche Construction and the Behavioral Context of Plant and Animal Domestication", *Evolutionary Anthropology: Issues, News, and Reviews*, 2007, 16(5), pp. 188-199; Nicole L. Boivin, Melinda A. (转下页)

前农业传播扩散过程中,人类农业活动已经不断扩展其生态影响,尤其是大型人类定居聚落、大规模谷物生产和储存等的出现,不仅塑造了人类居住地附近的自然和社会文化景观,还对周边地区的野生动物产生了新的选择压力,其中的影响包括动物种群规模、生态分布、食物网中的位置等[1]。在动物群中有一些直接受到人类管理和青睐的动物逐步走上被驯化之路,还有相当数量的野生动物也直接或间接受到人类农业活动的干扰,以食物为联系开始了与人类的共生互动与协同演化[2]。一定程度上讲,与人类共生的野生动物(如与人类活动密切相关的物种)的食性变化可以作为人类农业活动干扰的生态指示剂。这种变化能反映野生动物对环境压力、摄食模式改变以及农业生态系统的适应性响应。从这个角度看,野生动物同位素古食谱分析结果,揭示出与人类若即若离的共生动物的生

(接上页)Zeder, Dorian Q. Fuller, Alison Crowther, Greger Larson, Jon M. Erlandson, Tim Denham, and Michael D. Petraglia, "Ecological Consequences of Human Niche Construction: Examining Long-Term Anthropogenic Shaping of Global Species Distributions", *Proceedings of the National Academy of Sciences*, 2016, 113(23), pp.6388-6396.

[1] Bruce D. Smith, "A Cultural Niche Construction Theory of Initial Domestication", *Biological Theory*, 2011, 6(3), pp.260-271; Bruce D. Smith, "Neo-Darwinism, Niche Construction Theory, and the Initial Domestication of Plants and Animals", *Evolutionary Ecology*, 2016, 30(2), pp.307-324; Melinda A. Zeder, "Domestication as a Model System for Niche Construction Theory", *Evolutionary Ecology*, 2016, 30(2), pp.325-348; Martin M. Turcotte, Hitoshi Araki, Daniel S. Karp, Katja Poveda, and Susan R. Whitehead, "The Eco-Evolutionary Impacts of Domestication and Agricultural Practices on Wild Species", *Philosophical Transactions of the Royal Society B: Biological Sciences*, 2017, 372(1712), pp.20160033.

[2] Greger Larson, and Dorian Q. Fuller, "The Evolution of Animal Domestication", *Annual Review of Ecology, Evolution, and Systematics*, 2014, 45, pp.115-136; Dorian Q. Fuller, Chris J. Stevens, "Open for Competition: Domesticates, Parasitic Domesticoids and the Agricultural Niche", *Archaeology International*, 2017, 20(1), pp.110-121.

存状态,可以作为了解古代人类农业活动及其生态影响的一面"镜子"。鉴于此,我们选择黄土高原地区新石器时代晚期遗址出土的一些野生动物骨骼遗存,进行C、N稳定同位素古食谱分析,提供探讨全新世晚期研究区域内旱作农业发展模式的新线索。

三、本书的写作思路

为了系统了解黄土高原北部地区新石器时代晚期至青铜时代早期的农业经济,揭示"何以石峁"的物质基础,本书选取研究区域相关时段内考古出土的人类、植物和动物遗存进行科技考古研究,分别揭示作物组合和作物种子尺寸的历时性变化,农作物和农田杂草种子氮稳定同位素比值的历时性变化,人类和家畜及部分野生动物骨骼的C、N稳定同位素比值变化,综合新的和已有的各类考古证据,集成创新,努力把黄土高原北部地区文明起源和社会复杂化过程中的农业经济发展模式"全息地"展示出来,提供一幅关于黄土高原北部地区新石器时代晚期至青铜时代早期农业经济发展和人地关系变化轨迹更为清晰的画卷。

本书首先选取了黄土高原北部地区仰韶晚期(距今5000~4500年)至晚商时期(距今3200~3000年)共26处典型遗址出土的炭化农作物遗存,利用AMS-^{14}C测年结果和作物重量百分比、粟黍比计算结果,重建研究区域相关时段内先民农业生产中的作物组合结构,讨论作物组合的特点及其影响因素,揭示其在两千年时间内的历时性变化过程。尝试回答黄土高原北部地区居民在干旱环境、气候波动转冷、人口激增和社会复杂化的背景下,开展了什么样的农业生产策略,如何调整作物组合来增加作物产量,产生出怎样的农业经济发展模式。

我们还选取了黄土高原北部地区仰韶晚期至晚商时期（距今5 000～3 000年）杨界沙、大古界、庙畔、火石梁和辛庄共5处遗址经浮选法系统收集的炭化粟和炭化黍的种子，进行种子籽粒长和宽的测量。除此之外，收集了之前学者对肖家崄、石峁、寨峁、木柱柱梁、大口、新华、朱开沟和高红共8处遗址浮选出土炭化粟和黍种子长、宽的测量结果。综合分析研究区域相关时段内粟、黍籽粒长与宽的历时性变化状况，从自然气候环境条件、农田管理与人类选择的角度阐释作物种子尺寸的变化。

除此之外，我们对陕西榆林地区12处新石器时代晚期至青铜时代早期的考古遗址出土的93份炭化粟、黍和杂草种子样品进行C、N稳定同位素分析。重点利用粟、黍和农田杂草种子的N稳定同位素分析结果，重建研究区域相关时段内粟黍作物在生长过程中的土壤养分状况及其历时性变化，结合其他相关考古证据，尝试回答黄土高原北部地区居民在文明起源过程中通过什么旱作农业生产策略提高农业生产率来获得更多粮食，养活该地区青铜时代早期日益增加的城市人口。

我们对黄土高原北部地区仰韶晚期（距今5 000～4 500年）的杨界沙和大古界及王阳畔、龙山晚-二里头时期（距今4 200～3 700年）的石峁和木柱柱梁、晚商时期（距今3 200～3 000年）的辛庄等共6处典型遗址出土人类和家畜骨骼样品进行C、N稳定同位素分析。还收集整理和分析研究区域相关时段内五庄果墚、石峁、碧村、木柱柱梁、神圪垯梁、新华、大口、朱开沟和寨沟等共9处考古遗址已有的人类与家畜骨骼样品的C、N稳定同位素分析结果。在集成创新的基础上，综合讨论黄土高原北部地区新石器时代晚期至青铜时代早期人类与家畜食谱模式和生存状态的变化。

之后,我们对黄土高原北部 2 处仰韶晚期(距今 5 000～4 500 年)遗址出土的蒙古兔、黄鼬、狗獾等野生动物骨骼进行 C、N 稳定同位素分析,结合北方地区相关野生动物骨骼的 C、N 稳定同位素数据,探讨黄土高原北部地区新石器时代晚期粟黍农业扩张发展对上述共生动物的食性和生存状态的影响,增进对该地区新石器时代晚期旱作农业发展模式的认识。

最后,综合上述研究中对于黄土高原北部地区新石器时代晚期至青铜时代早期农业生产和农作物消费两个方面取得的多条考古线索,结合考古学研究背景,讨论该地区农业经济的特点、发展模式和变化轨迹,对研究区域相关时段内社会经济结构的影响。

第二章

研究区域与年代框架

一、研究区域

黄土高原北部地区是黄土高原向蒙古高原过渡的地带,也是典型的生态脆弱区和农牧交错带。地貌以黄土梁峁丘陵和沟壑为主,呈现半干旱向干旱过渡的气候特征。由黄河及其支流(如无定河、泾河)切割地表,形成深切河谷。其环境核心特征是风沙侵袭、沟壑纵横、生态脆弱、水土流失严重。该区域地理范围通常北以明长城沿线或鄂尔多斯高原南缘为界,与内蒙古高原的干旱草原或沙漠(如毛乌素沙地)接壤。东界延伸至吕梁山脉北段。西界则接近乌鞘岭-六盘山一线,与河西走廊和陇中盆地相邻。南界通常以年降水量400毫米等值线为界,区分北部干旱、半干旱区与南部较湿润区。该地区涵盖的行政区包括陕西省北部榆林市的靖边、定边、横山、绥德等地,主要为黄土丘陵和风沙草滩地貌。宁夏回族自治区南部固原市的西吉、彭阳、海原等地,属六盘山周边黄土覆盖区。甘肃省东北部庆阳市的环县、华池、镇原等地,地貌以塬、梁、峁地貌为典型;平凉市的静宁、庄浪等地,临近六盘山东麓。内蒙古自治区南部鄂尔多斯市的准格尔旗、伊金霍洛旗南部地区,此处多为黄河沿岸的黄土台地。

本书主要涉及的考古遗址大多位于陕西省北部的榆林市境内。该地区东临黄河与山西省隔河相望,西连宁夏、甘肃,南接延安,北与鄂尔多斯相连,系陕、甘、宁、蒙、晋五省区交界地带,包括榆阳区、横山区、神木县、府谷县、定边县、靖边县、绥德县、米脂县、佳县、吴堡县、子洲县、清涧县等2区10县。它是黄土高原的重要组成部分,与毛乌素沙地交界,其地势西北高,东南低。自然地貌是在中生代基岩所构成的古地形基础上,覆盖新生代红土和很厚的黄土层,再经过流水切割和土壤侵蚀而形成的。基本地貌类型是黄土塬、梁、峁、沟壑等。塬,是黄土高原经过现代沟壑分割后留存下来的高原面。梁、峁,是黄土塬经沟壑分割破碎而形成的黄土丘陵,或是与黄土期前的古丘陵地形有继承关系。沟壑大都是流水集中进行线状侵蚀并伴以滑塌、泻溜的结果。榆林地区目前地表植被有杨树、柳树、沙柳、柠条、沙蒿,及数量较多的草本植物。

榆林地区最主要的河流是无定河,它是黄河的重要支流之一。上源红柳河源于定边东南长春梁东麓,经毛乌素沙漠南缘向东南流淌,沿途纳榆溪河、芦河、大理河、淮宁河等支流,在清涧县河口注入黄河,全长超过490千米,流域面积约3万平方千米。年径流量15.3亿立方米。夏秋两季径流量占65%以上。北岸是毛乌素沙漠,南岸是黄土沟壑区,水土流失严重,河水含沙量大。无定河,是黄土高原北部的榆林地区的生命之河,是远古人类文明的摇篮。1922年,法国神父桑志华在无定河边发现了一枚门齿,并经北京协和医院解剖部主任步达生鉴定为3.5万年前的晚期智人门齿,相继这枚门齿所代表的晚期智人被学术界广泛认可为"河套人"或"河套文化"①。经过三次全国文物普查,考古学者在榆林地区无定河两岸发现大量新石器时代遗址,其密集程度几乎和现代的农业村落接近。

二、考古遗址

20世纪80年代,苏秉琦在考古学文化"区、系、类型"学说中将以晋中北地区为主,包括内蒙古中南部、陕北和冀东南的大部分地区归纳为"北方地区"②。童恩正则将自中国东北沿长城地带至西南地区的古代文化交流地区归纳为"半月形地带文化传播带",黄土高原北部地区是其中不可缺少的重要一环③。历史上这里是典型的农牧交错带,也是中国北方的长城地带的一部分④。对这一地区较大规模的田野考古工作也起始于20世纪80年代,但当时的出土材料较少,因而研究并不系统。2001年随着国家文物局"河套地区先秦两汉时期的文化、生业与环境"课题以及第二次全国文物普查工作的开展,大量史前古文化遗址被发现⑤。以榆林地区为例,第二次全国文物普查结果显示,该区域总面积约4.3万平方千米的范围,总共发现820处史前遗址,其中确定处于仰韶时期的遗址有

---

① 张改课、王社江、王小庆:《陕西旧石器时代考古的百年探索与成就》,《考古与文物》2024年第1期。
② 苏秉琦、殷玮璋:《关于考古学文化的区系类型问题》,《文物》1981年第5期。
③ 童恩正:《试论我国从东北至西南的边地半月形文化传播带》,《文物与考古论集》,文物出版社1986年版。
④ 韩茂莉:《中国北方农牧交错带的形成与气候变迁》,《考古》2005年第10期;张晓虹:《农牧交错带与早期中华文明的形成》,《江汉论坛》2023年第2期。
⑤ 杨亚长、马明志、胡松梅、王炜林:《陕西史前考古的发现和研究》,《考古与文物》2008年第6期。

125处,而属于龙山时期的遗址有695处,可见榆林地区在全新世晚期的人口激增和文化扩张[1]。第三次全国文物普查显示陕西榆林地区新石器时代遗址数量占据全部发现的30%以上,且大多数属于龙山时期[2]。本书主要涉及的考古遗址主要属于四个文化时期,分别是仰韶晚期、龙山早期、龙山晚-二里头时期和晚商时期。下面根据已公布资料简要介绍。

(一) 仰韶晚期

肖家峁遗址坐落于陕西榆阳区红石桥镇肖家峁村西侧山梁上,占地约20万平方米,地势西高东低。1996年夏,陕西省考古研究所联合榆林文管会在此开展抢救性考古,完成200平方米试掘工作。揭露的遗迹包括7处房址、3个灰坑、4座墓葬及4座陶窑,出土若干陶器和石器。全部发现的房址中,F5是陕北地区发现的首例窑洞式建筑遗存,尤为珍贵,其余多为半地穴式圆形或圆角方形居址。这些建筑单元展现出鲜明的空间规划:采用白灰地面与中央灶坑的设计,部分设有前室后室、壁龛耳室等复合结构,残留柱洞3到8个不等,门道多朝南向开凿。发现3座新石器时代墓葬均为无随葬品的西南或西向单人仰身直肢葬,另1座夏代墓葬出土单耳罐、圈足盘及陶碗组合器物。遗址地表散见大量陶片及零星石器,陶器兼具夹砂与泥质工艺,红灰陶系并存,器型涵盖罐、尖底瓶、平底瓶、折腹钵、盘和碗等,纹饰体系尤为丰富——有绳纹、篮纹、附加堆纹、刻划纹、弦纹等[3]。

---

[1] 孙周勇:《公元前第三千纪北方地区社会复杂化过程考察——以榆林地区考古资料为中心》,《考古与文物》2016年第4期。
[2] 卓海昕、鹿化煜、贾鑫、孙永刚:《新世中国北方沙地人类活动与气候变化关系的初步研究》,《第四纪研究》2013年第2期。
[3] 肖家峁遗址:http://www.silkroads.org.cn/portal.php/portal.php?mod=view&aid=51102,最后浏览日期:2025年3月31日。

五庄果墚遗址坐落于陕西省靖边县黄蒿界乡小界村西北,距县城约30千米,现属省级文保单位。遗址总面积约60万平方米,地表可见密集陶片堆积,采集标本以夹砂红陶、灰陶及泥质红陶、灰陶为主,饰有绳纹、篮纹等纹样,但因残损严重器型难以辨识,未见其他遗物。2001年陕西省考古研究所对该遗址实施系统性发掘,划分A、B、C三区展开工作,累计揭露面积1740平方米,清理出仰韶晚期至龙山早期房址21座、灰坑88处、陶窑2座,以及周代墓葬3座,出土陶、石、骨、玉器等文物数百件①。遗址一、二期文化层陶器特征鲜明:陶色体系涵盖红陶、褐陶、灰陶、红褐陶、灰褐陶五类;陶质分类则包括泥质陶、粗泥质陶、夹砂陶、夹粗砂陶与夹细砂陶五类。制作工艺以泥条盘筑法为主导,辅以手塑成型、泥片拼接等技法,部分器物口沿经慢轮修整形成抹痕②。

杨界沙遗址位于陕西省榆林市横山区雷龙湾乡沙峁村张油坊组,无定河南约1900米处,南部为无定河支流干沟。该遗址坐落在杨界沙头道梁、二道梁的西坡之上,为第三次全国文物普查首次发现,尚未列入文物保护单位。2010年考古队对杨界沙遗址的发掘共分为3个区,A区位于头道梁西坡最北端,发掘面积约1130平方米;B区位于头道梁西坡南端,发掘面积约240平方米;C区位于二道梁西坡中部,发掘面积约710平方米。共发现房址32座,灰坑93个③。杨界沙遗址出土的文物有陶器、石器、骨器、玉器,陶器陶质占绝大多数,又可划分为夹粗砂与夹细砂,个别为泥质;陶色以红

---

① 孙周勇、徐雍初、李文海、史君:《陕西靖边五庄果墚遗址发掘简报》,《考古与文物》2011年第6期。
② 史君:《陕西靖边五庄果墚遗址新石器时代遗存研究》,西北大学考古学硕士学位论文,2012年。
③ 孙周勇、齐东林、杨利平、康宁武、郝志国:《陕西横山杨界沙遗址发掘简报》,《考古与文物》2011年第6期。

陶为主，较多的褐陶，还有少量灰陶。大多为泥条盘筑而成，器物内壁有盘筑痕迹；纹饰以砂绳、篮纹为主，还有戳印纹、弦纹、刻划纹、附加堆纹等，个别为彩陶，器物内底多饰有绳纹；器型有尖底瓶、鼓腹罐、瓮、盆、折腹钵等。石器有大量石斧、石刀、石锛、石磨棒、石凿等，还发现有少量细石器，如石镞等。骨器有骨簪、骨笄、骨锥、骨匕等，还发现少量骨料；玉器有玉环①。

大古界遗址位于榆林市榆林市横山区王圪堵水库搬迁安置区内，"榆林市横山区特殊教育学校"东面，无定河南岸的二级台地上。由于毛乌素沙漠南移后沙化严重，遗址所在地已被低矮沙丘覆盖，地表生长有人工种植的紫穗槐、沙柳、白杨树等植被。该遗址位于大古界村西北约300米处的烂土峁西坡、南坡上，西距榆靖高速公路约500米。总发掘面积约500平方米，共发现房址7座、灰坑4个、窑址2座②。大古界遗址出土的文物有陶器、石器、骨器，陶器以夹砂陶较多，泥质陶较少；夹砂陶又分为夹粗砂和夹细砂，陶色以红陶为主，较多的褐陶，还有少量灰陶。大多为泥条盘筑而成，器物内壁有盘筑痕迹；纹饰以绳纹与篮纹为主，还有戳印纹、弦纹、刻划纹、附加堆纹等，个别为彩陶；器型有尖底瓶、鼓腹罐、瓮、盆、折腹钵等。石器有大量多为磨制，磨制精细，器型有石斧、石刀、石锛、石磨棒、石凿等，及少量细石器。

王阳畔遗址位于陕西省榆林市横山区城关镇马家峁村王阳畔组，坐落在村东瓦渣梁的西坡之上。遗址位于无定河南约1000米处，北部紧邻榆靖高速，西邻王阳畔村，原地貌为沙丘地带，地势南

---

① 胡松梅、孙周勇、杨利平、康宁武、杨苗苗、李小强：《陕北横山杨界沙遗址动物遗存研究》，《人类学学报》2013年第1期。
② 胡松梅、杨利平、康宁武、杨苗苗、李小强：《陕西横山县大古界遗址动物遗存分析》，《考古与文物》2012年第4期。

高北低，呈坡状。2010年王阳畔遗址发掘面积为550平方米，共发现房址7座、灰坑62个和墓葬3座。房址大部分已破坏，只残留主室地面，门道多朝西北，主室中部多发现圆角方形火塘。灰坑多为椭圆形或圆形袋状坑，口小底大；还发现一定数量的长方形或椭圆形平底坑。可见器型有鬲、斝、瓮、筒形罐、夹砂罐、盆、折腹钵等。石器有石斧、石刀、石锛、石磨棒、石凿等。骨器有骨簪、骨笄、骨锥、骨匕等。墓葬共发现3座，均为长方形土坑竖穴墓，东西向，仰身直肢葬，未发现随葬品。该遗址包括仰韶晚期还有少量龙山早期的文化遗存。另外，遗址出土有少量动物骨骼，经过鉴定其中包括家畜——家猪、家犬，还有一些野生动物骨骼如蒙古兔、野猪、梅花鹿等①。王阳畔遗址出土的农作物遗存为粟和黍②。

（二）龙山早期

庙梁（靖边）遗址位于陕西省榆林市靖边县杨桥畔镇杨二村东侧芦河南岸台地，距县城约2万米③。该遗址于第三次全国文物普查期间被发现，南北宽1000米，东西长200米，总面积达20万平方米。遗址主体由两座相连的东山峁与西山峁构成，海拔约1200米，四周地势平阔，东南侧有水脑沟（芦河支流）环绕流过。2017年9月至12月，为配合蒙西—华中运煤铁路建设，陕西省考古研究院联合市县文保单位对遗址实施抢救性发掘，重点清理了西北部西山峁区域。因南坡已遭破坏，考古队选择峁顶及北坡缓坡地带进行发

---

① 未公开资料。
② 夏秀敏、孙周勇、杨利平、康宁武、陈相龙、王昌燧、吴妍：《陕北榆林王阳畔遗址的植硅体分析》，《人类学学报》2016年第2期。
③ 邵晶、邸楠、杨国旗、何存礼、王阳阳、赵向辉、赵轲、康宁武、李文海、张文宝：《陕西靖边庙梁遗址龙山时代遗存发掘简报》，《考古与文物》2019年第4期。

掘，揭露面积 4 000 平方米，共发现房址 27 处、墓葬 1 座、灰坑 54 个、方坑 1 处、陶窑 2 座及灰沟 2 条，出土陶、石、骨器等文物数百件。该遗址文化堆积可划分为三组：第一组属于仰韶文化晚期遗存，与靖边五庄果墚、横山杨界沙等遗址同期遗存特征吻合；第二组为龙山时代早期遗存，其陶器组合与横山瓦窑渠寨山、靖边五庄果墚等遗址具有相似性；第三组为龙山时代后期遗存，文化面貌与榆林寨峁梁遗址高度接近。

大口遗址位于内蒙古准格尔旗沙圪堵镇东南，地处内蒙古、山西、陕西三省交界处的黄河北岸，现存面积约 3 万平方米[1]。1973 年内蒙古历史研究所对该遗址进行考古发掘，揭示出具有分期意义的文化堆积：下层为大口一期文化，属龙山文化时期；上层为大口二期文化，已跨入青铜时代初期。一期文化层出土陶器以泥质灰陶为主，泥质褐陶与夹砂灰陶次之，均采用手制工艺，典型器型包括鬲、罐、瓮及镂孔豆等，纹饰以篮纹、绳纹为主流，辅以少量附加堆纹与方格纹。石器数量较少，形制特征与二期遗存无明显差异。二期文化遗存内涵更为丰富，清理出 2 座圆角方形地面房址，面积分别为 9 平方米与 25 平方米，挖浅坑后填土夯筑地基，居住面涂抹白灰层，中央设圆形灶坑，室内柱洞底部垫碎陶片以加固木柱。另发现 7 座分布于房址周边的儿童瓮棺葬。该期石器以磨制农具为主，如铲、长方形穿孔刀及斧、锛等，打制石器仅见盘状器。陶器群中泥质灰陶占比最高，夹砂灰陶次之，器型新增小袋足瓮、大口尊等器物，部分器口经慢轮修整。纹饰虽延续篮纹、绳纹传统，但绳纹更为粗犷，形成与一期的显著差异。遗址还出土猪、羊、牛等家畜及鹿科动

---

[1] 吉发习、马耀圻：《内蒙古准格尔旗大口遗址的调查与试掘》，《考古》，1979 年第 4 期。

物骨骼。

阿善遗址位于内蒙古包头市区东郊阿善沟门东侧,北枕大青山,南临黄河,京包铁路与呼包公路自遗址与黄河之间东西横贯而过。遗址主体由东、西两座台地构成,两处台地均呈南北狭长的不规则形制,遗址总面积约 5.3 万平方米[①]。该遗址文化序列略晚于仰韶文化,可分为三期。其中,一期文化因保存状况较差,未见建筑遗迹,出土生产工具以石磨盘、磨棒、石球及砍砸器为主。陶器以泥质红陶居多,夹砂陶次之且烧制温度较低,典型器型包括锛形器、盆、罐及重唇小口瓶等。二期文化出现半地穴式方形房址,居住面采用褐色土抹成并经火烤硬化,房屋附属窖穴多为方形圆角直壁状。石器组合包含磨制石斧、弧背石刀、石铲及石镞等,陶器以泥质陶与夹砂陶为主,彩陶比例较低,代表性器型有折腹钵、曲腹钵及小口双耳罐。三期文化中建筑出现半地穴式与槽沟结构的地面建筑两类,平面呈纵长方形,居住面以草拌泥涂抹后轻微焙烧,墙面亦施草拌泥层。窖穴呈斜壁覆斗状方形圆角。出土工具有镞、石斧、石铲、有孔长方形石刀和有柄骨刀等。陶器以泥质灰陶最具特色,流行篮纹与磨光工艺。

(三) 龙山晚-二里头时期

寨峁遗址坐落于陕西省榆林市神木市店塔镇寨峁村,地处窟野河与支流考考乌素河交汇形成的三角形河滨阶地,属毛乌素沙漠东缘与鄂尔多斯高原-黄土丘陵的生态过渡带。遗址整体地势南低北高,地表平缓开阔,北部接续山梁峁坡地,区域植被稀疏,呈现典型

---

① 崔璇、斯琴、刘幻真、何林:《内蒙古包头市阿善遗址发掘简报》,《考古》1984 年第 2 期。

荒漠-半荒漠景观。遗址现存范围东西宽约220米，南北延伸近600米，总面积达60万平方米。寨峁遗址可分为三期，其中第二期为龙山时代晚期遗存，内涵最丰富。第二期发现房址11座，建筑形制包含半地穴式与地面式两类，居住面处理有白灰面涂抹地面，亦有夯土硬化地面。同期清理的墓葬均为长方形竖穴土坑墓，宽度窄，无棺椁痕迹，绝大多数无陪葬器物，仅个别墓葬随葬动物头骨，但未见陶器随葬现象。遗址出土陶器以泥质灰陶为主，夹砂灰陶次之，泥质与夹砂褐陶最少；纹饰中以篮纹占据主流，绳纹次之，弦纹、划纹、方格纹及附加堆纹等装饰仅零星出现①。

寨峁梁遗址位于陕西省榆林市榆阳区安崖镇房崖村西南约800米处，主体坐落于开光川（秃尾河一级支流）下游西南岸的椭圆形独立山峁之上。其地形险要，东、西、北三面环以深沟，东南部经马鞍形山脊与相邻山峁衔接，构成天然屏障。遗址南、西两侧残存断续石砌城墙遗迹，总长约200米，呈L形分布。城墙以砂岩块错缝平砌构筑，外侧增筑护坡墙强化防御体系。该遗址陶器群具有典型河套地区龙山文化特征：陶色以灰陶为主导，偶见灰皮红褐陶、灰褐陶及红陶，并发现零星彩陶标本。陶质以夹砂陶为主，泥质陶次之；纹饰系统以篮纹与绳纹为核心，辅以素面抹光处理，方格纹、刻划纹及附加堆纹等装饰较少。代表性器物包括双鋬鬲、单把鬲、圜底瓮、敛口瓮、细柄豆，以及喇叭口圆（折）肩罐、直口鼓肩罐、筒形罐、高领罐、双鋬深腹盆与斗笠形器盖等②。

火石梁遗址位于陕西省榆林市榆阳区小纪汗乡昌汉界村，西北

---

① 吕智荣、宋远茹：《陕西神木寨峁新石器时代遗址发掘报告》，《考古学报》2021年第3期。
② 孙周勇、邵晶、赵向辉、杨国旗、唐博豪、卫雪、徐舸、康宁武、郝志国、戴峰：《陕西榆林寨峁梁遗址2014年度发掘简报》，《考古与文物》2018年第1期。

距榆林市区15千米。该遗址深嵌在毛乌素沙漠腹地,现存遗址面积约10万平方米。2006年4~6月,为配合榆林新机场建设工程,陕西省考古研究所对该遗址实施抢救性田野考古发掘工作,发掘面积350平方米,清理出房址3处、灰坑27座、墓葬2座,出土陶器、石器、骨器等文物千余件,还发现一件青铜小刀①,并发现大量兽骨遗存,其中以羊骨数量最多,约占总数的60%②。考古研究表明,该遗址主体文化层属龙山文化晚期至夏代早期阶段,其文化面貌与榆林神木新华遗址及内蒙古朱开沟遗址一、二期遗存具有相似性。现今的火石梁遗址处于毛乌素沙地东南缘,遗址位于断续分布于沙地中的黑色砂层之上,文化层厚度约0.5米,推测其使用持续的时间短。

石峁遗址位于陕西省神木市高家堡镇石峁村,是已发现的龙山晚期至夏代早期我国北方地区规模最大的城址,面积逾400万平方米③。石峁遗址以"皇城台"为中心,包括内城和外城,以石砌城垣为周界构建起结构清晰的大型石城,城门、墩台、马面、角台等附属设施形制完备、保存良好。2012年至2019年间,石峁遗址考古团队系统发掘了外城东门址及内城后阳湾、皇城台等重点区域,揭示出史前都邑级城址的宏大格局。其中,皇城台作为核心功能区仍处于持续发掘中,其四周以巨石砌筑的护墙构筑起封闭空间,台内集中出土的玉器、石范、壁画及铸铜、制骨作坊遗存,不仅彰显出尖端手工业技术的垄断性,更印证了此处作为统治阶层居所与权力中枢的"宫城"属性。

---

① 曹玮:《陕北出土青铜器》,巴蜀书社2009年版,第464页。
② 胡松梅、张鹏程、袁明:《榆林火石梁遗址动物遗存研究》,《人类学学报》2008年第3期。
③ 孙周勇、邵晶、邸楠:《石峁遗址皇城台地点2016~2019年度考古新发现》,《考古与文物》2020年第4期;孙周勇、邵晶:《石峁遗址皇城台大台基出土石雕研究》,《考古与文物》2020年第4期;孙周勇、邵晶、邵安定、康宁武、屈凤鸣、刘小明:《陕西神木县石峁遗址》,《考古》2013年第7期。

外城东门则以立体防御体系震惊学界：内外瓮城、双墩台、多门塾构成的复合城门结构，辅以城墙附建的马面（间距约 40 米），共同构成中国现存最早的系统性城防体系，将瓮城与马面这类城防设施的起源追溯至龙山时代晚期，揭示出前国家阶段北方地区剧烈的社会冲突与权力整合进程。该区域地层及遗迹中出土的玉铲、玉钺、玉璜、牙璋、陶器、壁画和石雕头像等重要遗物，与"头骨祭祀坑"和"藏玉于墙"等特殊现象，凸显了城门可能兼具礼仪与防御的双重功能。

新华遗址位于陕西省神木市大保当镇新华村西北约 500 米处的彭素圪瘩台地，1978 年调查发现，面积约 10 万平方米[①]。遗址地表陶片密布，遗迹暴露严重。1996 年与 1999 年，为配合"陕京天然气管道"和"神延铁路"工程，陕西省考古研究所联合榆林文保部门展开两次抢救性发掘，累计揭露面积 3 万平方米，清理出房址 33 座、灰坑 155 处、陶窑 5 座、成人墓葬 72 座，并发现具有特殊仪式内涵的祭祀坑 K1。祭祀坑内埋藏 36 件玉石器，所有器物均呈竖直侧立状态植入生土：刃器以刃部朝下、非刃器以薄面朝下定向埋置，分 6 排排列（每排 2 件至 10 件不等），器物间距保持平行关系，展现出严谨的礼仪空间规划[②]。陶器群分析显示，泥质陶占比高，夹砂陶次之；陶色以灰陶为主流，辅以红陶、磨光黑皮陶及褐陶；纹饰有绳纹、篮纹、弦纹、戳印纹、附加堆纹等。房址建筑特征鲜明，平面多呈圆形或圆角方形半地穴式结构，居住面多为自然踩踏硬面，仅个别涂抹白灰层，室内普遍遗留烧灼痕迹但鲜见规范灶坑，门道统一朝南开设。

木柱柱梁遗址位于陕西省神木市大保当镇野鸡河村南约 3 千米处的木柱柱梁北坡上，系陕北地区首次发现的史前环壕聚落。遗

[①] 邢福来、李明、孙周勇：《陕西神木新华遗址 1999 年发掘简报》，《考古与文物》2002 年第 1 期。

[②] 孙周勇：《神木新华遗址出土玉器的几个问题》，《中原文物》2002 年第 5 期。

址保存有完整环壕系统，壕沟周长约562米，壕内分布密集房址与灰坑遗迹①。2011年9月，陕西省考古研究所对遗址实施局部田野考古发掘，揭示环壕横截面呈"U"字形，壕宽3.3米，深2.5～3米，出土遗物虽少但年代特征明确，证实其营建与废弃均属龙山时代晚期。为探明环壕内部结构，考古队于遗址西缘邻近环壕区域布方发掘，清理出半地穴式房址1座及灰坑21处。房址内西南壁设袋状储藏坑，有袋状坑、圆形坑、方坑及不规则坑等类型。

神圪垯梁遗址位于陕西省神木市大保当镇野鸡河村六组神圪垯梁南部的缓坡上，2013年因大保当榆神工业移民安置区建设启动考古勘探。遗址地层堆积清楚，自上而下分为三层：1～2层为无遗物沙层，遗迹多开口于2层下；3层仅见于南部，发现零星陶片。同年8月陕西省考古研究所完成对该遗址1800平方米的田野考古发掘，揭露85处遗迹，包括13座竖穴土坑墓、12座房址、58个灰坑及2条沟，呈现居葬混杂的无序布局，未形成独立墓区或居址区。墓葬形制特征鲜明，13座墓中仅M7设原木棺作为葬具，墓圹规模达4米×3米×3.3米，为陕北迄今所见最大史前墓葬，西壁设壁龛放置6件陶器，墓底北部殉葬屈肢殉人。该墓葬与陶寺遗址墓葬特征一致，但壁龛放置随葬品与朱开沟文化葬俗相似。另外，整猪殉葬也区别于陶寺遗址常见的猪下颌随葬模式。除了合葬墓和殉整猪的墓葬外，其余均为无葬具、无随葬品的单人葬。遗址出土陶器与新华、木柱柱梁、石峁龙山晚期遗存高度相似，结合层位关系推定其年代为龙山时代晚期②。

碧村遗址位于山西省吕梁市兴县高家村镇碧村北部，是晋西北

---

① 王玮林、郭小宁、康宁武、刘小明、胡珂、陈靓：《陕西神木县木柱柱梁遗址发掘简报》，《考古与文物》2015年第5期。
② 郭小宁、王炜林、康宁武、屈凤鸣、陈靓：《陕西神木县神圪垯梁遗址发掘简报》，《考古与文物》2016年第4期。

地区发现的龙山时代大型石构城址。2014年启动系统性考古调查,确认城址核心区面积约75万平方米①。山西省考古研究所2015年对小玉梁与城墙圪垛两处关键区域开展试掘,在小玉梁台地揭露五座规整排列的大型石砌房址群②,其东部发现密集的灰坑,推测为生活废弃物堆积区。台地北、南两侧均存石墙基址,东北部更发现由四间石室构成的复合建筑单元,显示出明确的聚落功能分区。出土陶器的陶色以灰陶为主,褐陶与黑皮陶次之;陶质以泥质陶占主导,夹砂陶为辅;纹饰以篮纹和绳纹为主流,也有方格纹、弦纹等装饰。器型组合凸显龙山时代特色,以蛋形瓮、甗、斝、鬲、盉等空三足器为典型,辅以高领折肩罐、大口尊、瓿等贮藏器。2023年对寨梁西侧临河坡地的发掘③,进一步揭示出独特的护坡墙体系:墙体采用石砌与夯土交替构筑工艺,自上而下分层叠砌,局部存在修补痕迹。相较于小玉梁的精工石墙,此处护坡墙体量较窄且工艺简化,暗示着不同功能区间的等级差异。

朱开沟遗址坐落于内蒙古自治区伊金霍洛旗朱开沟村,1974年发现并于1977～1984年间进行四次考古发掘,按自然地貌划分为七个发掘区,累计揭露面积约4200平方米④。该遗址文化层连续性强,

---

① 山西省考古研究院、山西大学考古学院、兴县文化和旅游局:《山西兴县碧村遗址小玉梁台地西北部发掘简报》,王晓毅、王小娟、张光辉、任海云、陈鑫、袁媛、刘慧、吴晓聪、姬英杰、罗欣欣、徐哲、李锐莎、韩凯、侯帅辉、梁乐诺、张婷、孙静怡、应婷婷、杜嘉伟、陈泽宇、饶菲、牛钟艳、李昌宏、伍腾飞、张晨阳、万佳芳、尹英伊发掘,《考古与文物》2022年第2期。
② 山西省考古研究院、山西大学历史文化学院考古系、兴县文物旅游局:《2016年山西兴县碧村遗址发掘简报》,王晓毅、王小娟、张光辉、安根、刘朝、裴学松、尹嘉琦、吴晓聪、孙科科、杨金丹、韩睿洋、韩明星、秦帅帅、刘威、徐新婷、苗忠煜发掘,孙先徒绘图,《中原文物》2017年第6期。
③ 张光辉、石晓润:《2023年山西兴县碧村遗址寨梁上地点发掘简报》,《文物季刊》2024年第2期。
④ 王乐文:《朱开沟遗址出土遗存分析》,《北方文物》2004年第3期。

涵盖仰韶文化、龙山晚期、大口二期文化及朱开沟文化遗存，尤以大口二期文化与朱开沟文化遗存最为丰富。考古清理出房址、灰坑、墓葬等遗迹，出土陶器、石器、骨器及铜器等遗物。遗址空间布局特征鲜明：Ⅰ、Ⅱ、Ⅴ区为核心居住区，文化层堆积厚，以房址、灰坑为主，偶见儿童瓮棺葬；外围分布密集墓葬群；Ⅲ、Ⅵ区则为单纯墓葬区，文化层薄。大口二期文化遗存以三足瓮、高领折肩罐为典型器物，流行瓮棺葬习俗，其文化辐射范围北抵阴山南麓，南达晋北、陕北地区（如陕北新华遗址即属该文化体系）。朱开沟文化遗存则凸显本土文化特质，兼融二里头文化和商文化的特征，出土青铜爵、鼎等残片，并发现有虎纹铜戈和商式陶簋等器物。值得注意的是，朱开沟文化向南扩张过程中与陕北石峁集团发生激烈冲突，可能与石峁衰亡直接相关[1]。

（四）晚商时期

李家崖遗址位于陕西省清涧县高杰村镇李家崖村西侧山梁上，地处无定河与黄河交汇要冲，是商代晚期至西周初期黄土高原北部地区的核心城址，属于"李家崖文化"（亦称"鬼方文化"）[2]。该遗址于1981年发现，1983～1991年经系统发掘，揭示出商周时期的建筑遗迹和墓葬，在城外还存在龙山文化、商周和东周时期的遗存，2006年列入第六批全国重点文物保护单位。城址平面呈不规则长方形，东西长495米，南北宽122～213米，城垣采用堑山为主，局部辅以土石相间夯筑或内夯、外砌石的建筑工艺。城内发现房址、窖穴及石板围砌的瓮棺葬等遗迹，尤以A区F1建筑群最具等级特

---

[1] 中国大百科全书第三版网络版：https://www.zgbk.com/ecph/words?SiteID=1&ID=535868&Type=bkzyb&SubID=147557，最后浏览日期：2025年3月31日。

[2] 陕西省考古研究院编著：《李家崖》，文物出版社2013年版。

征：这座殿庙式建筑外围设夯土围墙院落，内部三组房址呈"品"字形布局，总面积逾1000平方米，或为族群祭祀与权力运作的核心空间。出土遗物涵盖陶器、骨器、石器、铜器四类：陶器以夹砂灰陶为主，泥质灰陶次之，红陶仅零星发现，器型包括鬲、鼎、豆、簋、三足瓮、盆、罐、钵等，纹饰以绳纹为主，辅以云雷纹、乳丁纹等装饰；骨器有生产工具（如铲、镞）、生活用具（如笄、针）及卜骨等遗存；铜器虽以镞、锥等小件为主，但铜渣与泥范残块暗示本地青铜铸造活动。墓葬分布于城内东西两侧及城外东、西区域，均为小型竖穴土坑墓，很少有随葬品，个别墓随葬单件青铜兵器或陶器。

高红遗址坐落于山西省柳林县高红村南的寺枣垣山梁，三川河三面环绕形成天然屏障[①]。该遗址于1983年调查发现商代晚期至汉代文化层，2004年考古工作者在山梁顶部揭露夯土基址群20余处，总面积近4000平方米。2004~2006年经系统发掘2350平方米，确认核心建筑群年代相当于殷墟文化二、三期，其中7号夯土基址规模最大，位于基址群中心，现存台基长50米、宽11米，高出原始活动面约1米。该台基营建工艺考究：先划定建筑轮廓并平整地基，环土丘下挖1米形成基槽，填土夯实至与地表齐平，再内收1米以版筑法构筑主体。台基南北两侧基槽内密集分布等距柱洞。基址北侧18米处有东、西长约42.5米的夯土墙，残高1.5米，两者通过连续活动面形成空间联络。遗址出土遗物以陶器为主，兼有石器、骨器。陶器分泥质与夹砂两类，灰陶占比最多，另见褐胎灰皮陶及少量褐胎黑皮陶。纹饰以绳纹为大宗，附加堆纹多饰于鬲口沿与颈部，鬲、盆、罐器物口沿上存在楔形纹或菱形窝点纹，还有云雷纹、

---

① 冀保金、张雪梅、梁苏红、马泉、高继平、耿鹏、李永敏、曾彩婷、张明菊、王京燕、范文谦：《山西柳林高红遗址2007年发掘简报》，《中原文物》2019年第6期。

楔形点纹、弦纹等装饰。典型器型包括小口广肩罐、深腹盆、三足瓮、甗和鬲等，尤以圜底器占比突出①。高红遗址宏大的夯土建筑群与高超营建技术，刷新了人们对晋西商代方国都邑形态的认知。

辛庄遗址位于陕西省清涧县辛庄村，为第三次文物普查时首次发现。该遗址文化内涵以商代晚期遗存为主，文化面貌接近清涧李家崖、绥德薛家渠、山西柳林高红等遗址同时期遗存，总面积约10万平方米②。2012年至2016年陕西省考古研究院对该遗址持续进行考古发掘工作，发现有大型礼仪性夯土建筑，以及其他中、小型下沉式夯土建筑，陶范及铸铜作坊，灰坑、墓葬等遗迹，出土了陶器、石器、骨器、铜器等商代晚期的重要文物。其中，2015年考古工作者对遗址内的老爷盖和枣湾畔两处地点进行了发掘。在老爷盖遗址点发现了迄今晋陕高原商代晚期规模最大的夯土建筑群，其种类包括大型礼仪性建筑、中型礼仪性建筑、小型居住建筑，层级结构清楚，种类多样齐全。③ 所有建筑皆为下沉式结构，建筑于下切生土的基槽中，为该区域首次发现并确认的高等级聚落考古遗存。老爷盖遗址点的大型礼仪性建筑（F1）规模恢宏，主体建筑加回廊总面积约4 200平方米，是目前商代晚期仅次于殷墟的大型建筑物遗存。该建筑的门道及回廊铺设木地板，其两端嵌入夯土内并再用横木固定等建筑方式也极为罕见。④ 另外，周边布局有小型建筑排房，有单间、套间、一堂一室、一堂多室、开放式等建筑结构。清涧辛庄遗

---

① 中国大百科全书第三版网络版：https://www.zgbk.com/ecph/words?SiteID=1&ID=485808&Type=bkzyb&SubID=147557，最后浏览日期：2025年3月31日。
② 赵艺蓬：《晋陕高原晚商聚落新识》，《中国国家博物馆馆刊》2019年第10期。
③ 陕西省考古研究院：《2014年陕西省考古研究院考古发掘调查新收获》，《考古与文物》2015年第2期。
④ 同上。

址夯土建筑群是目前晋陕高原商代晚期规模最大的建筑群。

后刘家塔墓地位于陕西省清涧县解家沟镇后刘家塔村南的称为"长梁"的山峁上,向西距离寨沟遗址2.5千米,向东距黄河的直线距离近10千米[1]。该遗址地处黄土高原腹地核心区,呈现典型的黄土丘陵地貌特征,沟壑切割剧烈、梁峁交错纵横。墓地所在山梁为南北向,东、西、北三面环以深沟陡坡,峁顶相对平缓,南北延伸300米,东西宽60米,海拔约974米,整体呈现北低南高的地形走势。2022年9—12月,陕西省考古研究院联合当地文管单位对该墓地实施抢救性考古发掘,共清理出4座集中分布的商代墓葬(编号M1—M4)。墓葬自北向南线性排列,墓向均为南北向,未见腰坑与殉人现象。其中M1为带墓道的"甲"字形墓室结构,M2—M4为竖穴土坑形制,M1、M3、M4三座墓室内发现葬车遗存。虽遭早期及现代盗扰,仍出土有大量铜器、玉器、骨器、金器、陶器等各类遗物。该墓群的发现,为厘清商代晋陕高原族群葬制特征及与寨沟遗址的聚落层级关系提供了关键性实物资料。

三、年代框架

为了明确黄土高原北部地区新石器时代晚期至青铜时代早期人类农业活动的年代框架,我们首先选择直接开展研究工作的相关考古遗址浮选出土炭化农作物种子或人骨样品,送交相关碳-14测年实验室进行 AMS-^{14}C 测年。同时,我们收集了一些近年来其他

---

[1] 孙战伟、于有光:《陕西清涧寨沟遗址后刘家塔商代墓葬发掘简报》,《考古与文物》2024年第2期。

学者公布的研究区域相关时段内考古出土植物种子和人骨样品的 AMS-^{14}C 测年结果。全部结果绘制图 2-1，数据详见附表一，树轮校正曲线采用 IntCal20[①]，树轮校正程序采用 OxCal v4.4.4[②]。

从结果来看，肖家圪旦、大古界和杨界沙年代相对较早，文化年代属于仰韶晚期，碳-14 测年结果大致处于 5 000～4 500 cal. BP 的范围内。其次，大口、阿善、庙畔、圆疙瘩、上阳洼、红梁和庙梁（横山）的文化年代属于龙山早期，碳-14 测年结果下限多数接近 4 300 cal. BP。之后，寨峁、石峁、火石梁、新华、木柱柱梁、朱开沟和神圪垯梁的文化年代多属于龙山晚-二里头时期，碳-14 测年结果大体处于 4 000～3 700 cal. BP。石峁遗址大致处于朱开沟文化阶段的农作物遗存，碳-14 测年结果处于 3 500 cal. BP。最后，辛庄遗址的文化年代属于晚商时期，也相当于李家崖文化时期，碳-14 测年结果处于 3 200～3 000 cal. BP。

整体来看，本文涉及的黄土高原北部地区新石器时代晚期至青铜时代早期考古遗址的碳-14 年代处于 5 000～3 000 cal. BP，测年结果大体能够区分上述四个文化时期。综合碳-14 测年结果和前人相关认识，本研究建立的黄土高原北部地区新石器时代晚期至青铜时代早期人类农业活动的年代框架为：1) 仰韶晚期：距今 5 000～4 500 年；2) 龙山早期：距今 4 500～4 200 年；3) 龙山晚-二里头时期：距今 4 200～3 700 年；4) 晚商时期：距今 3 200～3 000 年。上述年代中，龙山晚-二里头时期与晚商时期（李家崖文化）之间存在缺

[①] Paula J. Reimer, William E. N. Austin, Edouard Bard, Alex Bayliss, Paul G. Blackwell, Christopher Bronk Ramsey, Martin Butzin, et al., "The Intcal20 Northern Hemisphere Radiocarbon Age Calibration Curve (0-55 Cal kBP)", *Radiocarbon*, 2020, 62(4), pp.725-757.

[②] http://c14.arch.ox.ac.uk/oxcal.html，最后浏览日期：2025 年 3 月 31 日。

环,若将朱开沟文化考虑其中,则也可将暂第 4 个时期命名为朱开沟-李家崖时期,年代为距今 3 700~3 000 年。

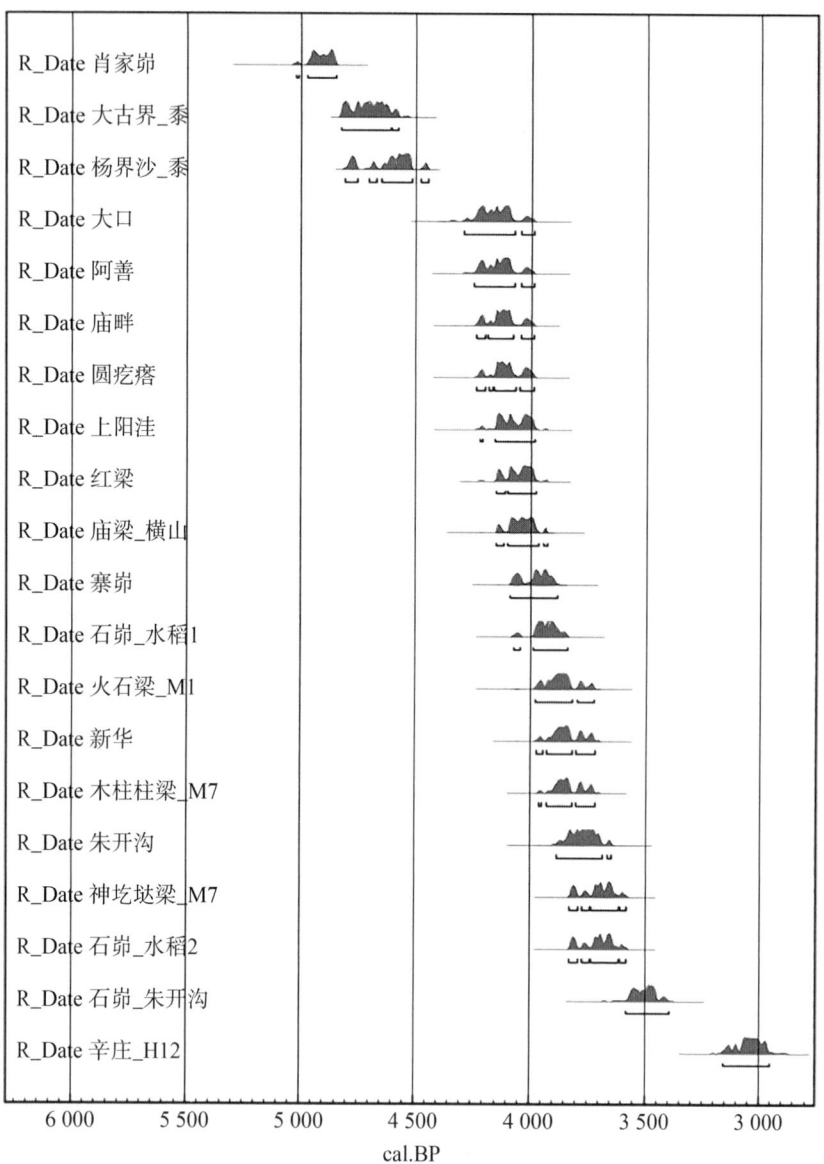

图 2-1 本研究相关遗址的 AMS-^{14}C 测年及树轮校正结果

第三章

作物组合分析

一、引言

作物组合(cropping pattern),主要指农业人群在长期的农业生产实践中,在自然与社会等多重因素的影响下,形成的适应环境条件、满足人类需要的农作物生产的组合结构[1]。一般来说,作物组合的历时性变化记录了人类的农业生产活动与自然环境、社会文化因素长期相互作用的历史过程,是我们理解古代农业经济的重要指标之一[2]。在以往的研究中,学者针对黄土高原北部地区个别时段

---

[1] Christine A. Hastorf, Virginia S. Popper (eds.), *Current Paleoethnobotany: Analytical Methods and Cultural Interpretations of Archaeological Plant Remains*, University of Chicago Press, 1988; John M. Marston, "Archaeological Markers of Agricultural Risk Management", *Journal of Anthropological Archaeology*, 2011, 30 (2), pp. 190-205; Riehl, Simone, "Archaeobotanical Evidence for the Interrelationship of Agricultural Decision-Making and Climate Change in the Ancient Near East", *Quaternary International*, 2009, 197(1), pp. 93-114.

[2] Xinying Zhou, Li Xiaoqiang, John Dodson, Zhao Keliang, "Rapid Agricultural Transformation in the Prehistoric Hexi Corridor, China", *Quaternary International*, 2016, 426, pp. 33-41; Keyang He, Lu Houyuan, Zhang Jianping, Wang Can, Huan Xiujia, "Prehistoric Evolution of the Dualistic Structure (转下页)

或几处遗址开展了大植物遗存研究，积累了相当丰富的植物考古原始数据，为我们更加全面了解该地区新石器时代晚期至青铜时代早期人类农业生产中的作物组合奠定了基础①。

粟（*Setaria italica*）和黍（*Panicum miliaceum*）的栽培与驯化起源于我国北方地区。距今 8 000 年左右河北磁山遗址②、内蒙古兴隆沟遗址③发现有大量炭化粟黍植物遗存；距今 6 000 年左右的仰韶文化时期，以种植粟黍为核心的北方旱作农业已经形成，并广泛

（接上页）Mixed Rice and Millet Farming in China", *The Holocene*, 27(12), pp.1885-1898.

① 尹达：《河套地区史前农牧交错带的植物考古学研究——以石峁遗址及其相关》，中国社会科学院考古研究所考古学博士学位论文，2015 年；高升：《陕北神木石峁遗址植物遗存研究》，西北大学考古学硕士学位论文，2017 年；高升、孙周勇、邵晶、卫雪、赵志军：《陕西榆林寨峁梁遗址浮选结果及分析》，《农业考古》2016 年第 3 期；郭小宁：《陕北地区龙山晚期的生业方式——以木柱柱梁、神圪垯梁遗址的植物、动物遗存为例》，《农业考古》2017 年第 3 期；Yige Bao, Xinying Zhou, Hanbin Liu, Songmei Hu, Keliang Zhao, Pia Atahan, John Dodson, Xiaoqiang Li, "Evolution of Prehistoric Dryland Agriculture in the Arid and Semi-Arid Transition Zone in Northern China", *PLoS One*, 2018, 13(8), pp.e0198750; Pengfei Sheng, Shang Xue, Sun Zhouyong, Yang Liping, Guo Xiaoning, Martin Jones, "North-south Patterning of Millet Agriculture on the Loess Plateau: Late Neolithic Adaptations to Water Stress, NW China", *The Holocene*, 2018, 28(10), pp.1554-1563；生膨菲、尚雪、杨利平、杨利平、张鹏程、郝建、王炜林、王昌燧：《陕西横山杨界沙遗址植物遗存的初步研究》，《考古与文物》2017 年第 3 期；生膨菲、尚雪、张鹏程：《榆林地区龙山晚期至夏代早期先民的作物选择初探》，《考古与文物》2020 年第 2 期；傅文彬、邸楠、邵晶、胡松梅、杨瑞琛、赵志军：《陕北靖边庙梁遗址浮选结果与分析》，《第四纪研究》2022 年第 1 期；杨瑞琛、邸楠、贾鑫、尹达、高升、邵晶、孙周勇、胡松梅、赵志军：《从石峁遗址出土植物遗存看夏时代早期榆林地区先民的生存策略选择》，《第四纪研究》2022 年第 1 期；蒋宇超、王晓毅：《兴县碧村遗址小玉梁台地的浮选结果及分析》，《文物季刊》2024 年第 2 期。

② 佟伟华：《磁山遗址的原始农业遗存及其相关的问题》，《农业考古》1984 年第 1 期。

③ 赵志军：《中国古代农业的形成过程——浮选出土植物遗存证据》，《第四纪研究》2014 年第 1 期。

扩张①。考虑到两种小米具有不同的生物特性,尤其是在对干旱环境的适应性上存在明显差异②,我们认为仔细考察不同时空条件下先民在农业生产中粟和黍两种旱地作物的种植比例,可以帮助探讨先民旱作农业活动的环境适应策略。因而,量化分析两种作物在作物组合结构中的比例大小及其历时性变化显得相当重要。以往学者通常利用炭化粟和黍的绝对数量、出土概率、相对百分比,以及粟和黍的植硅体证据,来估算两种作物的数量多少和比例大小。不过,大植物遗存与微体植物遗存分析的结果经常不一致③,而且不同遗址不同时段的大植物遗存证据,难以获得较好的对比分析。不仅如此,现代炭化实验结果还发现粟的炭化温度区间大于黍,说明粟比黍在炭化过程中有相当更大的保存概率④。由此看来,以往人们认识我国北方地区史前旱作农业生产中粟、黍比例时,可能低估了黍的含量及其在史前时期旱作农业生产中的地位。

2016年,周新郢研究员等学者依据现代谷物千粒重量作为换算因子⑤,校正考古遗址浮选出土农作物种子的绝对数量,重新估算了河西走廊新石器时代晚期至青铜时代早期在先民农业生产中,

---

① 赵志军:《仰韶文化时期农耕生产的发展和农业社会的建立——鱼化寨遗址浮选结果的分析》,《江汉考古》2017年第6期。
② 张雄:《黄土高原小杂粮生产与开发》,中国农业科学技术出版社2007年版。
③ 吕厚远:《中国史前农业起源演化研究新方法与新进展》,《中国科学:地球科学》2018年第2期。
④ Tanja Märkle, and Manfred Rösch, "Experiments on the Effects of Carbonization on Some Cultivated Plant Seeds", *Vegetation History and Archaeobotany*, 2008, 17(1), pp.257-263;王灿、吕厚远:《黍、粟炭化温度研究及其植物考古学意义》,《东南文化》2020年第1期。
⑤ Xinying Zhou, Li Xiaoqiang, John Dodson, Zhao Keliang, "Rapid Agricultural Transformation in the Prehistoric Hexi Corridor, China", *Quaternary International*, 2016, 426, pp.33-41.

不同作物的相对产量百分比,为更好地量化分析大植物遗存考古数据提供了新的思路。在本章中,我们将综合分析黄土高原北部新石器时代晚期至青铜时代早期 26 处遗址的公布的大植物遗存考古数据,利用新的大植物遗存量化方法,重建该地区先民农业活动在长期的干旱环境适应中形成的作物组合,结合 AMS-^{14}C 测年结果,揭示黄土高原北部地区仰韶晚期至晚商时期农业生产中作物组合结构的特点与历时性变化。

二、材料与方法

(一) 植物考古数据的收集

我们共收集了研究区域内 26 处考古遗址经植物考古研究获得的古代农作物的大植物遗存原始数据。相关遗址地点位置见前文图 2-1,各个遗址内出土炭化农作物遗存的植物考古数据详见附表二。在之前的研究中[1],我们在大古界遗址一处房址内的灶坑内里(F7Z1)发现大量炭化黍种子,绝对数量为 22 801 粒;另在杨界沙一处房址内(F7)也发现大量炭化黍种子,绝对数量为 16 850 粒。这些遗迹出土炭化黍的数量相对较大,与其他遗址浮选样品包含的农作物种子数量差距较悬殊,属于特殊遗迹单位。因此,在进一步的量化分析中,我们暂将其列为异常发现,排除在炭化农作物种子的量化分析之外。

---

[1] Pengfei Sheng, Shang Xue, Sun Zhouyong, Yang Liping, Guo Xiaoning, Martin Jones, "North-South Patterning of Millet Agriculture on the Loess Plateau: Late Neolithic Adaptations to Water Stress, NW China", *The Holocene*, 2018, 28 (10), pp.1554-1563.

（二）作物组合的重建

一般来说，考古遗址浮选出土炭化农作物种子鉴定完毕后，直接统计其中各类种子的具体数量，在此基础上计算各类农作物在作物结构中的相对百分比，是目前植物考古研究中最常用的量化方法[1]。但需要指出的是，即使不考虑埋藏后的损耗、其他生物活动以及植物遗存提取过程中的人为干扰等因素，由于不同作物的种子生产数量、结构组成、炭化过程中的留存概率等存在的差异，考古发现的农作物遗存的绝对数量和相对百分比，可能与当时作物组合的实际情况存在偏差[2]。鉴于此，有学者尝试使用新的农作物遗存量化方法，重建古代的作物组合，并在不同时空条件的对比研究中，考察古代农业系统的时空差异和变迁轨迹，取得了良好的研究成效[3]。

本研究中，我们依据周新郢等人在文章中介绍的炭化农作物遗存量化方法[4]，并稍作修改，分别以中国现代粟、黍和水稻千粒重作为换算因子来计算遗址中各类作物的重量百分比[5]。以此为基础，观

---

[1] 刘长江、靳桂云、孔昭宸：《植物考古：种子和果实研究》，科学出版社2008年版。

[2] 赵志军：《植物考古学：理论、方法和实践》，科学出版社2010年版；Tanja Märkle, and Manfred Rösch, "Experiments on the Effects of Carbonization on Some Cultivated Plant Seeds", *Vegetation History and Archaeobotany*, 2008, 17(1), pp.257-263；王祁、陈雪香、蒋志龙、方辉：《炭化模拟实验在植物考古研究中的意义——以水稻和小麦为例》，《南方文物》2015年第3期。

[3] 张健平、吕厚远、吴乃琴、李丰江、杨晓燕、王炜林、马明志、张小虎：《关中盆地6000～2100 cal. a B.P.期间黍、粟农业的植硅体证据》，《第四纪研究》2010年第2期；周新郢、李小强、赵克良、Dodson John、孙楠、杨青：《陇东地区新石器时代的早期农业及环境效应》，《科学通报》2011年第4—5期。

[4] Xinying Zhou, Li Xiaoqiang, John Dodson, Zhao Keliang, "Rapid Agricultural Transformation in the Prehistoric Hexi Corridor, China", *Quaternary International*, 2016, 426, pp.33-41.

[5] Pengfei Sheng, Shang Xue, Sun Zhouyong, Yang Liping, Guo Xiaoning, Martin Jones, "North-South Patterning of Millet Agriculture on the Loess （转下页）

察粟、黍和水稻在黄土高原北部地区新石器时代晚期至青铜时代早期作物组合结构中的比例大小,展示两千年时间跨度内当地作物组合的变化轨迹,了解研究区域内相关时段内农业经济的发展模式。

公式如下:

$$P(S) = \frac{Ns \times Fs}{N1 \times F1 + N2 \times F2 + N3 \times F3}$$

其中 $N1$ 为出土黍的粒数,$F1=7.5$,为现代黍的平均千粒重;$N2$ 为出土粟的粒数,$F2=2.6$,为现代粟的平均千粒重;$N3$ 为出土水稻的粒数,$F3=26$,为现代水稻的平均千粒重;$P(S)$用来代表每种作物在总产量中的百分比。

另外,在本研究中,为了更好地考察粟和黍两种旱地作物在不同时期不同遗址中的比例变化,我们还依据上面方法计算所得的各个地点粟和黍的重量百分比数据计算粟黍比,粟黍比=粟的重量百分比÷黍的重量百分比。

三、结果

在本研究中,黄土高原北部地区仰韶晚期至商代晚期 26 处遗址中的作物重量百分比和粟黍比计算结果如附表二所示。另外,图 3-1 和图 3-2 分别是以上遗址作物重量百分比的条形图和粟黍比的折线图。

(接上页)Plateau: Late Neolithic Adaptations to Water Stress, NW China", *The Holocene*, 2018, 28(10), pp.1554-1563.

第三章 作物组合分析

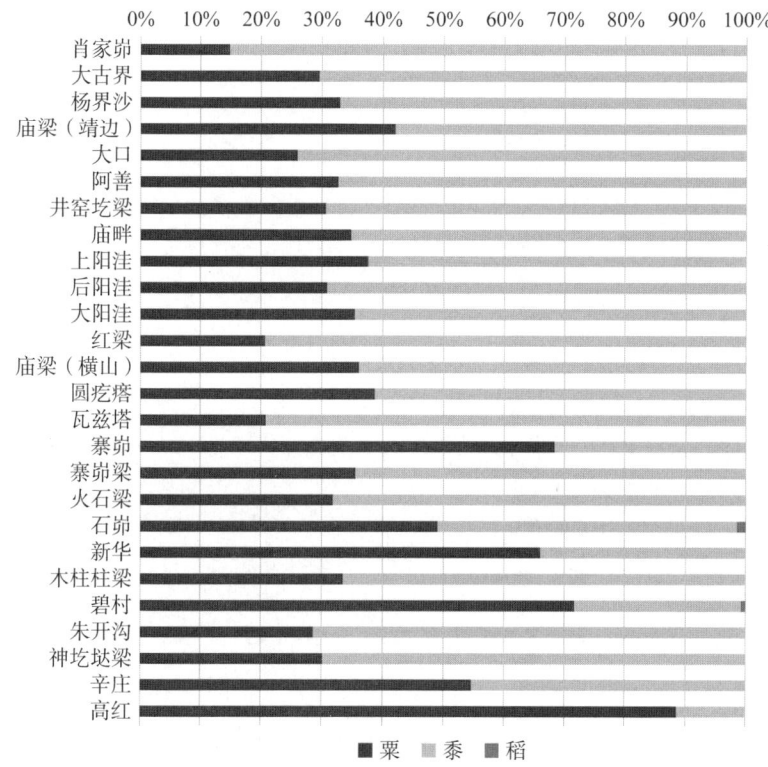

图3-1 本书涉及考古遗址仰韶晚期至晚商时期作物组合条形图

由图表可知,仰韶晚期(距今5000～4500年)3处遗址点中粟的重量百分比均低于50%,而黍的重量比则全部高于50%,粟黍比的范围为0.2～0.5,说明黍在作物组合中占据较大比例(图3-1和图3-2)。

龙山早期(距今4500～4200年)12处遗址点中粟的比例也均显示低于50%,黍的比例高于50%,粟黍比的范围为0.3～0.7,与仰韶晚期的情况基本相同,各个遗址点的作物组合中仍是黍的占比最大(见图3-1和图3-2)。

龙山晚-二里头时期(距今4200～3700年)4处遗址作物组合

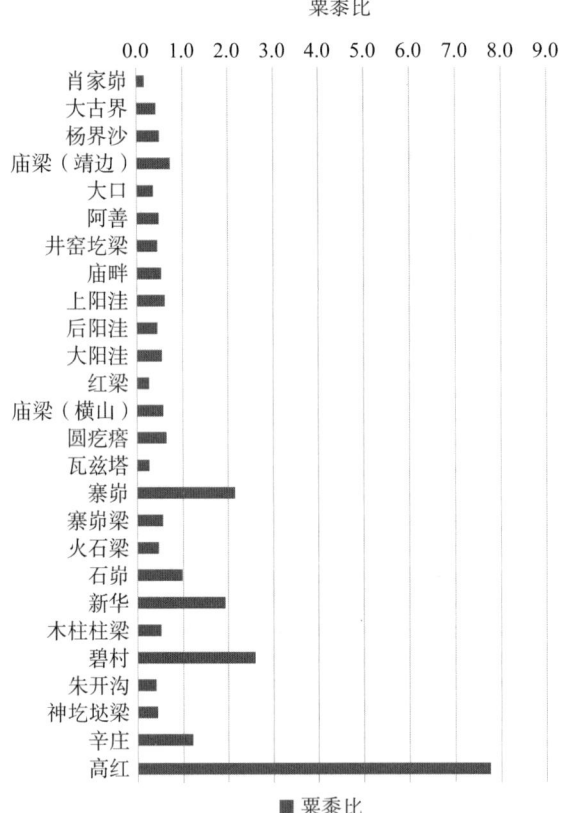

图3-2 本书涉及仰韶晚期至晚商时期遗址粟黍比条形图

中粟黍的比例发生了明显变化,其中寨峁遗址出土粟的重量百分比为68.3%,黍的重量百分比为31.7%,粟黍比为2.2;石峁遗址出土粟的重量百分比为49.0%,黍的重量百分比为49.5%,粟黍比为1.0,水稻的重量百分比为1.5%;新华遗址出土粟的重量百分比为66.0%,黍的重量百分比为34.0%,粟黍比为1.9;碧村遗址出土粟的重量百分比为71.7%,黍的重量百分比为27.6%,粟黍比为2.6,水稻的重量百分比为0.7%;以上遗址作物组合中粟的占比较其他同时期遗址明显增加。该地区其他龙山晚-二里头时期的5处遗址点——寨峁梁、神圪垯梁、木柱柱梁、朱开沟和火石梁中粟的重量百分比处于28.7%～35.5%，黍的重量百分比处于64.5%～71.3%，粟黍比的数值处于0.4～0.6之间，表现出黍在作物组合中占据多数的情形(见图3-1和图3-2)。

进入晚商时期(距今3 200～3 000年)以后，目前所见的2处遗址——辛庄和高红中粟在作物组合中的重量百分比均超过50%，高红遗址中黍的占比萎缩幅度较大，仅占11.4%。这两处遗址中粟黍比分别是1.2和7.8，可见粟在当地作物组合中的地位完全超过了黍(见图3-1和图3-2)。

四、讨　论

(一) 作物组合的特点

在以往的植物考古研究中，学者常常利用遗址中出土的生物学特性和适宜生境存在差异的不同农作物在农业系统中的比例，来探讨先民在不同自然条件下从事农业生产的时空差别，揭示先民如何调整不同农作物在农业生产中的比例来获得产量的保障[1]。例如，

---

[1] Naomi F. Miller, "Ratios in Paleoethnobotanical Analysis", In: Hastorf, C, A,, Popper, V.S. (eds), *"Current Paleoethnobotany: Analytical Methods and Cultural Interpretations of Archaeological Plant Remains"*, University of Chicago Press, 1988, pp. 72-96; Naomi F. Miller, *Botanical Aspects of Environment and Economy at Gordion, Turkey*, University of Pennsylvania Museum of Archaeology and Anthropology, 2010; Simone Riehl, "Archaeobotanical Evidence for the Interrelationship of Agricultural Decision-Making and Climate Change in the Ancient Near East", *Quaternary International*, 2009, 197(1), pp. 93-114; Xinying Zhou, Li Xiaoqiang, John Dodson, Zhao Keliang, "Rapid Agricultural Transformation in the Prehistoric Hexi Corridor, China", *Quaternary International*, 2016, 426, pp. 33-41.

在起源于西亚地区的小麦和大麦栽培农业中,由于小麦和大麦在气候适应性、土壤需求和抗逆性等方面存在显著差异①,因而植物考古学者经常通过评估这两类具有不同生物特性的麦类作物在农业系统中的比例,来了解先民进行农业生产的策略和环境适应性②。在我国北方地区,史前旱作农业系统中的核心作物——粟和黍在干旱环境适应性方面也存在差别③。我们认为这应该引起特别的重视,在考古遗址中对两者的比例进行细致区分,并通过量化方法呈现粟黍作物在先民农业种植中的时空差异,能够帮助我们了解先民在旱作农业生产中对粟、黍两种作物的布局策略,揭示先民如何应对环境挑战。

黄土高原北部地区,紧邻毛乌素沙地,处于中国北部的季风区和西北内陆干旱区的过渡地带,气温和降水的年际变率大④。全新

---

① B. Klepper, R. W. Rickman, S. Waldman, and P. Chevalier, "The Physiological Life Cycle of Wheat: Its Use in Breeding and Crop Management", *Euphytica*, 1998, 100(1), pp.341-347; Neal Stoskopf, *Cereal Grain Crops*, Reston Publishing, 1985.

② John M. Marston, "Archaeological Markers of Agricultural Risk Management", *Journal of Anthropological Archaeology*, 2011, 30(2), pp.190-205.

③ D'Alpoim Guedes, Jade, Hongliang Lu, Yongxian Li, Robert N. Spengler, Xiaohong Wu, and Mark S. Aldenderfer, "Moving Agriculture onto the Tibetan Plateau: The Archaeobotanical Evidence", *Archaeological and Anthropological Sciences*, 2014, 6(3), pp.255-269.

④ 李小强、周卫建、安芷生、董光荣:《沙漠/黄土过渡带13ka BP以来季风演化的古植被记录》,《植物学报》2000年第8期;靳鹤龄、董光荣、苏志珠、孙良英:《全新世沙漠——黄土边界带空间格局的重建》,《科学通报》2001年第7期;王辉、莫多闻、袁靖:《陕北长城沿线先秦时期生业与环境的关系》,《第四纪研究》2014年第1期;徐志伟、鹿化煜、弋双文、周亚利、Joseph A. Mason、王晓勇、陈英勇、朱芳莹、张瀚之、翟秀敏:《末次盛冰期和全新世大暖期毛乌素沙地的空间变化》,《第四纪研究》2013年第2期;陈淑娥、樊双虎、刘秀花、董汉文、陆璐、王莉丽:《陕西榆林风沙滩区全新世气候和环境变迁》,《地球科学与环境学报》2010年第1期。

世大暖期结束后至距今5000年左右时,东亚季风也开始明显减弱,气候波动加剧①。本文涉及的考古遗址处于这一对气候变化敏感的地带,因而当地干旱-半干旱环境对古代人类的旱地农业生产活动也产生了深刻的影响②。通过对黄土高原北部地区仰韶晚期至商代晚期(距今5000~3000年)26处考古遗址或地点出土炭化大植物遗存的分析,我们发现该地区自新石器时代晚期直至商代晚期的农业生产活动中主要以种植粟和黍两种小米为主,属于典型的中国北方地区粟黍旱作农业系统。

比较引人关注的是,陕西神木石峁遗址发现了19粒龙山晚-二里头时期(距今4200~3700年)的炭化水稻种子和9粒水稻基盘③。山西北部的碧村遗址也发现了3粒龙山晚-二里头时期的炭化水稻种子④。两处遗址出土水稻的碳-14测年结果大约处于距今4000~3700年,可见其延续了相当长的时间。不过,考虑到黄土高原北部地区自然条件的局限,相关发现者认为石峁和碧村遗址出

---

① Yanjun Cai, Liangcheng Tan, Hai Cheng, Zhisheng An, R. Lawrence Edwards, Megan J. Kelly, Xinggong Kong, and Xianfeng Wang, "The Variation of Summer Monsoon Precipitation in Central China since the Last Deglaciation", *Earth and Planetary Science Letters*, 2010, 291(1), pp.21-31.
② 杨青、李小强、周新郢:《末次盛冰期以来沙漠——黄土过渡带植被演替及其对气候变化的响应》,《人类学学报》2016年第3期;张贵林、周新郢、赵克良、杨庆江、李小强:《沙漠/黄土过渡带6 ka B. P.以来气候环境变化及其对人类活动的影响》,《第四纪研究》2018年第4期;Pengfei Sheng, Shang Xue, Sun Zhouyong, Yang Liping, Guo Xiaoning, Martin Jones, "North-South Patterning of Millet Agriculture on the Loess Plateau: Late Neolithic Adaptations to Water Stress, NW China", *The Holocene*, 2018, 28(10), pp.1554-1563.
③ 杨瑞琛、邸楠、贾鑫、尹达、高升、邵晶、孙周勇、胡松梅、赵志军:《从石峁遗址出土植物遗存看夏时代早期榆林地区先民的生存策略选择》,《第四纪研究》2022年第1期。
④ 蒋宇超、王晓毅:《兴县碧村遗址小玉梁台地的浮选结果及分析》,《文物季刊》2024年第2期。

现的水稻遗存为外来引入的结果①。从石峁遗址和碧村遗址向南，在黄土高原的南缘地区，如关中盆地仰韶中期的鱼化寨遗址②、泉护村遗址③、兴乐坊遗址④和东阳遗址⑤，以及河南黄河中游地区三门峡南交口遗址，均出土过年代超过距今5300年的炭化水稻遗存⑥，数量较多。近期，关中地区新石器时代早期的北刘遗址发现了距今7500年的炭化稻遗存⑦。除此之外，考古工作者在处于黄土高原中心区域的甘肃省庆阳市南佐遗址祭祀区内也发现大量炭化水稻遗存，年代距今约5100~4700年⑧。在渭河上游的甘肃天水地区，李小强等学者曾在西山坪遗址发现年代约为距今5070年的炭化水稻遗存⑨。我们对西山坪遗址新发现的炭化水稻遗存的

---

① 杨瑞琛、邱楠、贾鑫、尹达、高升、邵晶、孙周勇、胡松梅、赵志军：《从石峁遗址出土植物遗存看夏时代早期榆林地区先民的生存策略选择》，《第四纪研究》2022年第1期；蒋宇超、王晓毅：《兴县碧村遗址小玉梁台地的浮选结果及分析》，《文物季刊》2024年第2期。

② 赵志军：《仰韶文化时期农耕生产的发展和农业社会的建立——鱼化寨遗址浮选结果的分析》，《江汉考古》2017年第6期。

③ 赵志军：《泉护村遗址出土植物遗存报告》，陕西省考古研究院：《华县泉护村：1997年考古发掘报告》，文物出版社2014年版。

④ 刘焕、胡松梅、张鹏程、杨岐黄、蒋洪恩、王炜林、王昌燧：《陕西两处仰韶时期遗址浮选结果分析及其对比》，《考古与文物》2013年第4期。

⑤ 夏秀敏、殷宇鹏、许卫红、吴妍：《水稻遗存在陕西华县东阳遗址的发现与探讨》，《人类学学报》2019年第1期。

⑥ 秦岭：《中国农业起源的植物考古研究与展望》，《考古学研究》，2012年。

⑦ Hui Zhou, Xiaoqing Wang, and Zhijun Zhao, "Early Neolithic Plant Exploitation in North-Western China: Archaeobotanical Evidence from Beiliu", *Antiquity*, 2024, 98(402), pp.1505-1521.

⑧ 张小宁、李小龙、张镪、邱四平、蒋超年、韩建业：《甘肃庆阳市南佐新石器时代遗址》，《考古》2023年第7期。

⑨ 李小强、周新郢、周杰、John Dodson、张宏宾、尚雪：《甘肃西山坪遗址生物指标记录的中国最早的农业多样化》，《中国科学（D辑：地球科学）》，2007年第7期。

测年结果也在距今 5 000 年左右①。除此之外,在与西山坪遗址临近的甘肃天水师赵村遗址通过浮选法也发现数万计的炭化水稻种子遗存,碳-14 测年结果也处于距今 5 000~4 800 年左右。由此可见,全新世大暖期(距今 9 000~5 000 年)时,水稻已经在黄土高原南部地区的农业经济发展中发挥了比较重要的作用②。与黄土高原南部地区相对较优的水热条件不同,黄土高原北部地区的气候干冷,极大限制了稻作农业在该地区的传播扩散。尽管在现今无定河谷的局部地区——榆林市横山区附近区域有栽培水稻的自然条件③,但现有考古证据显示,距今 5 000 年~3 000 年时,水稻在黄土高原北部农业生产系统中的重要性相对较低。

另外,现有的植物考古数据还显示在仰韶晚期至晚商时期(距今 5 000~3 000 年),黄土高原北部地区的考古遗址中不见任何与麦类作物相关的遗迹④。麦类作物的种植大约在万年之前起源于

---

① Pengfei Sheng, Edward Allen, and Taizhi Wang, "Diversity of Late Yangshao Agricultural Practices at Xishanping, NW China", *Environmental Archaeology*, 2024, pp.1-12.
② 屈亚婷、胡珂、杨苗苗、崔建新:《新石器时代关中地区人类生业模式演变的生物考古学证据》,《人类学学报》,2018 年第 1 期。
③ 王久国:《横山县三种水稻生产模式探讨》,《农业开发与装备》2014 年第 11 期。
④ 尹达:《河套地区史前农牧交错带的植物考古学研究——以石峁遗址及其相关》,中国社会科学院考古研究所考古学博士学位论文,2015 年;郭小宁:《陕北地区龙山晚期的生业方式——以木柱柱梁、神圪垯梁遗址的植物、动物遗存为例》,《农业考古》2017 年第 3 期;高升:《陕北神木石峁遗址植物遗存研究》,西北大学考古学硕士学位论文,2017 年;高升、孙周勇、邵晶、卫雪、赵志军:《陕西榆林寨峁梁遗址浮选结果及分析》,《农业考古》2016 年第 3 期;Yige Bao, Xinying Zhou, Hanbin Liu, Songmei Hu, Keliang Zhao, Pia Atahan, John Dodson, Xiaoqiang Li, "Evolution of Prehistoric Dryland Agriculture in the Arid and Semi-Arid Transition Zone in Northern China", *PLoS One*, 2018, 13(8), pp. e0198750; Pengfei Sheng, Shang Xue, Sun Zhouyong, Yang Liping, Guo Xiaoning, Martin Jones, "North-South Patterning of Millet Agriculture on the Loess Plateau: Late Neolithic Adaptations to Water Stress, NW China", *The Holocene*,(转下页)

西亚地区①。麦作农业在新石器晚期-青铜时代欧亚大陆史前食物全球化过程中,经由多条路径,逐步传播进入东亚地区,与黄河流域粟黍农业系统碰撞、交流、融合②。周新郢等学者2020年的文章发现,小麦和大麦在距今5200年已经出现在我国新疆北部阿尔泰地区的通天洞遗址③。之后,麦类作物种植在大约距今4000年进入河西走廊,很快在距今3700年左右已经在当地作物组合中占据重要地位④。到距今约3400年时,小麦与大麦作物已经出现在青藏高原的农业系统之中⑤。现有的植物考古数据显示距今3500年之

(接上页)2018,28(10),pp.1554-1563;吕智荣:《试论李家崖文化的农业》,《农业考古》1989年第2期。

① Guanghui Dong, "A New Story for Wheat into China", *Nature Plants*, 2018, 4 (5), pp.243-244.

② John R. Dodson, Xiaoqiang Li, Xinying Zhou, Keliang Zhao, Nan Sun, and Pia Atahan, "Origin and Spread of Wheat in China", *Quaternary Science Reviews*, 2013, 72, pp.108-111; Xinyi Liu, Diane L. Lister, Zhijun Zhao, Cameron A. Petrie, Xiongsheng Zeng, Penelope J. Jones, Richard A. Staff, et al., "Journey to the East: Diverse Routes and Variable Flowering Times for Wheat and Barley en Route to Prehistoric China", *PLoS One*, 2017, 12(11), pp.e0187405; Tengwen Long, Christian Leipe, Guiyun Jin, Mayke Wagner, Rongzhen Guo, Oskar Schröder, and Pavel E. Tarasov, "The Early History of Wheat in China from ^{14}C Dating and Bayesian Chronological Modelling", *Nature Plants*, 2018, 4(5), pp.272-279.

③ Xinying Zhou, Jianjun Yu, Robert Nicholas Spengler, Hui Shen, Keliang Zhao, Junyi Ge, Yige Bao, et al., "5,200-Year-Old Cereal Grains from the Eastern Altai Mountains Redate the Trans-Eurasian Crop Exchange", *Nature Plants*, 2020, 6(2), pp.78-87.

④ Xinying Zhou, Li Xiaoqiang, John Dodson, Zhao Keliang, "Rapid Agricultural Transformation in the Prehistoric Hexi Corridor, China", *Quaternary International*, 2016, 426, pp.33-41.

⑤ D'Alpoim Guedes, Jade A., Hongliang Lu, Anke M. Hein, and Amanda H. Schmidt, "Early Evidence for the Use of Wheat and Barley as Staple Crops on the Margins of the Tibetan Plateau", *Proceedings of the National Academy of Sciences*, 2015, 112(18), pp.5625-5630.

后,中原地区和东部地区出现了相当数量的小麦遗存,商代晚期时关中盆地及中原地区已经出土数量较多的麦类作物遗存①,而与此同一时期,在黄土高原北部的辛庄遗址、李家崖遗址和高红遗址却不见麦类作物的踪迹②。可见,两种抗旱耐瘠的旱地作物品种——粟和黍,在黄土高原北部地区长期占据先民农业经济活动的主要内容。概之,该地区新石器时代晚期至青铜时代早期农业生产中作物组合的特点就是以粟、黍为核心,以适应干旱环境为导向。

(二) 作物组合的历时性变化

如上所述,黄土高原北部地区新石器时代晚期至青铜时代早期农业生产中的主要作物为粟和黍两种小米。本章我们在考察当地作物组合的历时性变化时也将主要针对粟黍两种作物比例的历时性变化展开讨论。在分析黄土高原北部地区新石器时代晚期值青铜时代早期农业生产中粟黍作物组合历时性变化之前,我们先简述研究粟黍农业经济时需要特别关注粟黍比例变化的原因。粟和黍两类小米是在中国北部地区起源的两种旱地作物③,栽培历史近万年④。最

---

① Xinyi Liu, Diane L. Lister, Zhijun Zhao, Cameron A. Petrie, Xiongsheng Zeng, Penelope J. Jones, Richard A. Staff, et al., "Journey to the East: Diverse Routes and Variable Flowering Times for Wheat and Barley En Route to Prehistoric China", *PLoS One*, 2017, 12(11), pp. e0187405

② 尹达:《河套地区史前农牧交错带的植物考古学研究——以石峁遗址及其相关》,中国社会科学院考古研究所考古学博士学位论文,2015 年;吕智荣:《试论李家崖文化的农业》,《农业考古》1989 年第 2 期。

③ Zhijun Zhao, "New Archaeobotanic Data for the Study of the Origins of Agriculture in China", *Current Anthropology*, 2011, 52(S4), pp. S295-S306.

④ Houyuan Lu, Jianping Zhang, Kam-biu Liu, Naiqin Wu, Yumei Li, Kunshu Zhou, Maolin Ye, et al., "Earliest Domestication of Common Millet (*Panicum Miliaceum*) in East Asia Extended to 10,000 Years Ago", *Proceedings of the National Academy of Sciences*, 2009, 106(18), pp. 7367-7372;吕厚远:《中国史前农业起源演化研究新方法与新进展》,《中国科学:地球科学》2018 年第 2 期。

近,内蒙古东南部-张北坝上地区的裕民①、四麻沟②、兴隆③和四台④遗址的考古发现有望进一步探讨粟黍农业的起源。

粟和黍的生长习性具有很多相似之处,如耐旱耐瘠、生长期短等,因此经常混合在一起以"粟作农业"的名称出现在对于中国古代农业经济的研究之中。不过,黍相对于粟拥有较多的早熟品种,生长期最短的仅需要52天,更加耐瘠耐旱,黍的种植与管理也相对粗放⑤。在相同的条件下,黍发芽时仅需吸收种子本身总量25%的水分;其蒸腾系数为88.63~101.26,而粟则为138.16~210.13⑥。另有资料报道,在干旱出现时,黍的叶片气孔自动关闭,减缓蒸腾,体内水分保持相对稳定因而旱象较轻⑦。目前,在我国黍的种植面积年度之间的变化较大,特别是在干旱年份,在其他作物无法种植的情况下,农民仍选择大量种植黍来抢种度荒⑧。同时,黍还是人们经常首选的拓荒作物⑨。因而,黍对于农业生产力水平较低的先

---

① 胡晓农、包青川、李恩瑞、陈文虎:《内蒙古化德县裕民遗址发掘简报》,《考古》2021年第1期。
② 包青川、陈文虎、胡晓农、李恩瑞、徐海峰、张新香:《内蒙古化德县四麻沟遗址发掘简报》,《考古》2021年第1期。
③ 邱振威、吴小红、郭明建、王刚:《河北康保县兴隆遗址2018~2019年植物遗存浮选结果及分析》,《考古》2023年第1期。
④ 魏惠平、王培生、刘文清:《河北尚义县四台新石器时代遗址发掘简报》,《考古》2018年第4期。
⑤ 张耘、刘占和、王斌:《榆林小杂粮》,中国农业科学技术出版社2007年版。
⑥ 西北农业大学:《旱农学》,农业出版社1991年版。
⑦ 王玉玺:《糜子在宁南山区旱农中的地位》,《干旱地区农业研究》,1983年第1期。
⑧ 柴岩:《糜子(黄米)的营养和生产概况》,《粮食加工》2009年第4期;西北农业大学:《旱农学》,农业出版社1991年版。
⑨ 张耘、刘占和、王斌:《榆林小杂粮》,中国农业科学技术出版社2007年版;耿占军、雷亚妮:《清至民国陕西农业自然灾害研究》,中国社会科学出版社2015年版。

民来说吸引力可能更大。人们可以在相对少量投入劳力的条件下，获得相当数量的粮食作物作为食物的主要来源。

另外，与黍相比粟的种子小，播种前需要精细整地，做好保墒工作；粟在播种时，还要保证不能过密，否则难以获得好的收成①；在拔节至灌浆期，粟的水分需求量大，同期对温度的要求也相对较高，因此容易受到成熟期冷害的影响②。同时，粟的苗期生长慢，容易发生草荒，对除草和间苗的劳动需求量大③。通常在黄土高原热量条件较好的地区，水分相对充足的情况下，农民强化管理生产可以使粟的产量提升。尽管粟对水分变化敏感且需求量较黍多，但因其产量相对较高具有较大的农业开发价值④。综上考虑，我们认为在史前旱作农业社会初步发展，人口出现增长的背景下，粮食需求会相应增大，在条件允许的情况下，粟的开发对希望获得谷物产量增加的先民来说吸引力可能更大。从食品价值的角度看，粟制作的食物口感相对黍来说更好，营养物质也更易消化⑤。因而，先民安身立命之后，在对食物品质的精细化追求中，粟可能比黍也更具吸引力而广获种植。综上考虑，我们认为在考察中国古代粟黍农业经济的历时性变化时，有必要仔细留意两者在作物组合中的比例变化⑥。不仅能在不同的时空条件下了解我国粟黍旱作农业发展历

---

① 西北农业大学：《旱农学》，农业出版社1991年版。
② 张雄：《黄土高原小杂粮生产与开发》，中国农业科学技术出版社2007年版。
③ 西北农业大学：《旱农学》，农业出版社1991年版。
④ 胡恒觉、张仁陟、黄高宝：《黄土高原旱地农业：理论、技术、潜力》，中国农业出版社2002年版。
⑤ 李中青、李齐霞、宋艳芳、霍成斌、王根全、王敏：《小米食味（适口性）评价方法研究》，《中国农学通报》2009年第15期。
⑥ 张健平、吕厚远、吴乃琴、李丰江、杨晓燕、王炜林、马明志、张小虎：《关中盆地6000~2100cal. a B. P.期间黍、粟农业的植硅体证据》，《第四纪研究》2010年第2期；周新郢、李小强、赵克良、Dodson John、孙楠、杨青：《陇东地区新石器时代的早期农业及环境效应》，《科学通报》2011年第4—5期。

程的差异,而且通过揭示差异及其背后动因,为考察不同的人类环境适应和作物选择提供科学依据。

本研究涉及遗址相关植物考古数据计算所得作物百分比和粟黍比结果如图 3-1 和图 3-2 所示。由图可知,我们黄土高原北部地区仰韶晚期(距今 5 000~4 500 年)至龙山早期(距今 4 500~4 200 年),目前在所有遗址的作物组合中黍都占据一半以上的比例,粟黍比也全部低于 1.0,说明在长达八百年左右的时间里,该地先民都选择以黍为主的粟黍旱作农业适应策略。根据已有的黄土高原北部地区的考古发现,该地在仰韶晚期之前人类的居住地点零星分布①。少量仰韶文化彩陶的发现,显示了这里与黄土高原南部仰韶文化核心区存在文化联系②。1989 年严文明先生也曾指出,河套地区的早期农业人群可能就是从关中盆地等仰韶文化核心区向北部扩散的移民,他们文化的"根"在黄土高原南缘的古文化③。但自仰韶晚期开始,黄土高原北部地区人类文化的地方性逐渐凸显④。从植物考古结果来看,大植物遗存证据显示前仰韶时期及仰韶文化早期,黍在黄土高原南部地区人类的农业生产中占据较多的比重,例如在甘肃天水的大地湾遗址大地湾文化(约距今 7 800~7 350 年)和仰韶文化早期(约距今 6 500~6 000 年)先民农业生产的作物组合中黍的比重超过 90%⑤,而至仰韶文化中期开始,关中

---

① 孙周勇:《公元前第三千纪北方地区社会复杂化过程考察——以榆林地区考古资料为中心》,《考古与文物》2016 年第 4 期。
② 康宁武:《榆林市的仰韶时期遗存》,《考古与文物》2013 年第 4 期。
③ 严文明:《内蒙古中南部原始文化的有关问题》,《内蒙古中南部原始文化研究文集》,1989 年,第 7—16 页。
④ 孙周勇、齐东林、杨利平、康宁武、郝志国:《陕西横山杨界沙遗址发掘简报》,《考古与文物》2011 年第 6 期。
⑤ 刘长江、孔昭宸、朗树德:《大地湾遗址农业植物遗存与人类生存的环境探讨》,《中原文物》2004 年第 4 期。

盆地周边居民在粟黍农业生产中，粟的比重就超过了黍[①]，较早实现了粟黍农业由以黍为主向以粟为主的转型。

不同的是，黄土高原北部地区的大植物遗存数据则揭示了仰韶晚期在黄土高原北部地区从事粟黍农业生产的人群，在距今5000年左右之后东亚季风减弱和气候干冷化的大背景下，在其农业生产中仍常常以抗旱耐瘠的黍作为农业生产的主要对象[②]。特别值得注意的是，古环境研究表明黄土高原北部地区在龙山早期相对于仰韶晚期出现了一个短暂的气候转好时期[③]，但即便在这样的状况下，我们所见的植物遗存分析结果仍显示这里的先民主要以黍为主的粟黍农业生产策略。

进入龙山晚-二里头时期（距今4 200～3 700年），黄土高原北部地区的人类文化空前繁荣，聚落等级差异加剧，社会复杂化程度提高，"神权模式的国家形态"初步形成[④]。就在这个人口激增的时

[①] 赵志军：《仰韶文化时期农耕生产的发展和农业社会的建立——鱼化寨遗址浮选结果的分析》，《江汉考古》2017年第6期。

[②] Yige Bao, Xinying Zhou, Hanbin Liu, Songmei Hu, Keliang Zhao, Pia Atahan, John Dodson, Xiaoqiang Li, "Evolution of Prehistoric Dryland Agriculture in the Arid and Semi-Arid Transition Zone in Northern China", *PLoS One*, 2018, 13(8), pp. e0198750; Pengfei Sheng, Shang Xue, Sun Zhouyong, Yang Liping, Guo Xiaoning, Martin Jones, "North-South Patterning of Millet Agriculture on the Loess Plateau: Late Neolithic Adaptations to Water Stress, NW China", *The Holocene*, 2018, 28(10), pp.1554-1563.

[③] 杨青、李小强、周新郢：《末次盛冰期以来沙漠——黄土过渡带植被演替及其对气候变化的响应》，《人类学学报》2016年第3期；张贵林、周新郢、赵克良、杨庆江、李小强：《沙漠/黄土过渡带6 ka B. P.以来气候环境变化及其对人类活动的影响》，《第四纪研究》2018年第4期。

[④] 孙周勇：《公元前第三千纪北方地区社会复杂化过程考察——以榆林地区考古资料为中心》，《考古与文物》2016年第4期；Zhouyong Sun, Jing Shao, Li Liu, Jianxin Cui, Michael F. Bonomo, Qinghua Guo, Xiaohong Wu, and Jiajing Wang, "The First Neolithic Urban Center on China's North Loess Plateau: The Rise and Fall of Shimao", *Archaeological Research in Asia*, 2018,14,（转下页）

期,特别是在距今 4 200 年左右,古气候记录显示在持续二三百年左右的时间段里,全球经历了持续而强烈的变冷变干过程①。2018 年国际地层委员会(ICS)将全新世的距今 4 200 年左右的冷事件认定为全新世晚期梅加拉亚期(Meghalayan)的起始点。学界普遍认为,距今 4 200 年前世界各地的早期农业文明,都经历了突然而严重的特大干旱和寒冷事件,而最终出现衰退②。在我国长江下游地区的良渚文化和黄土高原南部晋南地区的陶寺文化就可能是在这一时期气候突变中迅速走向消亡③。本研究中,通过对黄土高原北部龙山晚-二里头期大植物遗存的研究,我们发现在一些遗址的作物组合中黍的比重仍然很高,如火石梁、寨峁梁、木柱柱梁和神圪垯梁,说明在气候干冷化的过程中,居住在这些地点的先民仍然保持原有的以黍为主的农业适应策略。然而,我们也发现一些面积较大或是

(接上页)pp.33-45;戴向明:《北方地区龙山时代的聚落与社会》,《考古与文物》2016 年第 4 期;王炜林、郭小宁:《陕北地区龙山至夏时期的聚落与社会初论》,《考古与文物》2016 年第 4 期;Li Jaang, Zhouyong Sun, Jing Shao, and Min Li, "When Peripheries Were Centres: A Preliminary Study of the Shimao-Centred Polity in the Loess Highland, China", *Antiquity*, 2018, 92, 364, pp.1008-1022; Rawson J., "Shimao and Erlitou: New Perspectives on the Origins of the Bronze Industry in Central China", *Antiquity*, 2017, 91 (355), pp. e5; Qinghua Guo, Zhouyong Sun, Jing Shao, and Nan Di, "Reconstruction of the Shimao Citadel Gate: Planning and Construction of Huangchengtai Gate During the 2nd Millennium BCE, China", *Archaeological Research in Asia*, 2020, 22, pp.100178.

① D. Kaniewski, N. Marriner, R. Cheddadi, J. Guiot, and E. Van Campo, "The 4.2 Ka BP Event in the Levant", *Climate of the Past*, 2018, 14(10), pp.1529-1542.

② Min Ran, and Liang Chen, "The 4.2 Ka BP Climatic Event and Its Cultural Responses", *Quaternary International*, 2019, 521, pp.158-167.

③ 张明华:《良渚文化突然消亡的原因是洪水泛滥》,《江汉考古》1998 年第 1 期;吴文祥、房茜、葛全胜:《中国龙山时代(5.0~4.0 ka BP)气候变化》,《海洋地质与第四纪地质》2013 年第 6 期。

地位相对特殊的遗址,如石峁、新华、寨峁和碧村遗址,粟的比重在这个时期明显较大,有的超过了黍占据了作物组合中的多数。这一变化明显与当地自仰韶晚期以来持续以黍为主的粟黍农业生产传统模式相当不同(图3-1、图3-2)。黄土高原北部地区气候的干冷化本应促使当地居民在农业生产中保持或进一步发展原有以抗旱抗瘠为导向的农业生产策略,而植物遗存分析的结果显示在石峁、碧村等遗址中,粟的比重显著增加,而且石峁和碧村两处遗址还出现了炭化水稻遗存(图3-1、图3-2),明显与气候干冷化对人类农业适应策略的要求或压力导向的趋势相反。据此,我们认为可能是社会文化因素导致了以上如石峁、碧村的农业系统中作物组合发生改变,具体可见下一节讨论。

进入晚商时期(距今3200～3000年),我们目前所见的经过比较科学的植物考古研究的遗址的作物组合显示粟的比重较龙山晚-二里头时期(距今4200～3700年)存在进一步增加的趋势,遗址间的粟黍比差异巨大,显示了不同遗址中粟和黍在作物组合中的比例差距进一步拉大(图3-1、图3-2)。所有遗址中的粟黍比均超过1.0,可见已经完全实现了从以黍为主向以粟为主的农业系统的转变。另外,除我们分析的两处遗址外,陕西清涧李家崖遗址中发现的农作物遗存经过初步鉴定也全部为粟[①]。这些结果进一步说明了粟在商时期黄土高原北部地区农业生产中的重要地位。李家崖、辛庄、高红遗址都发现了属于商代晚期的城墙遗迹或是大型建筑遗迹,这些遗址虽然不能同石峁遗址400万平方米的恢宏气势相比,但这些遗址出土的城址、青铜器、玉器等遗物,都表明了社会发展阶段已经完全从新石器时代过渡到青铜时代,早期城市化的趋势在黄

---

① 吕智荣:《试论李家崖文化的农业》,《农业考古》1989年第2期。

土高原北部地区仍然继续发展①。不过,相较于龙山晚-二里头时期(距今 4 200～3 700 年),石峁、碧村遗址展示出的农业多样化态势,在晚商时期干冷的气候环境背景下②,黄土高原北部先民持续以粟为主的粟黍农业生产,农业多样化可能降低。

(三) 社会复杂化背景下作物组合的变化

通过以上对作物组合历时性变化的分析,我们发现黄土高原北部地区龙山晚-二里头时期(距今 4 200～3 700 年)4 处大型或地位特殊的遗址点(石峁、碧村、新华、寨峁)中,作物组合较其他遗址发生了明显的改变,粟在农业生产中占较大比例并超过黍,成为最主要的农作物品种(图 3-1、图 3-2)。我们认为除了受到自然环境的塑造之外,当时重要的社会文化因素——社会复杂化和文明化过程可能也对这些遗址的农业系统产生了比较明显的影响。

从龙山晚期开始,陕西神木石峁遗址"横空出世",标志了黄土高原北部地区的社会复杂化和文明化进程开始了新的阶段。研究区域内这一阶段的遗址数量剧增,规模扩大,人口数量激增③。核

---

① 吕智荣:《从石峁到李家崖》,《榆林学院学报》2018 年第 5 期;蔡亚红:《李家崖文化研究》,西北大学考古学硕士学位论文,2008 年;王京燕、马昇:《商代西北方国的文明遗珍山西吕梁高红商代夯土基址》,《大众考古》2014 年第 7 期。

② 张贵林、周新郢、赵克良、杨庆江、李小强:《沙漠/黄土过渡带 6 ka B.P. 以来气候环境变化及其对人类活动的影响》,《第四纪研究》2018 年第 4 期。

③ Zhouyong Sun, Jing Shao, Li Liu, Jianxin Cui, Michael F. Bonomo, Qinghua Guo, Xiaohong Wu, and Jiajing Wang, "The First Neolithic Urban Center on China's North Loess Plateau: The Rise and Fall of Shimao", *Archaeological Research in Asia*, 2018, 14, pp.33-45;戴向明:《北方地区龙山时代的聚落与社会》,《考古与文物》2016 年第 4 期;王炜林、郭小宁:《陕北地区龙山至夏时期的聚落与社会初论》,《考古与文物》2016 年第 4 期;Li Jaang, Zhouyong Sun, Jing Shao, and Min Li, "When Peripheries Were Centres: A Preliminary Study of the Shimao-Centred Polity in the Loess Highland, China", *Antiquity*,(转下页)

心遗址——石峁古城包括"皇城台"内城和外城,总面积超过 400 万平方米。如此规模的大型石城址,在其建筑和使用之时需要聚集和调动较多的人力。为了较大的人口规模,需要大量的食物资源,那么在农业生产中增加产量相对较多的作物品种的比重或是引入新作物品种,对于维持一个相对多产的农业经济系统更加有利。我们发现龙山晚-二里头时期(距今 4 200~3 700 年)粟在石峁等遗址点中先民农业生产中的比例增加(图 3-1、图 3-2)。这应该是在人口规模急剧膨胀和社会剧烈复杂化的背景下,上述核心聚落或特殊地点居民为了满足增长的农业食物需求而主动调整作物组合结构的结果。

除了人口增长之外,石峁遗址的政治地位相对特殊。该遗址是龙山晚-二里头时期(距今 4 200~3 700 年)我国北方地区大型核心聚落和政治经济中心[①]。皇城台遗址区发现有层层内收类似"金字塔"形的护坡墙体、池苑、房址、路堤、墩台、柱础等遗迹,铜器、石范、玉器、骨器、兽面纹石雕和巨大的陶鹰雕塑等遗存[②]。以上考古发现表明,石峁古城拥有一个强有力的统治阶层,石峁先民相比于之前以及同时期其他小型聚落的先民拥有更多可供选择的物质资

(接上页)2018,92,364,pp. 1008-1022;Rawson J., "Shimao and Erlitou: New Perspectives on the Origins of the Bronze Industry in Central China", *Antiquity*,2017,91(355),pp. e5;Qinghua Guo, Zhouyong Sun, Jing Shao, and Nan Di, "Reconstruction of the Shimao Citadel Gate: Planning and Construction of Huangchengtai Gate During the 2nd Millennium BCE, China", *Archaeological Research in Asia*,2020,22,pp. 100178.

[①] 孙周勇:《公元前第三千纪北方地区社会复杂化过程考察——以榆林地区考古资料为中心》,《考古与文物》2016 年第 4 期。

[②] 孙周勇、邵晶、邸楠:《石峁遗址皇城台地点 2016~2019 年度考古新发现》,《考古与文物》2020 年第 4 期;孙周勇、邵晶:《石峁遗址皇城台大台基出土石雕研究》,《考古与文物》2020 年第 4 期。

源①。相似的情况也存在于山西北部的碧村遗址之中(图3-1、图3-2)。山西兴县碧村遗址的总面积超过75万平方米，是目前发现的山西蔚汾河流域最大规模的龙山时期城址，出土器物中也有大量陶器、玉器，玉器有琮、环、璧、玦等，有学者认为可以归入石峁文化的系统之中，作为一个地区的核心聚落②。在碧村遗址，粟在农业生产中的比重超过黍(图3-1、图3-2)，同时也有炭化水稻遗存的考古发现，说明了在碧村这样规模大且等级较高的遗址的居民拥有了相对更多的作物选择③。鉴于石峁遗址和碧村遗址的特殊性，以及稻米在这一地区的稀缺性，我们认为在上述两处黄土高原北部的高等级聚落中，水稻应该属于专供贵族享受的"贵食"。之前，贺娅辉等人对石峁遗址出土陶器的残留物分析研究后，也推测稻米可能作为石峁贵族阶层酿酒的发酵原料之一④。可见，在龙山晚-二里头时期(距今4 200~3 700年)，黄土高原北部地区的社会复杂化和文明化进程使得当地居民在谷物消费上的等级化差异愈加明显。

古气候记录显示，晚商时期黄土高原北部地区的气候条件仍处于相对干冷的状态，自然环境状况较龙山晚-二里头时期(距今4 200~

---

① 生膨菲、尚雪、张鹏程：《榆林地区龙山晚期至夏代早期先民的作物选择初探》，《考古与文物》2020年第2期。
② 王晓毅、王小娟、张光辉、安根、刘朝、裴学松、尹嘉琦、吴晓聪、孙科科、杨金丹、韩睿洋、韩明星、秦帅帅、刘威、徐新婷、苗忠煜、孙先徒：《2016年山西兴县碧村遗址发掘简报》，《中原文物》2017年第6期。
③ 蒋宇超、王晓毅：《兴县碧村遗址小玉梁台地的浮选结果及分析》，《文物季刊》2024年第2期。
④ Yahui He, Li Liu, Zhouyong Sun, Jing Shao, and Nan Di, "'Proposing a Toast' from the First Urban Center in the North Loess Plateau, China: Alcoholic Beverages at Shimao", *Journal of Anthropological Archaeology*, 2021, 64, pp.101352.

3700年)没有出现明显的转好趋势①。聚落考古遗址调查结果显示这一时期黄土高原北部地区的遗址数量相比于龙山时期明显减少②,而且整个中国北方地区的遗址数量在龙山时代结束之后均表现出剧烈的波动和下降趋势,这说明北方地区的人口构成与社会文化也发生明显的波动变化③。植物考古研究的结果表明,在辛庄和高红这样的晚商时期城址中,粟在农业生产中占据较大比重。可见为了养活一定规模的城市人口和贵族阶层,黄土高原北部先民仍继续选择以粟为主的旱作农业生产,基本保持了与龙山晚-二里头石峁、新华、碧村等核心聚落遗址相似的农业生产策略。甚至更进一步地发展了粟在作物组合结构中的比重,显示出以粟为主的粟黍农业发展模式在黄土高原北部地区青铜时代早期的食物生产系统中的重要地位的确立。

综上,根据考古出土大植物遗存证据,我们观察到了黄土高原地区在新石器时代晚期至青铜时代早期农业生产中作物组合发生的显著变化,即粟作农业生产比重在农业系统中随时间而增长,核心遗址的表现尤为明显。我们认为黄土高原北部先民在当地社会复杂化和文明化过程中因食物需求量急剧增加,而主动调整了原本以黍为主的作物组合结构,粟在农业生产中的比重上升,引入稻作农业生产,表明该地相关时段内的农业经济出现了多样化趋势,具有一定的集约化发展的倾向。不过,黄土高原北部地区在经历了距

---

① 张贵林、周新郢、赵克良、杨庆江、李小强:《沙漠/黄土过渡带6 ka B.P.以来气候环境变化及其对人类活动的影响》,《第四纪研究》2018年第4期。
② 蔡亚红:《李家崖文化研究》,西北大学考古学硕士学位论文,2008年;孙周勇:《公元前第三千纪北方地区社会复杂化过程考察——以榆林地区考古资料为中心》,《考古与文物》2016年第4期。
③ C. Leipe, T. Long, E. A. Sergusheva, M. Wagner, and P. E. Tarasov, "Discontinuous Spread of Millet Agriculture in Eastern Asia and Prehistoric Population Dynamics", *Science Advances*, 2019, 5(9), pp. eaax6225.

今4200年左右的降温事件后，气候环境较新石器时代晚期处于更加干冷的状态，集约化的农业发展模式在当地发展的潜力相当有限。

五、小结

通过对黄土高原北部地区新石器时代晚期至青铜时代早期的26处遗址出土农作物遗存开展的作物组合分析，我们讨论了仰韶晚期至商时期该地区作物组合的特点、历时性变化过程及其影响因素。结果可见，黄土高原北部地区新石器时代晚期至青铜时代早期农业的特点是强调适应当地干旱的气候环境条件，始终以粟和黍两种小米的生产为主，稻作和麦作农业的影响较少。从作物组合的历时性变化来看，由于黍的种植相对粗放，且抗旱与抗逆性较粟更强，仰韶晚期黄土高原北部地区的先民普遍发展出以黍为主的粟黍农业模式，即使在龙山早期环境短暂转好的时期，以黍为主的作物组合仍未改变。进入龙山晚-二里头时期，在黄土高原北部地区等级较低、面积较小的遗址中，先民仍然持续着以黍为主的粟黍农业模式。而像石峁、新华、碧村这样的核心聚落或高等级遗址中的作物组合发生了明显的变化——粟在农业生产中的比重明显上升，同时在石峁和碧村两处遗址出现了少量的稻作农业遗存。考虑到距今4200年的存在全球性的降温事件，我们推测在龙山晚-二里头时期气候寒冷和人口激增的双重压力之下，黄土高原北部地区的先民可能主动调整了农业生产的作物组合，即增加了产量相对较高的粟在作物组合中的比重提高食物产量，同时引入了更加高产的水稻作为"奢侈食物"。石峁及其时代结束之后，人口压力一定程度降低，气候仍处于干冷期,商代晚期黄土高原北部地区的大植物遗存证据显示,当地农业生产仍持续以粟为主的粟黍农业发展模式,通过提供相当数量的食物维持早期城市的人口规模,不过目前未见到水稻和麦类作物的植物考古遗存,农业多样化降低。由于粟的增加和水稻的引入会增加农业生产中的劳动投入,因而龙山晚-二里头时期黄土高原北部地区的农业生产出现了一些集约化的倾向。不过受到干冷气候环境的限制,集约化农业发展模式在当地发展的潜力不足。

第四章

作物种子尺寸分析

一、引言

种子是裸子植物和被子植物特有的生殖结构,由植物胚珠通过传粉受精过程发育而成,其典型构造包括种皮、胚和胚乳三个主要部分[1]。作为禾本科农作物的核心繁殖器官,种子不仅是人类农业生产的主要收获目标,更是古代先民开展农耕活动的基础生产资料[2]。作物籽粒的尺寸直接影响着种子内储淀粉含量、出芽效率等重要指标,这种性状特征的选择压力可追溯至农业起源阶段[3]。值得注意的是,籽粒尺寸作为重要表型特征,其表现既受遗传因素调

---

[1] 马炜梁:《植物学》,高等教育出版社2009年版。

[2] Ron Pinhasi, Joaquim Fort, and Albert J. Ammerman, "Tracing the Origin and Spread of Agriculture in Europe", *PLoS Biology*, 2005, 3 (12), pp. e410; Greger Larson, Dolores R. Piperno, Robin G. Allaby, Michael D. Purugganan, Leif Andersson, Manuel Arroyo-Kalin, Loukas Barton, et al., "Current Perspectives and the Future of Domestication Studies", *Proceedings of the National Academy of Sciences*, 2014, 111(17), pp. 6139-6146.

[3] Dorian Q. Fuller, Emma Harvey, and Ling Qin, "Presumed Domestication? Evidence for Wild Rice Cultivation and Domestication in the Fifth Millennium BC of the Lower Yangtze Region", *Antiquity*, 2007, 81(312), pp. 316-331.

控,也易受气候环境、栽培技术及人工选择等外部因素的共同作用①。实际生产中,同一作物品种在不同地域、不同生长周期的籽粒形态特征往往呈现明显差异。鉴于禾本科作物籽粒尺寸对评估作物产量和品质具有指示作用,植物考古学者在研究中尤为关注出土农作物遗存籽粒的尺寸及其历时演变过程,以此作为解析古代农业发展脉络的重要实证依据②。

2014 年英国学者傅稻镰(Dorian Fuller)等人在研究长江下游地区马家浜文化(距今 7 000~6 000 年)至良渚文化(距今 5 300~4 300 年)水稻炭化种子形态后,将水稻种子大小发生的历时性变化,归因于作物与人类耕作活动和选择的互动过程③。当作物种子埋藏深度增加时,为保证幼苗生长,种子大小相应增加;加之先民在食物生产过程中更为重视对大粒形农作物种子的选择,多重因素导致了水稻种子尺寸的增大。水稻种子籽粒尺寸的变化,直观展示出长江下游水稻驯化在马家浜文化至良渚文化时期逐渐进入了更加成熟的阶段。可见,传统形态测量和统计分析显然对描述和分析古代农作物种子形态的变化,对探讨农作物驯化、品种区分等问题相当有效。近年来,郑云飞等学者也使用上述方法探讨新石器时代长江下游水稻种子形态的变化趋势,探讨水稻品种的改良与水稻结实

---

① 潘家驹:《作物育种学总论》,农业出版社 1994 年版。
② Dorian Q. Fuller, Tim Denham, Manuel Arroyo-Kalin, Leilani Lucas, Chris J. Stevens, Ling Qin, Robin G. Allaby, and Michael D. Purugganan, "Convergent Evolution and Parallelism in Plant Domestication Revealed by an Expanding Archaeological Record", *Proceedings of the National Academy of Sciences*, 2014, 111(17), pp.6147-6152.
③ Dorian Q. Fuller, Emma Harvey, and Ling Qin, "Presumed Domestication? Evidence for Wild Rice Cultivation and Domestication in the Fifth Millennium BC of the Lower Yangtze Region", *Antiquity*, 2007, 81(312), pp.316-331.

等情况①。

目前,有学者已对黄土高原北部考古遗址浮选出土粟、黍种子籽粒大小或饱满程度投以关注。在之前的研究中,尹达和包易格等人②对黄土高原北部地区7处新石器时代晚期至青铜时代早期遗址出土炭化粟和黍,进行了种子长和宽的测量,初步探讨了粟、黍种子大小的变化历程。例如,包易格等人认为从距今5000年至距今4000年,黄土高原北部地区黍的籽粒存在逐渐变大的过程,而粟的籽粒则不存在明显的变化。不过,已有研究对于研究区域内仰韶晚期(距今5000~4500年)、龙山早期(距今4500~4200年)和商代晚期(距今3200~3000年)遗址出土粟和黍籽粒长、宽的测量和研究相对不足。因此,本章首先公布研究区域内仰韶晚期、龙山早期和晚商时期遗址出土炭化粟和黍种子粒长与粒宽的测量数据,在集成创新的基础上,分析研究区域内粟、黍种子尺寸大小的变化轨迹,提供了解黄土高原北部地区新石器时代晚期至青铜时代早期农业发展模式的新线索。

二、材料与方法

在本章中,我们选择黄土高原北部地区仰韶晚期至商代晚期

---

① 郑云飞:《良渚文化时期的社会生业形态与稻作农业》,《南方文物》2018年第1期;郑晓蕖、邵栋、刘宝山、芮国耀、赵志军:《马家浜文化生业模式初探——来自杨家遗址和马家浜遗址的植物考古学证据》,《江汉考古》2021年第5期。
② 尹达:《河套地区史前农牧交错带的植物考古学研究——以石峁遗址及其相关》,中国社会科学院考古研究所博士学位论文,2015年;Y. Bao, X. Zhou, H. Liu, S. Hu, K. Zhao, P. Atahan, J. Dodson, & X. Li, "Evolution of Prehistoric Dryland Agriculture in the Arid and Semi-Arid Transition Zone in Northern China", *PloS One*, 2018, 13(8), e0198750。

(距今5000~3000年)的5处考古遗址,经浮选法系统收集的炭化粟和炭化黍的种子,进行种子籽粒长和宽的测量工作。具体来说(见图2-1),炭化粟黍种子样品分别来自两处仰韶晚期遗址(杨界沙、大古界),一处龙山早期遗址(庙畔),一处龙山晚-二里头时期遗址(火石梁)和一处商代晚期遗址(辛庄)。

除第一手数据外,我们还收集了2015年尹达博士对陕西神木龙山晚-二里头时期的石峁遗址、木柱柱梁遗址,山西柳林商代晚期的高红遗址浮选出土炭化粟和黍种子的相关测量结果(图2-1)[①]。另外,包易格等研究者在2018年对陕西榆林仰韶晚期的肖家崄遗址,内蒙古准格尔旗龙山早期的大口遗址,陕西神木龙山晚-二里头时期寨峁遗址、新华遗址,内蒙古伊金霍洛旗龙山晚-二里头时期的朱开沟遗址出土炭化粟和黍种子的相关测量数据也被纳入我们进一步的对比分析之中(图2-1)[②]。

我们分别从各个遗址的待测样品中挑选一定数量的炭化粟和黍的种子进行测量。首先,在体视显微镜下观察待测样品,去除保存不完整的炭化种子。之后,使用游标卡尺测量保存完整的炭化粟和炭化黍种子的长和宽,准确记录测量结果。最后,使用R语言统计分析软件进行统计学分析,并绘制图表。

[①] 尹达:《河套地区史前农牧交错带的植物考古学研究——以石峁遗址及其相关》,中国社会科学院考古研究所考古学博士学位论文,2015年;Yige Bao, Xinying Zhou, Hanbin Liu, Songmei Hu, Keliang Zhao, Pia Atahan, John Dodson, Xiaoqiang Li, "Evolution of Prehistoric Dryland Agriculture in the Arid and Semi-Arid Transition Zone in Northern China", *PLoS One*, 2018, 13(8), pp. e0198750.

[②] Yige Bao, Xinying Zhou, Hanbin Liu, Songmei Hu, Keliang Zhao, Pia Atahan, John Dodson, Xiaoqiang Li, "Evolution of Prehistoric Dryland Agriculture in the Arid and Semi-Arid Transition Zone in Northern China", *PLoS One*, 2018, 13(8), pp. e0198750.

为了更好了解研究区域不同时间段内粟黍作物种子大小发生的变化,我们将利用本研究涉及的测量数据,依据遗址的文化年代为仰韶晚期(距今5 000～4 500年)、龙山早期(距今4 500～4 200年)、龙山晚-二里头时期(距今4 200～3 700年),商代(距今3 600～3 000年)四个时期,来分析比较粟、黍种子长和宽的历时性变化。具体步骤如下:首先进行正态分布检验和方差齐性检验,根据结果选择Anova方差检验或非参数检验进行统计学分析,如存在显著性不同,再采用事后检验方法寻找不同的组别。最后绘制箱线图观察分析数据的变化情况。

三、研究结果

(一) 炭化粟种子的测量结果

在本研究中,我们测量了总共103组炭化粟种子尺寸数据,其中每一组数据包括粟粒的长和宽两项。5处遗址炭化粟种子籽粒长度的分布范围是1.01～2.07 mm,平均值为1.44±0.18 mm,籽粒宽度的范围是0.91～1.56 mm,平均值为1.25±0.13 mm。数据详见附表三。除此之外,我们还收集到418组已有研究中报道的黄土高原北部地区相关时段内8处遗址出土炭化粟籽粒长、宽的测量数据。汇总后,本研究将分析总共521组黄土高原北部地区新石器时代晚期至商代晚期炭化粟籽粒长和宽的测量数据。全部炭化粟种子的长度范围在0.95～2.30 mm之间,平均值为1.42±0.20 mm,宽度范围在0.90～2.30 mm之间,平均值为1.25±0.18 mm。

在本研究中,全部分析的粟的长、宽数据均不符合正态分布与方差齐性要求。因此,我们采用 Kruskal-Wallis 非参数检验进行显著性分析。结果显示:粒长 p 值为 0.026,粒宽 p 值为 0.018,表明粟的粒长和粒宽均存在显著性不同。事后检验分析结果与箱线图如下所示(表 4-1、表 4-2、图 4-1)。粟种子的长度从仰韶晚期至商时期有一定程度的减小趋势,而宽度自龙山早期后也有所减小。

表 4-1 粟粒长 dunn 事后检验结果

	仰韶晚期	龙山早期	龙山晚-二里头时期
龙山早期	0.2925		
龙山晚-二里头时期	0.0144*	0.0088*	
商时期	0.0449*	0.0232*	0.4270

表 4-2 粟粒宽 dunn 事后检验结果

	仰韶晚期	龙山早期	龙山晚-二里头时期
龙山早期	0.0491*		
龙山晚-二里头时期	0.4315	0.0199*	
商时期	0.0475*	0.0009*	0.0256*

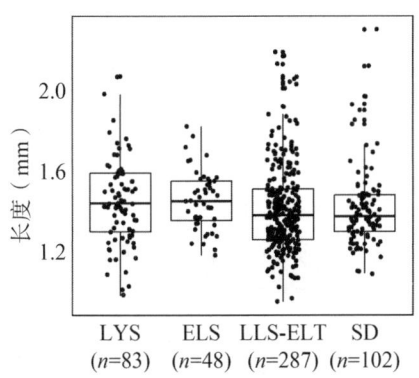
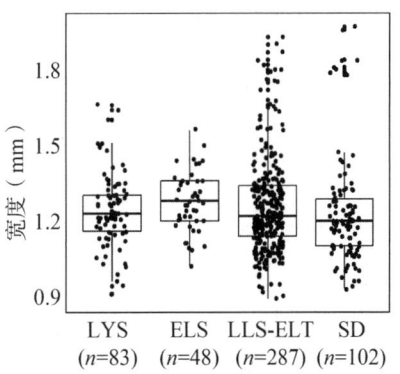

图 4-1 粟长度、宽度箱线图

(LYS:仰韶晚期;ELS:龙山早期;LLS-ELT:龙山晚-二里头;SD:商代)

(二) 炭化黍种子的测量结果

我们还提供了来自黄土高原北部地区仰韶晚期至商代晚期5处考古遗址,共111组炭化黍种子的测量数据,其中每一组数据包括黍粒的长和宽两项。5处遗址新的炭化黍籽粒长度的分布范围是1.25 mm~2.34 mm,平均值为1.74±0.19 mm;宽度的分布范围是1.17 mm~2.02 mm,平均值为1.63±0.20 mm。数据详见附表三。我们还收集173组已有研究中报道的7处考古遗址浮选出土炭化黍籽粒的长、宽测量结果。最终,我们分析了总共284组黄土高原北部地区新石器时代晚期至商代晚期炭化黍籽粒长和宽的数据,具体数据见附表三。全部炭化黍种子的长度范围在1.23 mm~2.34 mm之间,平均值为1.76±0.19 mm;宽度的范围是0.94 mm~2.02 mm之间,平均值为1.58±0.20 mm。

考虑到分析的黍种子籽粒长、宽数据也不符合正态分布,我们仍采用Kruskal-Wallis非参数检验进行显著性分析。粒长($p\approx0$)与粒厚($p\approx0$)的p值均小于0.05,表明四个时期内黍的长与宽存在显著性差异。事后检验结果与箱线图如下(表4-3、表4-4、图4-2)。综合来看,黍的长度从仰韶晚期至商时期有显著性增加,宽度则出现一个波动变化的过程。

表4-3 黍粒长 dunn 事后检验结果

	仰韶晚期	龙山早期	龙山晚-二里头时期
龙山早期	0.0120*		
龙山晚-二里头时期	≈0*	0.0766	
商时期	≈0*	0.0107*	0.0677*

表 4-4　黍粒宽 dunn 事后检验结果

	仰韶晚期	龙山早期	龙山晚-二里头时期
龙山早期	≈0*		
龙山晚-二里头时期	0.000 3*	0.009 4*	
商时期	0.491 2	≈0*	0.006 6*

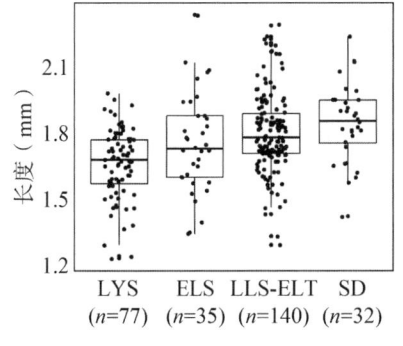 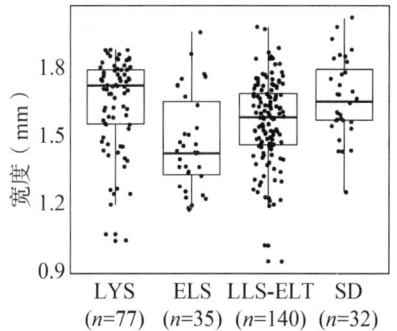

图 4-2　黍长度、宽度箱线图

(LYS:仰韶晚期;ELS:龙山早期;LLS-ELT:龙山晚-二里头;SD:商代)

四、讨论

　　古代栽培作物种子大小的变化,能够提供古代农业起源、扩散传播和发展过程中栽培植物对环境响应与适应的关键信息。近年来,粟、黍种子籽粒尺寸的变化成为讨论中国北方地区旱作农业起源、传播扩散与环境适应的热点话题之一。有诸多研究通过收集考古遗址中的粟、黍种子粒长、粒宽的测量数据,大致描绘了我国全新世早、中期以来粟、黍种子尺寸的变化图景①。总体上看,粟、黍的

---

① Yige Bao, Xinying Zhou, Hanbin Liu, Songmei Hu, Keliang Zhao, Pia Atahan, John Dodson, Xiaoqiang Li, "Evolution of Prehistoric Dryland Agriculture（转下页）

长度、宽度均随着时间的推移而有所增加,这与作物在驯化过程中种子籽粒发生的一般变化相符合。2022年张贵林等研究者利用大量考古出土粟种子籽粒形态的测量数据①,探讨了粟在自东向西的传播扩散过程中,在不同时空背景下,种子籽粒尺寸的变化总体稳定,但也展现出多样化差异。结合相关考古发现,张贵林等人提出新石器时代晚期以来,北方先民在粟作农业生产中很难依靠粟单粒种子尺寸的增大来获得作物产量的提升。

在本研究中,我们聚焦于新石器时代晚期至青铜时代早期的黄土高原北部地区,基于已有研究重点分析研究区域内粟、黍种子尺寸从新石器时代晚期至青铜时代早期的历时性变化。结果表明,研究区域内粟、黍种子的尺寸变化并非为简单的线性增加趋势。其中,粟种子籽粒的长、宽总体呈现减小的趋势(图4-1);而黍的粒长从仰韶晚期至商代晚期(距今5 000~3 000年)有明显的增加趋势,但粒宽经历了一个波动变化过程(图4-2)。

上述结果与当时黄土高原北部地区自然气候环境条件、农田管理与人类选择可能存在着一定程度的关联。作物生长时的气候环境

(接上页) in the Arid and Semi-Arid Transition Zone in Northern China", *PLoS One*, 2018, 13(8), pp. e0198750; Chris J. Stevens, Yijie Zhuang, and Dorian Q. Fuller, "Millets, Dogs, Pigs and Permanent Settlement: Productivity Transitions in Neolithic Northern China", *Evolutionary Human Sciences*, 2024, 6, pp. e44; Chris J. Stevens, Gideon Shelach-Lavi, Hai Zhang, Mingyu Teng, and Dorian Q. Fuller, "A Model for the Domestication of Panicum Miliaceum (Common, Proso or Broomcorn Millet) in China", *Vegetation History and Archaeobotany*, 2021, 30(1) pp. 21-33; Yijie Zhuang, Dorian Q. Fuller, "Landscape of Loess, Millets, and Boar", *Current Anthropology*, 2024.

① Guilin Zhang, Xinying Zhou, Xiaoqiang Li, Yongqiang Wang, Zhihao Dang, Wenying Li, Michael Spate, et al., "New Empirical Evidence from Ancient Foxtail Millet Seeds and Panicles Reveals Phenotype Divergence During Its Dispersal", *Science Bulletin*, 2022, 67(18), pp. 1860-1864.

条件会影响种子的发育,进而影响籽粒尺寸的大小。一般来说,温暖湿润的气候环境更有利于作物种子的发育,而寒冷干燥的环境则会导致植物生长得迟缓,在气候胁迫中作物种子籽粒的尺寸会出现变小过程,作物产量降低①。已有的环境考古研究表明,黄土高原北部地区,在仰韶中晚期至龙山早期时段内的夏季风较强,降水量相对较多,气候整体温暖,沙地面积收缩②。龙山晚期至商代时段内(距今4200~3000年),该地区可能受到距今4200年左右全球性气候变化事件影响,气温转低,干旱加剧③。而且相比于中原、海岱等地区,黄土高原北部地区更为深入大陆腹地,地形以黄土丘陵为主,气候与生态环境相对不稳定。在农业生产技术水平较低的古代,粟黍作物在旱地生长过程中会更容易受到自然气候波动变化的影响。

在前文中,黄土高原北部地区大植物遗存浮选结果表明,从龙山晚期开始,具有更强耐凉性的粟的出土数量明显增加,在作物组合中的地位上升,有的地点超过了原先在农业生产中占主要地位的黍④。我们发现此时粟种子的粒长较之前减小了约1.4%,粒宽减

---

① Helmut Knüpffer, Irina Terentyeva, Karl Hammer, Olga Kovaleva, and Kazuhiro Sato., "Chapter 4. Ecogeographical Diversity — a Vavilovian Approach", In Diversity in BarLey (*Hordeum vulgare*), edited by Roland von Bothmer, Theo van Hintum, Helmut Knüpffer and Kazuhiro Sato, Elsevier, 2003, pp.53-76.
② Jianxin Cui, Zhouyong Sun, George S. Burr, Jing Shao, and Hong Chang, "The Great Cultural Divergence and Environmental Background of Northern Shaanxi and Its Adjacent Regions During the Late Neolithic", *Archaeological Research in Asia*, 2019, 20, pp.100164.
③ 张贵林、周新郢、赵克良、杨庆江、李小强:《沙漠/黄土过渡带6 ka B.P.以来气候环境变化及其对人类活动的影响》,《第四纪研究》2018年第4期。
④ Pengfei Sheng, Xue Shang, Xinying Zhou, Michael Storozum, Liping Yang, Xiaoning Guo, Pengcheng Zhang, et al., "Feeding Shimao: Archaeobotanical and Isotopic Investigation into Early Urbanism (4200-3000 BP) on the Northern Loess Plateau, China", *Environmental Archaeology*, 2021, 29(5), pp.425-439.

小了约 0.8%。这一定程度上可归因于研究区域内从龙山晚期（距今 4200 年）开始增加的干冷环境胁迫。在此之前的仰韶晚期（距今 5000～4500 年）和龙山早期（距今 4500～4200 年），黄土高原北部气候相对适宜①，降水量更多，相对更优的生长环境使得粟的长度并没有显著变化，但籽粒宽度略有增加。而此后由于研究区内自然环境向着不利的方向发展，粟的粒长和粒宽均出现一定程度的减小。

现有考古证据表明，从龙山晚期（距今 4200 年）开始，随着石峁等大型石城聚落的出现，黄土高原北部地区的社会复杂化进程加速，早期城市化道路开启。逐渐在核心聚落——石峁与周围地区其他中小型聚落的互动中形成了层级分明的四级聚落结构，早期王权国家兴起。文明是物质财富聚集的体现。可想而知，黄土高原北部不同地区间土地或资源争夺在龙山晚-二里头时期（距今 4200～3700 年）更为激烈。越来越多的人口嗷嗷待哺，成群的人们拓殖到新的土地，种植更多农作物，以满足日益增长的食物需求②。这可能迫使人类向贫瘠土地扩张。如此现象在人类历史上屡见不鲜，例如，古代玛雅文明在应对人口增长的过程中，逐渐在相对贫瘠的热带雨林边缘开垦，但因为土壤快速退化反而加剧了崩溃③。

---

① 张贵林、周新郢、赵克良、杨庆江、李小强：《沙漠/黄土过渡带 6 ka B.P. 以来气候环境变化及其对人类活动的影响》，《第四纪研究》2018 年第 4 期。
② Pengfei Sheng, Xue Shang, Xinying Zhou, Michael Storozum, Liping Yang, Xiaoning Guo, Pengcheng Zhang, et al., "Feeding Shimao: Archaeobotanical and Isotopic Investigation into Early Urbanism (4200-3000 BP) on the Northern Loess Plateau, China", *Environmental Archaeology*, 2021, 29(5), pp. 425-439.
③ Timothy Beach, Sheryl Luzzadder-Beach, Nicholas Dunning, Jon Hageman, and Jon Lohse, "Upland Agriculture in the Maya Lowlands: Ancient Maya Soil Conservation in Northwestern Belize", *Geographical Review*, 2002, 92(3), pp. 372-397.

除此之外,需求增加也可能导致种植密度过度增加。这会导致作物植株间竞争光、水和养分等,单株资源受限,也会导致作物种子变小。在本研究区域内,从龙山晚期开始,中、小型聚落数量暴增,在区域内不同人群复杂的整合过程中①,在近乎"跨越式"的社会发展进程中②,人们对农业生产资源的掠夺会随之加剧,过密种植、快速扩张等农耕模式,可能致使大多数土地在单位面积内精耕细作的管理程度并不高。加之黄土高原北部地区易发的水土流失与土壤退化③,最终诱发粟种子籽粒的尺寸出现减小趋势。

当然,也不能忽视人类作物选择的影响。已有的作物学研究表明,作物茎秆的抗倒伏能力会受到籽粒大小和重量的影响,具有更大、更重穗的同类谷物作物会更容易倒伏,而作物的倒伏导致产量降低,不利于农业生产④。而在同类作物中,种子籽粒尺寸较小、排列紧密的作物的穗重量更轻,茎秆的承重压力也更小,因而具有较强的抗倒伏性⑤。黄土高原北部地区偏于内陆,海拔较高,在距今

---

① 孙周勇:《公元前第三千纪北方地区社会复杂化过程考察——以榆林地区考古资料为中心》,《考古与文物》2016年第4期;刘莉、Maureece Levin、孙周勇、邵晶:《石峁遗址出土陶、石器功能反映的礼仪和生计活动》,《中原文物》2022年第5期。
② 戴向明:《中国史前社会的阶段性变化及早期国家的形成》,《考古学报》2020年第3期。
③ 李宗善、杨磊、王国梁、侯建、信忠保、刘国华、傅伯杰:《黄土高原水土流失治理现状、问题及对策》,《生态学报》2019年第20期。
④ Yuanning Zhong, Ting Zhang, Wenjun Qiao, Wenwen Liu, Yunzhou Qiao, Yongpeng Li, Mengyu Liu, Yuzhao Ma, and Baodi Dong, "Optimizing Canopy Spacing Configuration Enhances Foxtail Millet Grain Yield and Water Productivity by Improving Stalk Lodging Resistance in the North China Plain", *European Journal of Agronomy*, 2024, 158, pp.127230.
⑤ Giedre Motuzaite Matuzeviciute, Aida Abdykanova, Shogo Kume, Yoshihiro Nishiaki, and Kubatbek Tabaldiev, "The Effect of Geographical Margins on Cereal Grain Size Variation: Case Study for Highlands of Kyrgyzstan", *Journal of Archaeological Science: Reports*, 2018, 20, pp.400-410.

4200年左右全球性气候波动后，整体自然环境条件向干冷方向转变。粟为穗状花序，穗的形状为圆柱状或棒状，直立且相对紧密。在上述自然环境背景下，籽粒尺寸相对小的粟在抗倒伏方面更具优势，可能更适合于在黄土丘陵沟壑区较强的风力环境中生长。如图4-1所示，统计结果表明研究区域内龙山早期、龙山晚期-二里头时期和商代时期的粟长宽比平均值均略小于仰韶时期，尤其是在龙山晚期-二里头文化时期粟的长宽比出现明显的减小过程（彩图3）。我们推测种子籽粒尺寸小的粟更适合于在仰韶晚期之后黄土高原北部地区的自然环境，因而先民可能在农业生产中也可能倾向更多选择一些种子尺寸较小的粟类作物。

相比起粟，在研究区域内的相关时段内，虽然黍的宽度波动变化，但黍的粒长出现明显增加（图4-2）。这与之前包易格等人的研究结果相似[①]。一般认为，较大的种子具有竞争优势，因为它们会产生更大、更强的幼苗，从而更快地建立自己生长过程[②]。从这个角度看，黍种子尺寸的历时性变化过程是符合作物驯化导致可食用部位增大的一般认识（图4-2、彩图4）。从仰韶晚期至晚商时期（距今5000~3000年），虽然黍在黄土高原北部地区人群中的核心饮食地位逐渐被粟所取代，但黍的抗逆性较强，先民在其他作物无法种植的情况下，仍可以种植黍来降低农业生产中遇到的风险。在长期的栽培驯化过程中，黄土高原北部地区先民也对种子较大的黍

---

① Yige Bao, Xinying Zhou, Hanbin Liu, Songmei Hu, Keliang Zhao, Pia Atahan, John Dodson, Xiaoqiang Li, "Evolution of Prehistoric Dryland Agriculture in the Arid and Semi-Arid transition Zone in Northern China", *PLoS One*, 2018, 13(8), pp.e0198750.

② Jack R. Harlan, J.M.J. de Wet, and E. Glen Price, "Comparative Evolution of Cereals", *Evolution*, 1973, 27(2), pp.311-325.

投以更多选择以提高产量①,导致黍的粒长有增加的趋势。而且相较于粟来说,黍为圆锥花序,穗形属于扫帚状或伞形,分枝多较分散,抗倒伏能力强于粟。因而,在龙山晚期之后干冷风劲的自然环境压力中,没有出现类似粟发生种子尺寸减小的过程。除此之外,食物加工与食用方式的差异也会影响人类对粟、黍作物种子尺寸的选择。例如,今天粟常用来烹饪成米粥食用,多为粒食,因而小籽粒的粟相当适宜这样的饮食方式;而黍则常常磨制成粉,制作成黄米糕(油糕),大籽粒黍的出粉率高,而在如此的作物加工中受到人们更多的青睐。我们实地调查发现上述两类对粟黍作物的食物加工和食用方式,现今仍常见于黄土高原北部地区。将今论古,具有相当重要的参考价值,不过要进一步探究研究区域内新石器时代晚期至青铜时代早期粟、黍作物种子尺寸变化背后蕴藏的人类饮食行为,尚待更充分的考古证据。

五、小结

本研究中,我们通过分析黄土高原北部地区仰韶晚期至商代晚期(距今5 000～3 000年)521粒炭化粟和284粒炭化黍籽粒长度和宽度测量数据,考察了该地区粟黍籽粒长与宽的历时性变化状况。研究结果表明黄土高原北部在新石器时代晚期至青铜时代早期,粟的籽粒一定程度上变小,而黍的籽粒则一定程度上略增大,不过两种小米籽粒长度和宽度的变化幅度较小。我们推测,龙山晚期

---

① Chris J. Stevens, Yijie Zhuang, and Dorian Q. Fuller, "Millets, Dogs, Pigs and Permanent Settlement: Productivity Transitions in Neolithic Northern China", *Evolutionary Human Sciences*, 2024, 6, pp. e44.

开始的气候环境变化是粟类作物种子尺寸变小的一大可能原因;人口激增背景下,农业资源竞争中,扩张型的农业发展模式、过密种植和黄土高原地区易发的土壤退化会促发粟籽粒变小。除此之外,当地先民也可能通过选择种子尺寸偏小的粟来加强该类作物的抗倒伏性,以应对黄土高原北部地区龙山晚期之后干冷风劲的自然环境。而相对抗倒伏能力强的黍,在种子大小的变化趋势上更符合农作物长期驯化栽培后发生的通常变化,即籽粒逐渐增大,由此提升农业产量。食物加工方法和饮食实践的差异,也可能是该地区相关时段内粟、黍作物种子尺寸大小出现不同变化的影响因素之一。

第五章

作物种子同位素分析

一、引言

"民以食为天,农以地为本。"土地是人类社会赖以生存与发展的最基本自然资源。土壤质量的演变轨迹无疑会直接影响土壤能否有效维持农业生产力、保障人类生存环境质量、支持人类健康生活、实现社会经济可持续发展。因而,土壤质量演变过程受到人们的广泛关注。近年来,基于考古出土炭化农作物种子的C、N稳定同位素分析结果,结合高精度年代框架,探讨古代农作物生长的水分与土壤环境状况,成为国际植物考古与同位素分析交叉融合的新领域,为了解古代人类农业生产中的土壤质量演变轨迹提供了新证据①。

---

① Amy Bogaard, Rebecca Fraser, Tim H. E. Heaton, Michael Wallace, Petra Vaiglova, Michael Charles, Glynis Jones, et al., "Crop Manuring and Intensive Land Management by Europe's First Farmers", *Proceedings of the National Academy of Sciences*, 2013, 110(31), pp.12589-12594; M. Wallace, G. Jones, M. Charles, R. Fraser, P. Halstead, T. H. E. Heaton, and A. Bogaard, "Stable Carbon Isotope Analysis as a Direct Means of Inferring Crop Water Status and Water Management Practices", *World Archaeology*, 2013, 45(3), pp.388-409; José L. Araus, Juan P. Ferrio, Jordi Voltas, Mònica Aguilera, and Ramón Buxó, "Agronomic Conditions and Crop Evolution in Ancient Near East（转下页）

通常来说,农作物生长的整个生命周期是在自然环境与人为管理活动等多重因素的共同作用下完成的①。因此,学者们认为作物种子同位素分析结果,可作为评估古代农田土壤质量综合水平的替代指标之一。2013年博高(Bogaard)等发表对欧洲史前遗址出土农作物种子的氮稳定同位素分析结果,发现古人可能采用农田施肥来增加作物产量②。2021年库尔特·J.格龙(Kurt J. Gron)等学者以大植物遗存C、N稳定同位素数据为替代指标成功重建了斯堪的纳

(接上页)Agriculture", *Nature Communications*, 2014, 5(1), pp. 3953; Amy K. Styring, Michael Charles, Federica Fantone, Mette Marie Hald, Augusta McMahon, Richard H. Meadow, Geoff K. Nicholls, et al., "Isotope Evidence for Agricultural Extensification Reveals How the World's First Cities Were Fed", *Nature Plants*, 2017, 3(6), pp. 17076; Helena Hamerow, Amy Bogaard, Michael Charles, Emily Forster, Matilda Holmes, Mark McKerracher, Samantha Neil, Christopher Bronk Ramsey, Elizabeth Stroud, and Richard Thomas, "An Integrated Bioarchaeological Approach to the Medieval 'Agricultural Revolution': A Case Study from Stafford, England, c. AD 800-1200", *European Journal of Archaeology*, 2020, 23(4), pp. 585-609; Xin Wang, Benjamin T. Fuller, Pengcheng Zhang, Songmei Hu, Yaowu Hu, and Xue Shang, "Millet Manuring as a Driving Force for the Late Neolithic Agricultural Expansion of North China", *Scientific Reports*, 2018, 8(1), pp. 5552; Pengfei Sheng, Storozum Michael, Tian Xiaohong, Wu Yong, "Foodways on the Han Dynasty's Western Frontier: Archeobotanical and Isotopic Investigations at Shichengzi, Xinjiang, China", *The Holocene*, 2020, 30, pp. 1174-1185; Jishuai Yang, Dongju Zhang, Xiaoyan Yang, Weiwei Wang, Linda Perry, Dorian Q. Fuller, Haiming Li, et al., "Sustainable Intensification of Millet-Pig Agriculture in Neolithic North China", *Nature Sustainability*, 2022, 5(9), pp. 780-786.

① Paul Szpak, "Complexities of Nitrogen Isotope Biogeochemistry in Plant-Soil Systems: Implications for the Study of Ancient Agricultural and Animal Management Practices", *Frontiers in Plant Science*, 2014, 5.

② Amy Bogaard, Rebecca Fraser, Tim H. E. Heaton, Michael Wallace, Petra Vaiglova, Michael Charles, Glynis Jones, et al., "Crop Manuring and Intensive Land Management by Europe's First Farmers", *Proceedings of the National Academy of Sciences*, 2013, 110(31), pp. 12589-12594.

维亚南部新石器晚期至历史时期土壤质量的演变轨迹，发现了新石器晚期至青铜时代的长期耕作导致了当地土壤质量的下降，而铁器时代及历史时期人类农业技术的进步让土壤健康水平得到显著的改善①。由此看来，对作物种子遗存进行 C、N 稳定同位素分析，结合 AMS-^{14}C 测年结果，是了解古代农田土壤质量宏观演变过程最有希望的途径之一。

针对黄土高原地区，2018 年胡耀武教授团队对陕西白水仰韶文化遗址出土炭化粟、黍种子进行碳、氮稳定同位素分析，发现距今 5000 年左右地处陕北高原与关中平原交接地区的先民，可能在旱作农业生产中实践了对农田的施肥②。2022 年兰州大学环境考古团队通过研究甘肃秦安大地湾遗址出土动、植遗存，揭示家猪牙齿保留的微体植物证据，并结合炭化粟、黍种子的氮同位素分析结果，判断距今 5500 年左右黄土高原西部地区的大地湾先民已经开始了对农田的施肥行为，形成了高度集约化的旱作农业发展模式③。2022 年武汉大学王欣博士团队聚焦黄土高原东南缘嵩山南麓四处龙山时代晚期考古遗址出土粟、黍、稻、大豆种子的碳、氮稳定同位素分析，发

---

① Kurt J. Gron, Mikael Larsson, Darren R. Gröcke, Niels H. Andersen, Marianne H. Andreasen, Jens-Henrik Bech, Peter Steen Henriksen, et al., "Archaeological Cereals as an Isotope Record of Long-Term Soil Health and Anthropogenic Amendment in Southern Scandinavia", *Quaternary Science Reviews*, 2021, 253, pp.106762.

② Xin Wang, Benjamin T. Fuller, Pengcheng Zhang, Songmei Hu, Yaowu Hu, and Xue Shang, "Millet Manuring as a Driving Force for the Late Neolithic Agricultural Expansion of North China", *Scientific Reports*, 2018, 8(1), pp.5552.

③ Jishuai Yang, Dongju Zhang, Xiaoyan Yang, Weiwei Wang, Linda Perry, Dorian Q. Fuller, Haiming Li, et al., "Sustainable Intensification of Millet-Pig Agriculture in Neolithic North China", *Nature Sustainability*, 2022, 5(9), pp.780-786.

现了当地土地利用模式的多样化趋势,先民对粟、黍、水稻等农作物可能进行了人工施肥[①]。在本章中,我们对黄土高原北部地区新石器时代晚期至青铜时代早期考古遗址浮选出土炭化粟、黍和农田杂草种子进行了 C、N 稳定同位素分析,重点通过分析植物种子的 $\delta^{15}N$ 值,来探索农作物与杂草在生长过程中的土壤养分状况及其历时性变化。由此出发,尝试探讨研究区域内仰韶晚期至晚商时期(距今 5000~3000 年)先民的农田管理,管窥其旱作农业发展模式。

二、材料与方法

(一) 样品选择

我们共选择了研究区域内考古遗址浮选出土 93 例炭化植物种子样品,包括粟、黍和两种藜科和虫实属野草的种子(彩图 2),进行 C、N 稳定同位素分析测试。这些样品年代属于连续的四个文化时期:仰韶晚期(距今 5000~4500 年)、龙山早期(距今 4500~4200 年)、龙山晚-二里头时期(距今 4200~3700 年)和晚商时期(距今 3200~3000 年)。其中包含 75 例炭化粟和黍的种子样品,每个样品含有 5~15 粒完整种子;另外,我们选择 18 例从相同考古背景中浮选出土的两种野草种子样品,每个样品含有 5~10 粒完整种子。

(二) 前处理与分析测试

本研究中分析的种子样品已经全部炭化。根据之前的炭化实

[①] Xin Wang, Zhijun Zhao, Hua Zhong, Xianglong Chen, and Yaowu Hu, "Manuring and Land Exploitation in the Central Plains of Late Longshan (2200-1900 BCE) China: Implications of Stable Isotopes of Archaeobotanical Remains", *Journal of Archaeological Science*, 2022, 148, pp.105691.

验研究结果,本次测试的植物种子可能是在约215℃至260℃的温度范围内炭化的,保存基本完好[①]。因此,我们首先将保存完整表面干净的种子样品放于试管中并加入去离子水冲洗三遍,再将样品冷冻干燥,最后为保证植物样品均一化,将炭化植物种子研磨成粉末留待测试。

93例研磨后的炭化植物种子样品在中国科学院大学考古学与人类学系和中国农业科学院环境稳定同位素实验室进行了C、N稳定同位素分析测试。中国科学院大学考古学与人类学系实验室采用使用的标准物质分别为Sulfanilamide、IAEA-600、IEAE-N-1、IAEA-N-2、IAEA-CH-6、USGS-24、USGS 40、USGS41和一个实验室骨胶原标样($\delta^{13}C_{VPDB}=-14.7\pm0.2‰$;$\delta^{15}N_{AIR}=+7.0\pm0.2‰$),每10个样品插入一个标样;中国农业科学院环境稳定同位素实验室用USGS40($\delta^{13}C_{VPDB}=-26.39‰$;$\delta^{15}N_{AIR}=-4.52‰$)和USGS41a($\delta^{13}C_{VPDB}=+36.55‰$;$\delta^{15}N_{AIR}=+47.55‰$)对碳、氮测定结果进行校正;在测试中每隔12个样品放实验室标准样一个($\delta^{13}C_{VPDB}=-14.7‰$;$\delta^{15}N_{AIR}=+7.1‰$),用于测定结果质量控制。全部植物种子样品的分析精度为$\pm0.2‰$。

(三) 自然植被的同位素基线

植物种子的$\delta^{15}N$值主要与其生长过程中可以获得的氮量相关[②]。先民在栽培农作物过程中的农田管理活动改变了土壤的结

[①] E.K. Nitsch, M. Charles, and A. Bogaard, "Calculating a Statistically Robust $\delta^{13}C$ and $\delta^{15}N$ Offset for Charred Cereal and Pulse Seeds", *STAR: Science & Technology of Archaeological Research*, 2015, 1(1), pp.1-8.

[②] Paul Szpak, "Complexities of Nitrogen Isotope Biogeochemistry in Plant-Soil Systems: Implications for the Study of Ancient Agricultural and Animal Management Practices", *Frontiers in Plant Science*, 2014, 5.

构与成分等,影响土壤的养分平衡,最终导致植物同位素比值的变化。通常在分析古代农作物遗存的 $\delta^{15}N$ 值时,以往研究者认为估算研究地点附近自然植被的 N 稳定同位素值基线,对解读同位素数据相当重要。因此,我们采用之前已经广为接受的一种方法,即利用研究区域内野生食草动物的 N 同位素比值($\delta^{15}N$),减去 $\delta^{15}N$ 值随营养级效应的富集值(4‰),估算没有或较少受到人类活动影响的自然植被的 $\delta^{15}N$ 值,建立自然植被的 N 稳定同位素值基线①。上述分析测试的野草种子与栽培粟黍在同一遗址的人工遗迹中被发现。因而,我们推测它们可能也受到先民在栽培粟黍过程中的农田管理活动的影响,其 $\delta^{15}N$ 值不能用作遗址周边无人类或较低人类活动干扰状态下自然植被的 N 稳定同位素值基线。因而,我们将利用黄土高原北部地区相关野生草食动物骨骼样品 $\delta^{15}N$ 值②,来建立上述 N 同位素基线。

三、结果

(一)植物种子的 $\delta^{13}C$ 值和 $\delta^{15}N$ 值

本研究分析的农作物和杂草种子的碳、氮稳定同位素分析结果

---

① Xin Wang, Benjamin T. Fuller, Pengcheng Zhang, Songmei Hu, Yaowu Hu, and Xue Shang, "Millet Manuring as a Driving Force for the Late Neolithic Agricultural Expansion of North China", *Scientific Reports*, 2018, 8(1), pp.5552.

② Pengfei Sheng, Xue Shang, Xinying Zhou, Michael Storozum, Liping Yang, Xiaoning Guo, Pengcheng Zhang, et al., "Feeding Shimao: Archaeobotanical and Isotopic Investigation into Early Urbanism (4200-3000 BP) on the Northern Loess Plateau, China", *Environmental Archaeology*, 2021, 29(5), pp. 425-439.

细节见附表四。粟($n=28$)的 $\delta^{13}C$ 和 $\delta^{15}N$ 值分别为 $-13.2‰$ 至 $-8.9‰$ 和 $2.0‰$ 至 $10.3‰$。黍($n=47$)的 $\delta^{13}C$ 和 $\delta^{15}N$ 值分别为 $-14.7‰$ 至 $-9.1‰$ 和 $1.4‰$ 至 $10.1‰$。尼奇(Nitsch)等人研究表明炭化过程会导致大植物遗存的氮稳定同位素比值发生改变(增加约 $0.3‰$)[①],因此我们将所得植物种子的 $\delta^{15}N$ 值减去 $0.3‰$ 得到 $\delta^{15}N$-校正值,详见附表四。如彩图 5 所示,粟和黍种子的 $\delta^{15}N$-校正值在一定范围内有明显的波动,这表明它们可能播种在土壤条件差异较大的田块中。鉴于本次分析的粟和黍的 $\delta^{13}C$(student's t-test,$p=0.24>0.05$)以及两者的 $\delta^{15}N$-校正值(student's t-test,$p=0.34>0.05$)均没有显著差异,表明两种小米的碳稳定同位素值难以区分,且修正后的氮同位素值也区别不大。我们在进一步的分析讨论中将粟和黍两类作物的同位素数据合并,详见图 5-1。

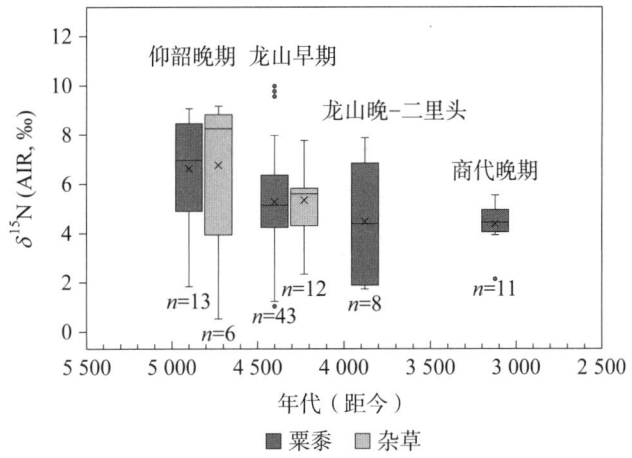

图 5-1　粟黍和杂草种子的 $\delta^{15}N$-校正值箱式图

---

① E.K. Nitsch, M. Charles, and A. Bogaard, "Calculating a Statistically Robust $\delta^{13}C$ and $\delta^{15}N$ Offset for Charred Cereal and Pulse Seeds", *STAR: Science & Technology of Archaeological Research*, 2015, 1(1), pp.1-8.

(二) 杂草种子的 $\delta^{13}C$ 值和 $\delta^{15}N$ 值

藜科和虫实种子的 $\delta^{13}C$ 值相对较低(平均值±标准偏差:$\delta^{13}C=-23.4\pm1.3‰$;平均值±标准偏差:$-24.2\pm1.2‰$),表明它们是典型的 C_3 植物(彩图5)。这些植物种子的 $\delta^{15}N$ 平均值分别为 7.0‰ 和 5.3‰,详见附表四。我们也采用上述方法计算了两种野草种子的 $\delta^{15}N$-校正值。该数值处于 0.6‰ 到 9.2‰ 之间(见附表四,彩图5),与相同背景下炭化粟黍的 N 同位素数据分布情况相似,表明我们最初提出的此次分析的藜科和虫实可能是农田杂草与栽培粟和黍生长在相同的田地条件的推测是正确的。另外,两种野草的 $\delta^{15}N$-校正值也没有明显的差异(student's t test,$p=0.12>0.05$)。因此,我们在后续讨论中也将两类杂草的 N 同位素数据合并起来分析,详见图 5-1。

(三) 自然植被 N 同位素基线

在之前已公布的研究中[①],研究区域内 46 例野生食草动物骨骼样品的 $\delta^{15}N$ 值的范围是 2.2‰ 到 6.4‰,平均值为 $4.1\pm1.0‰$。我们将其平均值减去 $\delta^{15}N$ 值随营养级升高而产生的富集值(4‰),得到研究区域内自然植被的 $\delta^{15}N$ 值,为 0.1‰,详见彩图5。

---

① Pengfei Sheng, Xue Shang, Xinying Zhou, Michael Storozum, Liping Yang, Xiaoning Guo, Pengcheng Zhang, et al., "Feeding Shimao: Archaeobotanical and Isotopic Investigation into Early Urbanism (4200-3000 BP) on the Northern Loess Plateau, China", *Environmental Archaeology*, 2021, 29(5), pp. 425-439.

四、讨论

如彩图 5 所示,炭化粟黍种子的 $\delta^{15}N$-校正值在 1.1‰ 至 9.8‰ 之间(平均值±标准偏差=5.3±2.1‰),高于当地自然植被 $\delta^{15}N$ 的估计值(0.1‰)。土壤氮循环系统比较复杂,包括环境背景和人为土地利用方式在内的许多因素都会影响土壤的养分平衡[①]。尽管影响考古出土大植物遗存的氮稳定同位素值的因素也较为复杂,仍需要进一步探究,但多数学者认为,经过人工施肥的农作物种子的 $\delta^{15}N$ 值比不在这些条件下生长的植物高约 3‰[②]。基于以上认识,我们发现上述黄土高原北部地区炭化粟黍种子样品 $\delta^{15}N$-校正值中有 84% 都高于前人研究中使用的施肥作物的氮同位素值基线(>3‰),33% 粟黍种子样品的 $\delta^{15}N$ 值大于 6‰。由此来看,上述发现为进一步研究黄土高原地区先民对古代粟黍可能的施肥行为提供了新的线索。

迄今为止,我国开展对照实验来定量研究现代粟、黍种子的 $\delta^{15}N$ 值与人工施肥水平之间关系的研究仍相对较少,因而根据考

---

① Paul Szpak, "Complexities of Nitrogen Isotope Biogeochemistry in Plant-Soil Systems: Implications for the Study of Ancient Agricultural and Animal Management Practices", *Frontiers in Plant Science*, 2014, 5.

② Amy Bogaard, Rebecca Fraser, Tim H. E. Heaton, Michael Wallace, Petra Vaiglova, Michael Charles, Glynis Jones, et al., "Crop Manuring and Intensive Land Management by Europe's First Farmers", *Proceedings of the National Academy of Sciences*, 2013, 110(31), pp. 12589-12594; Xin Wang, Benjamin T. Fuller, Pengcheng Zhang, Songmei Hu, Yaowu Hu, and Xue Shang, "Millet Manuring as a Driving Force for the Late Neolithic Agricultural Expansion of North China", *Scientific Reports*, 2018, 8(1), pp. 5552.

古遗址出土粟黍样品的 $\delta^{15}N$ 值估算史前先民在农业生产中的施肥水平仍具有挑战性。干旱环境通常会显著影响植物种子的 $\delta^{15}N$ 值。因此，我们尝试性地使用了斯蒂林（Styring）等人最近提出的一个分析参考模型[①]，该模型是针对在不同水环境条件下田间生长的御谷（*Pennisetum glaucum*，C_4 作物）设计的，旨在消除干旱的影响来估算人们在田间的施肥水平。考虑到黄土高原北部地区现代年平均降雨量约为 400 毫米，我们利用上述框架，根据降水量（400 毫米）划定了对粟黍氮稳定同位素比值的参考框架，即分别以＜4.2‰、4.2‰~6.9‰ 和＞6.9‰ 来区分低、中和高肥力水平，详见彩图 5。

基于以上参考框架，我们发现本文研究的黄土高原北部遗址中，至少有 25% 的粟黍氮稳定同位素比值校正结果低于 4.2‰，这表明这些作物生长的土壤养分水平可能较低。52% 的粟黍种子 $\delta^{15}N$ 校正值在 4.2‰ 至 6.9‰ 之间，表明这些作物生长的土壤养分水平可能处于中等水平；23% 的粟黍种子的 $\delta^{15}N$ 校正值略高于 6.9‰，表明这些作物种生长的土壤养分水平相对较高。除粟黍种子外，本研究中 78% 的农田杂草——藜科和虫实的种子氮同位素比值显示它们可能也生长于中、高养分水平的土壤中。粟黍的 $\delta^{15}N$-校正值与杂草的 $\delta^{15}N$-校正值没有明显差异（student's *t*-test，$p=0.29>0.05$）。这暗示本研究中的 C_3 杂草植物与栽培粟黍大概率是一起生长的。它们在作物收获过程中一同被带入遗址内。考虑

[①] Amy K. Styring, Amadou M. Diop, Amy Bogaard, Louis Champion, Dorian Q. Fuller, Nikolas Gestrich, Kevin C. Macdonald, and Katharina Neumann, "Nitrogen Isotope Values of *Pennisetum Glaucum* (Pearl Millet) Grains: Towards a Reconstruction of Past Cultivation Conditions in the Sahel, West Africa", *Vegetation History and Archaeobotany*, 2019, 28(6), pp.663-678.

到植物种子的氮同位素比值一定程度上记录了其生长的土壤的 ^{15}N 富集程度,我们认为黄土高原北部相关遗址中发现的作物和农田杂草种子 δ^{15}N-校正值的相对于自然植被 N 同位素基线升高。这说明从新石器时代晚期到青铜时代早期,该地区进行粟黍农业生产的农田的土壤养分状况总体较好。

图 5-1 显示了粟黍和杂草种子样本中 δ^{15}N-校正值随着时间的变化过程。从仰韶晚期(距今 5 000~4 500 年,δ^{15}N 平均值=6.8‰)到晚商时期(距今 3 200~3 000 年,δ^{15}N 平均值=4.4‰),粟黍种子 δ^{15}N 值出现了明显的下降过程。尤其值得关注的是,在龙山晚-二里头时期(距今 4 200~3 700 年),黄土北部地区粟黍种子的 δ^{15}N 平均值达到了 4.5‰(图 5-1)。其中,从石峁遗址采集的所有粟黍种子样品($n=4$)的氮同位素比值均属于之前学者普遍认为的"未施肥"的范围(<3‰),详见附表四。除了上述情况外,在靠近李家崖文化核心区的青铜时代早期城址——清涧县辛庄遗址出土粟黍种子的 δ^{15}N 值也处于很低的水平(4.4‰),详见图 5-1。根据上述同位素证据,我们认为研究地区的粟黍农田土壤的 ^{15}N 富集水平从新石器时代晚期到青铜时代早期(距今 5 000~3 000 年)出现明显下降的趋势。

依据之前解释考古出土农作物种子样品 δ^{15}N 值的参考框架,我们发现在研究区域内距今 5 000 年左右的仰韶晚期遗址中发现的粟黍种子样品的 δ^{15}N 值(平均值±标准偏差:6.7‰±2.2‰)与高施肥水平的基准(6.9‰)比较接近。来自研究区域内龙山早期遗址(距今 4 500~4 200 年)的粟黍种子样品的氮稳定同位素比值为 5.3‰±1.6‰(平均值±标准偏差,详见图 5-1),表明这一时期黄土高原北部的栽培粟黍,相较于仰韶晚期时,可能已经开始更多出现在土壤养分相对较差的土地之上。在干旱和半干旱的黄土高原丘墚地带，保持土壤肥力意味着劳动力投入和时间投入的增加，我们认为黄土高原北部地区仰韶晚期的粟黍农业生产实践中可能也存在一些集约化的努力，例如施肥，以帮助保持农田土壤的肥力。

除了人们直接将动物粪肥施入农田外，家畜数量的增加也可能相对省力地增加农田的有机质含量。有学者发现人类放牧过程中家畜遗留的粪便是可以影响土地氮循环的"催化剂"[1]。有研究表明在冬天无法播种庄稼的时节里，农户让家养动物如牛、羊等在耕地里摄食作物秸秆或草本植物，会导致相当密集的动物粪便堆积，有效提升农田土壤的养分水平[2]。根据学者在黄土高原北部地区距今5 000～3 000年遗址中发现的动物考古证据，龙山晚-二里头时期至晚商时期（距今4 200～3 000年），研究区域内驯养动物的数量较之前明显增加（图5-2）。特别是，石峁及同时期的火石梁、木柱柱梁遗址中都发现了大量起源于西亚经草原地区传入我国的大型食草类家畜——黄牛（*Bos taurus*）、绵羊（*Ovis aries*）和山羊（*Capra hircus*）的骨骼遗存[3]。不过，在此背景下（图5-2），我们

---

[1] Fiona Marshall, Rachel E. B. Reid, Steven Goldstein, Michael Storozum, Andrew Wreschnig, Lorraine Hu, Purity Kiura, Ruth Shahack-Gross, and Stanley H. Ambrose, "Ancient Herders Enriched and Restructured African Grasslands", *Nature*, 2018, 561(7723), pp. 387-390; Patrick G. Cech, Thomas Kuster, Peter J. Edwards, and Harry Olde Venterink, "Effects of Herbivory, Fire and N_2-Fixation on Nutrient Limitation in a Humid African Savanna", *Ecosystems*, 2008, 11(6), pp. 991-1004.

[2] R.J. Haynes, and P. H. Williams, "Nutrient Cycling and Soil Fertility in the Grazed Pasture Ecosystem", In *Advances in Agronomy*, edited by Donald L. Sparks, Academic Press, 1993, pp. 119-199; David J. Augustine, Samuel J. McNaughton, and Douglas A. Frank, "Feedbacks between Soil Nutrients and Large Herbivores in a Managed Savanna Ecosystem", *Ecological Applications*, 2003, 13(5), pp. 1325-1337.

[3] 胡松梅、杨苗苗、孙周勇、邵晶：《2012～2013年度陕西神木石峁遗址出土动物遗存研究》，《考古与文物》2016年第4期。

的研究发现龙山晚-二里头时期粟黍种子样品的 $\delta^{15}N$ 值几乎达到了最低点(4.5‰),至李家崖时期粟黍 $\delta^{15}N$ 值进一步降低至 4.4‰(图 5-1)。

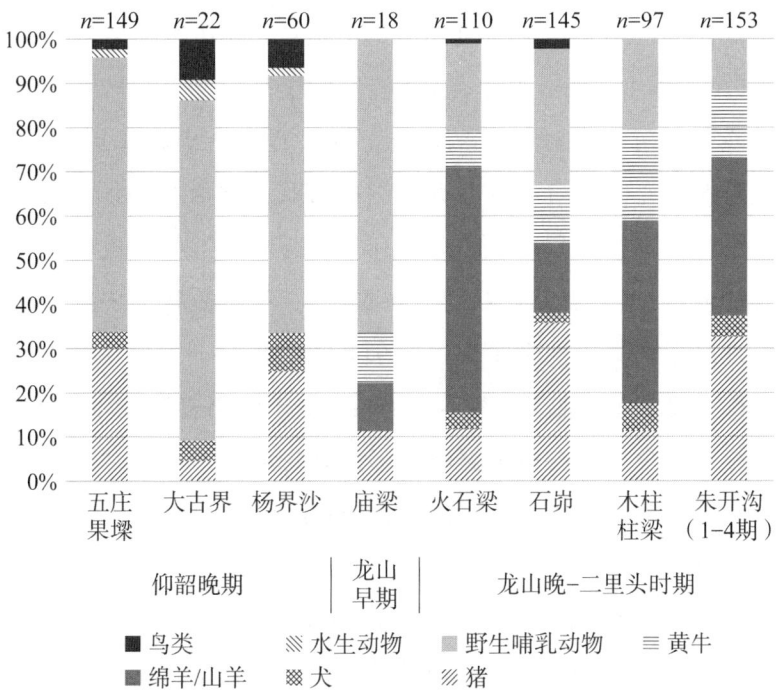

图 5-2 黄土高原北部地区仰韶晚期至龙山晚期-二里头时期动物考古数据百分比条形图(依据最小个体数;数据详见附表五)

在西亚地区,斯蒂林等人的研究中显示[①],与距今 6 400~5 000 年左右新石器时代晚期至铜石并用时代小型人类定居点相比,距今约 4 500~4 000 年美索不达米亚北部青铜时代早期大型城市化政

---

① Amy K. Styring, Michael Charles, Federica Fantone, Mette Marie Hald, Augusta McMahon, Richard H. Meadow, Geoff K. Nicholls, et al., "Isotope Evidence for Agricultural Extensification Reveals How the World's First Cities Were Fed", *Nature Plants*, 2017, 3(6), pp.17076.

治中心的农作物(大麦、小麦等)$\delta^{15}N$值也出现了类似上述黄土高原北部地区的下降过程。斯蒂林等人将这些作物$\delta^{15}N$值历时性的降低过程,解释为干旱环境中生存的美索不达米亚北部青铜时代早期居民,较以往居民更多采取了扩张发展的农业策略。该策略是主要降低在单位面积中的劳动力投入,通过扩张作物种植面积的方法,来增加粮食产量。基于此,我们对黄土高原北部地区从仰韶晚期至晚商时期粟黍$\delta^{15}N$值的出现下降过程的一个解释是,在青铜时代早期研究区域内粟黍农人可能也采取了类似的扩张型农业发展策略,即在同样相对干旱的黄土高原北部地区,先民也通过尽量扩大耕地面积,来最大限度地提高农业生产率,获得更多粮食来养活该地区青铜时代早期日益增加的城市人口。

在人类农业活动发展的早期阶段,由于农田管理技术的不足,先民维持一个区域农田土壤肥力来提高农业生产率通常是相当困难的。基于此,也有学者认为农作物种子$\delta^{15}N$值所记录的农田土壤的养分水平随时间推移的不断下降过程,是由多种因素造成,其中应该包括长期持续耕作而导致休耕的时间缩短、农耕向相对贫瘠的土地扩张,以及全新世晚期的气候变化等①。对黄土高原北部地区从新石器时代晚期到青铜时代早期(距今5 000~3 000年)的农田土壤养分水平出现明显的下降,另外一个可能的解释是:该地区青铜时代早期人口压力较新石器时代晚期明显增加,食物需求增

---

① José L. Araus, Juan P. Ferrio, Jordi Voltas, Mònica Aguilera, and Ramón Buxó, "Agronomic Conditions and Crop Evolution in Ancient Near East Agriculture", *Nature Communications*, 2014, 5(1), pp. 3953; Kurt J. Gron, Mikael Larsson, Darren R. Gröcke, Niels H. Andersen, Marianne H. Andreasen, Jens-Henrik Bech, Peter Steen Henriksen, et al., "Archaeological Cereals as an Isotope Record of Long-Term Soil Health and Anthropogenic Amendment in Southern Scandinavia", *Quaternary Science Reviews*, 2021, 253, pp. 106762.

大,农业资源的过度开发,加剧了土壤肥力的消耗。事实上,黄土高原北部地区的黄土土壤黏土含量相对低,有机质易流失。在干旱环境中过多的人类农业活动,进一步加速了水土流失,导致农业单产下降,难以实施集约化的农业。除此之外,研究区域内青铜时代早期遗址数量剧增,社会复杂化加剧,聚落等级和规模差异明显,日益增长的社会竞争与冲突,也可能更进一步加剧了土地生产资源的掠夺。

另外,已有的古环境记录显示,从距今5 000年左右开始,东亚夏季风减弱,黄土高原北部地区风沙沉积增多,气候转向干冷;在大约距今4 500年的龙山早期,该地区的气温和降水相比之前有短暂的转好;至距今4 200年左右开始黄土高原北部地区环境持续干冷化[1]。干冷的气候环境会导致研究区域内降水量减少[2],减缓有机质分解、抑制微生物活动、干扰土壤养分循环,最终降低土壤有效肥力。因而,研究区域内新石器时代晚期至青铜时代早期(距今5 000~3 000年)粟黍种子样品的$\delta^{15}N$值出现下降过程。

综合上述认识,我们认为与新石器时代晚期相比,黄土高原北部地区青铜时代早期城市化人口的迅速增加,人们对谷类作物的需

---

[1] Min Ran, and Liang Chen, "The 4.2 ka BP Climatic Event and Its Cultural Responses", *Quaternary International*, 2019, 521, pp.158-167.

[2] J. Xiao, S. Zhang, J. Fan, R. Wen, D. Zhai, Z. Tian, and D. Jiang, "The 4.2 Ka BP Event: Multi-Proxy Records from a Closed Lake in the Northern Margin of the East Asian Summer Monsoon", *Climate of the Past*, 2018, 14 (10), pp. 1417-1425; Mike Walker, Martin J. Head, John Lowe, Max Berkelhammer, Svante Björck, Hai Cheng, Les C. Cwynar, et al., "Subdividing the Holocene Series/Epoch: Formalization of Stages/Ages and Subseries/Subepochs, and Designation of Gssps and Auxiliary Stratotypes", *Journal of Quaternary Science*, 2019, 34(3), pp.173-186;张贵林、周新郢、赵克良、杨庆江、李小强:《沙漠/黄土过渡带6 ka B.P.以来气候环境变化及其对人类活动的影响》,《第四纪研究》2018年第4期。

求增多,不同社会间竞争与掠夺加剧,土地资源过度消耗,加之不利的自然地理和气候环境条件等因素,共同影响了研究区域内的土壤养分水平,进而导致粟黍 δ^{15}N 值出现下降过程。该地区农业经济的发展原本就是仰韶时代黄土高原地区粟黍农业扩张的产物。龙山时代新的黄牛、绵羊/山羊畜牧资源的引入,更进一步扩展了先民在黄土高原北部地区的生存空间。在此过程中,生业经济领域的专业化程度增加,社会分工加剧,奠定了该地区农牧业交错发展的经济模式。除此之外,我们认为从青铜时代早期开始,在城市革命过程中,黄土高原北部地区的农业经济转向"半农半牧"[①],更多依靠扩张型的发展模式。兼有农牧两种经济文化的人群促进了该地区的经济整合。在此过程,开疆拓土应该是统治阶层获取经济积累和政治权威的途径之一。

五、小结

本章研究结果表明,距今 5 000～3 000 年黄土高原北部地区粟黍种子的 δ^{15}N 值普遍高于自然植被的 N 同位素基线。不过,从新石器时代晚期至青铜时代早期,粟黍种子 δ^{15}N 平均值出现了明显的下降趋势,表明研究区域内土壤质量水平出现了逐渐降低的变化过程。综合考虑新的发现和以往研究取得的认识,我们认为研究区域内从新石器时代晚期开始就已发展的适应干旱环境的粟黍农业(以黍为主的粟黍农业),在青铜时代早期气候干冷化、土壤质量水平

---

① 张弛:《衰落与新生:论中国北方新石器时代两层经济文化体》,《考古》2024 年第 12 期。

下降、社会间资源竞争与掠夺加剧的背景下,可能更多依赖扩张的发展模式,原来以种植业为主的农业经济出现了向"半农半牧"的转变。本研究发现的石峁古城附近区域距今5 000～3 000年粟黍种子δ^{15}N值的变化过程,是理解上述重要转变过程的一条"长时段"暗线。

第六章

人与家畜同位素古食谱分析

一、引言

人类和动物骨骼的化学组成"忠实"记录着其长期的摄食信息。作为近年来一种较为成熟的科技考古研究手段,碳(δ^{13}C)和氮(δ^{15}N)稳定同位素分析(carbon and nitrogen stable isotope analysis),根据"我即我食"的原理,主要通过对考古出土人类和动物骨骼遗存的分析研究,重建他们的食谱以及饮食生活历史,为考察人类与家畜对农业食物的消费情况及其历时性变化提供了最直接的科学依据[①]。

在以往研究中,学者对于黄土高原北部地区新石器时代晚期至青铜时代早期人骨开展的 C、N 稳定同位素古食谱分析工作,主要

[①] Cheryl A. Makarewicz, and Judith Sealy, "Dietary Reconstruction, Mobility, and the Analysis of Ancient Skeletal Tissues: Expanding the Prospects of Stable Isotope Research in Archaeology", *Journal of Archaeological Science*, 2015, 56, 146-158; Yaowu Hu, "Thirty-Four Years of Stable Isotopic Analyses of Ancient Skeletons in China: An Overview, Progress and Prospects", *Archaeometry*, 2018, 60(1), pp. 144-156;生膨菲、朱思媚:《稳定同位素古食谱分析在历史研究中的应用》,《学术月刊》2022 年第 9 期。

集中在两个文化时期：龙山晚-二里头时期（距今 4 200~3 700 年）和晚商时期（距今 3 200~3 000 年）。主要涉及的遗址有石峁①、神圪垯梁②、木柱柱梁③、大口④、新华⑤、碧村⑥、朱开沟⑦和后刘家塔墓地⑧。不过，对研究区域内仰韶晚期考古遗址出土人骨遗存开展的同位素古食谱分析工作较少。另外，目前对于黄土高原北部地区新石器时代晚期至青铜时代早期家畜骨骼的 C、N 稳定同位素分析工作，主要集中在三个文化时期：仰韶晚期（距今 5 000~4 500 年）、龙山晚-二里头时期（距今 4 200~3 700 年）和晚商时期（距今 3 200~3 000 年）。主要涉及的遗址有五庄果墚⑨、石峁遗址⑩、神

---

① Atahan, Pia, John Dodson, Xiaoqiang Li, Xinying Zhou, Liang Chen, Linda Barry, and Fiona Bertuch, "Temporal Trends in Millet Consumption in Northern China", *Journal of Archaeological Science*, 2014, 50, pp.171-177; 蔡佳雯：《陕西石峁遗址年代和食性研究》，北京大学考古学硕士学位论文，2015 年。
② 陈相龙、郭小宁、王炜林、胡松梅、胡耀武：《陕北神圪垯梁遗址 4000 a BP 前后生业经济的稳定同位素记录》，《中国科学：地球科学》2017 年第 1 期。
③ 陈相龙、郭小宁、胡耀武、王炜林、王昌燧：《陕西神木木柱柱梁遗址先民的食谱分析》，《考古与文物》2015 年第 5 期。
④ Pia Atahan, John Dodson, Xiaoqiang Li, Xinying Zhou, Liang Chen, Linda Barry, and Fiona Bertuch, "Temporal Trends in Millet Consumption in Northern China", *Journal of Archaeological Science*, 2014, 50, pp.171-177.
⑤ Ibid.
⑥ Liangliang Hou, Liuhong Yang, Binxin Wang, Yao Jia, and Guanghui Zhang, "The Subsistence Economy on the Northwest Edge of the Loess Plateau During C. 4000 a BP: Evidence from Stable Isotopes", *Journal of Archaeological Science: Reports*, 2022, 45, pp.103616.
⑦ Pia Atahan, John Dodson, Xiaoqiang Li, Xinying Zhou, Liang Chen, Linda Barry, and Fiona Bertuch, "Temporal Trends in Millet Consumption in Northern China", *Journal of Archaeological Science*, 2014, 50, pp.171-177.
⑧ 李楠、左豪瑞、杨凡、闫欣、杨颖亮、吴小红、孙战伟：《陕西清涧寨沟遗址后刘家塔商代墓葬科技考古鉴定与分析》，《考古与文物》2024 年第 2 期。
⑨ 管理、胡耀武、胡松梅等：《陕北靖边五庄果墚动物骨的 C 和 N 稳定同位素分析》，《第四纪研究》2008 年第 6 期。
⑩ 蔡佳雯：《陕西石峁遗址年代和食性研究》，北京大学考古学硕士学位论文，2015 年。

圪垯梁遗址①、碧村遗址②和后刘家塔墓地③。

在本章中,我们将首先提供黄土高原北部地区仰韶晚期(距今5000~4500年)、龙山晚-二里头时期(距今4200~3700年)和晚商时期(距今3200~3000年),6处典型遗址出土人类和家畜骨骼样品的C、N稳定同位素分析的结果。其次,系统收集整理和分析研究区域相关时段内9处考古遗址已有的人类与家畜骨骼样品的C、N稳定同位素分析的结果,集成创新的基础上,从揭示人类与家畜古食谱模式和生存状态变化的角度,提供认识黄土高原北部地区新石器时代晚期至青铜时代早期粟黍农业经济的重要线索。

二、材料与方法

(一) 样品选择与分析测试

针对仰韶晚期,我们选择了杨界沙遗址出土人骨($n=2$)和家畜骨($n=31$)提取骨胶原进行C、N稳定同位素分析。同位素测试前的处理程序,主要依据理查兹(Richards)和赫奇斯(Hedges)在文章中介绍的方法,略作修改④。首先机械去除骨样内外表面的污染物,

---

① 陈相龙、郭小宁、王炜林、胡松梅、胡耀武:《陕北神圪垯墚遗址4000 a BP前后生业经济的稳定同位素记录》,《中国科学:地球科学》2017年第1期。
② Liangliang Hou, Liuhong Yang, Binxin Wang, Yao Jia, and Guanghui Zhang, "The Subsistence Economy on the Northwest Edge of the Loess Plateau During C. 4000 a BP: Evidence from Stable Isotopes", *Journal of Archaeological Science: Reports*, 2022, 45, pp. 103616.
③ 李楠、左豪瑞、杨凡、闫欣、杨颖亮、吴小红、孙战伟:《陕西清涧寨沟遗址后刘家塔商代墓葬科技考古鉴定与分析》,《考古与文物》2024年第2期。
④ M.P. Richards, and R.E.M. Hedges, "Stable Isotope Evidence for Similarities in the Types of Marine Foods Used by Late Mesolithic Humans at Sites(转下页)

称取约 0.5～2 克样品,加入 0.5 摩尔/升盐酸于 5℃下浸泡,每隔 1～2 天换新鲜酸液,直至骨样松软无气泡为止。之后用去离子水清洗至中性,加入 0.125 摩尔/升氢氧化钠,在室温下浸泡 20 小时,再洗至中性。置入 pH=3 的溶液中,在 70℃下明胶化 48 小时,浓缩并热滤,冷冻干燥后即得到骨骼的胶原蛋白。

所有杨界沙上述人和动物样品骨胶原的测试,在中国科学院大学考古学与人类学系实验室完成,获得骨胶原的 C、N 含量及 C、N 稳定同位素比值。使用测试仪器为配备有 Vario 元素分析仪的 Isoprime100 稳定同位素质谱仪。C 同位素的分析结果以相对 VPDB 碳同位素丰都比的 $\delta^{13}C$ 表示,N 同位素的分析结果以相对氮气(N_2,气态)的 $\delta^{15}N$ 表示。使用的标准物质分别为 Sulfanilamide、IAEA-600、IEAE-N-1、IAEA-N-2、IAEA-CH-6、USGS-24、USGS 40、USGS 41 和一个实验室骨胶原标样($\delta^{13}C=-14.7\pm0.2‰$;$\delta^{15}N=+7.0\pm0.2‰$),每 10 个样品插入一个标样。$\delta^{13}C$ 和 $\delta^{15}N$ 值的测试精度均小于 $\pm0.2‰$。

我们还选择了王阳畔遗址出土的人($n=2$)、家猪($n=1$)、家犬($n=1$)、黄牛($n=2$)和绵羊($n=2$)的骨骼提取了骨胶原进行 C、N 稳定同位素分析。人、家犬、家猪骨胶原样品的测试分析,在中国科学院大学考古学与人类学系的同位素古食谱分析实验室完成。使用测试仪器为配备有 Vario 元素分析仪的 Isoprime100 稳定同位素质谱仪。C 同位素的分析结果以相对 VPDB 碳同位素丰都比的 $\delta^{13}C$ 表示,N 同位素的分析结果以相对氮气(N_2,气态)的 $\delta^{15}N$ 表示。使用的标准物质分别为 Sulfanilamide、IAEA-600、IEAE-N-1、IAEA-

---

(接上页)Along the Atlantic Coast of Europe", *Journal of Archaeological Science*, 1999, 26(6), pp.717-722.

N-2、IAEA-CH-6、USGS-24、USGS40、USGS41 和一个实验室骨胶原标样（$\delta^{13}C_{VPDB}=-14.7\pm0.2‰$；$\delta^{15}N_{AIR}=+7.0\pm0.2‰$），每 10 个样品插入一个标样。C、N 同位素分析精度为±0.2‰。

王阳畔黄牛和绵羊的骨胶原样品的分析测试在中国科学院古脊椎动物与古人类研究所人类演化实验室完成。使用元素分析仪（FLASH 2000 HT）联用的同位素质谱仪（253 Plus Isotope Ratio Mass Spectrometer），使用的标样为分别为 U1（$\delta^{13}C_{VPDB}=-34.1‰$；$\delta^{15}N_{AIR}=0.3‰$）、U2（$\delta^{13}C_{VPDB}=-0.8‰$；$\delta^{15}N_{AIR}=20.2‰$）、U3（$\delta^{13}C_{VPDB}=11.7‰$；$\delta^{15}N_{AIR}=40.6‰$）、IAEA-CH3（$\delta^{13}C_{VPDB}=-24.7‰$）、USGS25（$\delta^{15}N_{AIR}=-30.4‰$）和 IAEA-NO3（$\delta^{15}N_{AIR}=4.7‰$）。C、N 同位素分析精度为±0.2‰。

以往研究表明，黄牛、绵羊、山羊传入陕北地区的年代为龙山早期[1]，绝对年代为距今 4400 年左右，而王阳畔遗址主要文化年代为仰韶晚期至龙山早期，主体遗存年代相对较偏早，为了明确王阳畔遗址出土黄牛遗骸的绝对年代，我们还选该遗址出土黄牛骨骼样本进行了 AMS-^{14}C 测年。

另外，我们也选择大古界遗址仰韶晚期房址（F4）中出土家猪（$n=1$）和绵羊（$n=1$）的骨骼样品提取骨胶原进行 C、N 稳定同位素分析。同位素测试前的处理程序，也主要依据理查兹和赫奇斯在文章中介绍的方法，略作修改[2]。首先机械去除骨样内外表面的污染物，称取约 0.5~2 克样品，加入 0.5 摩尔/升盐酸于 5℃下浸泡，每

---

[1] 胡松梅、杨瞳、杨苗苗、邵晶、邸楠：《陕北靖边庙梁遗址动物遗存研究兼论中国牧业的形成》，《第四纪研究》2022 年第 1 期。

[2] M.P. Richards, and R.E.M. Hedges, "Stable Isotope Evidence for Similarities in the Types of Marine Foods Used by Late Mesolithic Humans at Sites Along the Atlantic Coast of Europe", *Journal of Archaeological Science*, 1999, 26(6), pp. 717-722.

隔1~2天换新鲜酸液,直至骨样松软无气泡为止。之后用去离子水清洗至中性,加入0.125摩尔/升氢氧化钠,在室温下浸泡20小时,再洗至中性。置入pH＝3的溶液中,在70℃下明胶化48小时,浓缩并热滤,冷冻干燥后即得到骨骼的胶原蛋白。

针对龙山晚-二里头时期,我们选择石峁遗址4例家猪、7例黄牛、7例绵羊或山羊和1例狍的骨骼以及木柱柱梁遗址3例家猪、1例黄牛、2例绵羊和1例山羊的骨骼提取骨胶原,进行C、N稳定同位素分析。两处遗址动物骨胶原样品的测试在中国科学院古脊椎动物与古人类研究所人类演化实验室完成,获得动物骨胶原的C、N含量及C、N稳定同位素比值。使用元素分析仪(FLASH 2000 HT)联用的同位素质谱仪(253 Plus Isotope Ratio Mass Spectrometer),使用的标样为分别为U1($\delta^{13}C_{VPDB}=-34.1‰$;$\delta^{15}N_{AIR}=0.3‰$)、U2($\delta^{13}C_{VPDB}=-0.8‰$;$\delta^{15}N_{AIR}=20.2‰$)、U3($\delta^{13}C_{VPDB}=11.7‰$;$\delta^{15}N_{AIR}=40.6‰$)、IAEA－CH3($\delta^{13}C_{VPDB}=-24.7‰$)、USGS25($\delta^{15}N_{AIR}=-30.4‰$)和IAEA－NO3($\delta^{15}N_{AIR}=4.7‰$)。C、N同位素分析精度为±0.2‰。我们还将石峁遗址出土的黄牛和蒙古兔骨骼送往美国贝塔实验室(Beta Analytic Inc.),进行AMS-^{14}C测年,准确其绝对年代。

针对商代晚期,我们选取了辛庄遗址6例家猪、5例黄牛、5例绵羊和4例山羊骨骼样品进行C、N稳定同位素分析。全部骨骼样品提取骨胶原依据理查兹和赫奇斯等学者在文章中介绍的方法并稍作修改[1]。首先机械去除骨样内外表面的污染物,称取约0.5~2

---

[1] M.P. Richards, and R.E.M. Hedges, "Stable Isotope Evidence for Similarities in the Types of Marine Foods Used by Late Mesolithic Humans at Sites Along the Atlantic Coast of Europe", *Journal of Archaeological Science*, 1999, 26(6), pp.717-722.

克样品,加入 0.5 摩尔/升盐酸于 5℃下浸泡,每隔 1~2 天换新鲜酸液,直至骨样松软无气泡为止。之后用去离子水清洗至中性,加入 0.125 摩尔/升氢氧化钠,在室温下浸泡 20 小时,再洗至中性。置入 pH=3 的溶液中,在 70℃下明胶化 48 小时,浓缩并热滤,冷冻干燥后即得到骨骼的胶原蛋白。

辛庄遗址黄牛骨胶原样品的同位素分析测试在中国农业科学院环境稳定同位素实验室完成,获得了骨胶原样本的 C、N 含量及 C、N 稳定同位素比值。实验仪器为元素分析仪(Vario PYRO cube,德国 Elementar 公司)联用的稳定同位素质谱仪(Isoprime100,英国 Isoprime 公司)进行检测,每隔 12 个样品放实验室标准样品一个 ($\delta^{13}C_{VPDB}=-14.7‰$, $\delta^{15}N_{AIR}=7.1‰$),用于测定结果质量控制。结果采用两点校正,即用 USGS40($\delta^{13}C_{VPDB}=-26.39‰$, $\delta^{15}N_{AIR}=-4.52‰$)和 USGS41a($\delta^{13}C_{VPDB}=+36.55‰$, $\delta^{15}N_{AIR}=+47.55‰$)对碳氮测定结果进行校正。$\delta^{13}C$ 和 $\delta^{15}N$ 值分别以 VPDB 和 AIR 为基准。C、N 同位素分析精度为 ±0.2‰。

其他辛庄遗址动物骨胶原样品的同位素分析测试在中国科学院古脊椎动物与古人类研究所人类演化实验室完成,获得动物骨胶原的 C、N 含量及 C、N 稳定同位素比值。使用元素分析仪(FLASH 2000 HT)联用的同位素质谱仪(253 Plus Isotope Ratio Mass Spectrometer),使用的标样为分别为 U1($\delta^{13}C_{VPDB}=-34.1‰$; $\delta^{15}N_{AIR}=+0.3‰$)、U2($\delta^{13}C_{VPDB}=-0.8‰$; $\delta^{15}N_{AIR}=+20.2‰$)、U3($\delta^{13}C_{VPDB}=+11.7‰$; $\delta^{15}N_{AIR}=+40.6‰$)、IAEA-CH3($\delta^{13}C_{VPDB}=-24.7‰$)、USGS25($\delta^{15}N_{AIR}=-30.4‰$)和 IAEA-NO3($\delta^{15}N_{AIR}=+4.7‰$)。C、N 同位素分析精度为 ±0.2‰。

除此之外,我们从以往研究中收集到黄土高原北部地区新石器时代晚期至青铜时代早期其他 9 处遗址的人骨同位素数据,共 141

个个体；还有来自 5 处遗址的家畜动物骨骼同位素数据，共 100 个个体。利用新的和已有的人和动物的同位素古食谱数据，初步建立了该地区新石器时代晚期至青铜时代早期人类与动物骨胶原样品（$n=329$）的 C、N 稳定同位素数据库，从而我们可以更好地了解黄土高原北部地区新石器时代晚期至青铜时代早期的人和家畜对粟黍农业食物的消费情况，评估粟黍农业生产的影响。

三、结果

（一）骨骼污染判定

骨骼出土于考古遗迹之中，受到埋藏过程中周围环境湿度、温度和微生物等因素的影响，它们的结构和化学组成发生了一定程度的改变。因此，在对骨骼 $\delta^{13}C$ 值和 $\delta^{15}N$ 结果分析之前，判断骨骼样品是否被污染是进一步研究分析的前提。目前学者们常用的最重要指标是骨胶原样本的 C/N 摩尔比。在本研究中我们获得的绝大多数人和动物骨胶原的 C/N 摩尔比在 2.9 到 3.6 之间，表明这些骨骼保存情况较好，可用于进一步的分析[①]，而清涧辛庄遗址一例黄牛骨胶原的 C/N 摩尔比为 4.1（见附表六），我们将其排除在进一步分析之外。

（二）AMS-^{14}C 测年结果

王阳畔遗址出土黄牛骨骼碳-14 测年结果如附表一所示，树轮

---

① Michael J. DeNiro, "Postmortem Preservation and Alteration of in Vivo Bone Collagen Isotope Ratios in Relation to Palaeodietary Reconstruction", *Nature*, 1985, 317(6040), pp.806-809.

校正曲线采用IntCal20①,树轮校正程序采用OxCal v4.4.4②,结果显示黄牛出现在王阳畔遗址的绝对年代处于3 895—3 695 cal BP,属于龙山晚-二里头时期。

石峁遗址出土黄牛和蒙古兔骨骼碳-14测年结果如附表一所示,树轮校正曲线采用IntCal20③,树轮校正程序采用OxCal v4.4.4④,结果显示黄牛出现在石峁遗址的绝对年代处于3 975—3 825 cal BP,属于龙山晚-二里头时期。同时,石峁蒙古兔骨骼的绝对年代处于3 715—3 555 cal BP,也基本属于龙山晚-二里头时期,较黄牛骨骼的年代略晚。

(三) 杨界沙遗址人骨与家畜骨骼样本的 $\delta^{13}C$ 值和 $\delta^{15}N$ 值

杨界沙遗址出土人骨的C、N稳定同为素测试结果如彩图6所示,一个成年人骨胶原的$\delta^{13}C$值和$\delta^{15}N$值为−6.0‰和9.1‰,而一个幼儿个体则显示具有较低的$\delta^{13}C$值(−10.7‰),而较高的$\delta^{15}N$值(10.5‰),两者相差1.4‰。全新世晚期黄土高原北部地区野生植被以C_3植物为主⑤,

---

① Paula J. Reimer, William E. N. Austin, Edouard Bard, Alex Bayliss, Paul G. Blackwell, Christopher Bronk Ramsey, Martin Butzin, et al., "The Intcal20 Northern Hemisphere Radiocarbon Age Calibration Curve (0-55 Cal kBP)", *Radiocarbon*, 2020, 62(4), pp.725-757.

② http://c14.arch.ox.ac.uk/oxcal.html.

③ Paula J. Reimer, William E. N. Austin, Edouard Bard, Alex Bayliss, Paul G. Blackwell, Christopher Bronk Ramsey, Martin Butzin, et al., "The Intcal20 Northern Hemisphere Radiocarbon Age Calibration Curve (0-55 Cal kBP)", *Radiocarbon*, 2020, 62(4), pp.725-757.

④ http://c14.arch.ox.ac.uk/oxcal.html.

⑤ Shiling Yang, Zhongli Ding, Yangyang Li, Xu Wang, Wenying Jiang, and Xiaofang Huang, "Warming-Induced Northwestward Migration of the East Asian Monsoon Rain Belt from the Last Glacial Maximum to the Mid-Holocene", *Proceedings of the National Academy of Sciences*, 2015, 112(43), pp.131781-13183.

C_4 植物在自然植被中的丰度可以忽略,不过新石器时代晚期粟黍(C_4 植物)农业在中国北方地区出现扩张发展的趋势,成为影响人与家畜动物食谱的重要因素①。

佩什金娜(Pechkina)和巴顿(Barton)的研究曾指出生活于亚欧大陆上的古代居民当其摄食中非 C_4 类食物所占比重大于20%时,其骨骼的 $\delta^{13}C$ 值才有可能会大于 $-18.0‰$ ②。因此,以往学者一般以 $\delta^{13}C$ 值分别以 $<-18.0‰$、介于 $-18.0‰$ 至 $-12.0‰$ 之间和 $>-12.0‰$ 作为界定以 C_3 类食物为主、C_3 和 C_4 食物混合和以 C_4 食物为主的食谱类型③。如此来说,杨界沙成年人和幼儿个体都属于 C_4 类食物为主的饮食模式。幼儿个体可能在其死亡之时还处于哺乳期内,我们推测杨界沙幼儿个体骨胶原相对较高的 $\delta^{15}N$ 值与哺乳有一定联系④。

杨界沙遗址5个家犬个体,其 $\delta^{13}C$ 的平均值为 $-7.0\pm0.7‰$,$\delta^{15}N$ 的平均值为 $7.3\pm0.6‰$。这表明杨界沙家犬的食谱中包含大

---

① 董广辉、张山佳、杨谊时、陈建徽、陈发虎:《中国北方新石器时代农业强化及对环境的影响》,《科学通报》2016年第26期。
② Loukas Barton, Seth D. Newsome, Fa-Hu Chen, Hui Wang, Thomas P. Guilderson, and Robert L. Bettinger, "Agricultural Origins and the Isotopic Identity of Domestication in Northern China", *Proceedings of the National Academy of Sciences*, 2009, 106(14), pp.5523-5528; Ekaterina A. Pechenkina, Stanley H. Ambrose, Ma Xiaolin, and Robert A. Benfer, "Reconstructing Northern Chinese Neolithic Subsistence Practices by Isotopic Analysis", *Journal of Archaeological Science*, 2005, 32(8), pp.1176-1189.
③ Minmin Ma, Guanghui Dong, Xin Jia, Hui Wang, Yifu Cui, and Fahu Chen, "Dietary Shift after 3600 cal yr BP and Its Influencing Factors in Northwestern China: Evidence from Stable Isotopes", *Quaternary Science Reviews*, 2016, 145, pp.57-70.
④ B.T. Fuller, J.L. Fuller, D.A. Harris, and R.E.M. Hedges, "Detection of Breastfeeding and Weaning in Modern Human Infants with Carbon and Nitrogen Stable Isotope Ratios", *American Journal of Physical Anthropology*, 2006, 129(2), pp.279-293.

量 C_4 类食物(彩图 6,附表六)。另外,杨界沙遗址 26 个家猪样品,其 $\delta^{13}C$ 值的范围较大,处于 -19.0‰ 到 -6.9‰ 之间,$\delta^{13}C$ 的平均值是 -10.0±3.2‰,$\delta^{15}N$ 值的范围为 5.5‰~9.1‰,$\delta^{15}N$ 的平均值是 7.6±1.0‰。如彩图 6 散点图所示,可见大多数的家猪个体的食谱明显属于 C_4 类型,但是有三个家猪个体(编号为 16Y28,16Y34 和 16Y41)的 $\delta^{13}C$ 值和 $\delta^{15}N$ 值相对较低(彩图 6,附表六)。其 $\delta^{13}C$ 值分别为 -19.0‰、-16.7‰ 和 -16.0‰,$\delta^{15}N$ 值分别是 5.7‰、5.7‰ 和 -5.5‰,可见这类家猪食谱中明显具有更多 C_3 类植物性食物,应该主要来自遗址周边的 C_3 类野生植被。家猪骨胶原样本如此的 C、N 稳定同位素分析结果与陈相龙等人在关中盆地瓦窑沟遗址出土家猪样本的同位素古食谱分析结果相似,表明仰韶晚期的陕北与关中盆地也存在两种相似的家猪饲养方式[①]。

(四) 王阳畔遗址人骨与家畜骨骼样本的 $\delta^{13}C$ 值和 $\delta^{15}N$ 值

王阳畔遗址 2 例人骨样品的 C、N 稳定同位素分析结果显示,其 $\delta^{13}C$ 值分别为 -7.1‰ 和 -7.0‰,说明这些个体的食物结构以 C_4 类食物为主;其 $\delta^{15}N$ 值分别为 9.4‰ 和 7.7‰,两者相差 1.7‰,显示这两个个体在蛋白质食物摄入方面存在较大差异,详见彩图 6 和附表六。王阳畔家猪和家犬样品的 C、N 稳定同位素分析结果显示,其 $\delta^{13}C$ 值分别为 -6.1‰ 和 -7.9‰,其 $\delta^{15}N$ 值分别为 6.6‰ 和 8.9‰(彩图 6,附表六)。家猪和家犬的食谱与人类的相似,也几乎完全以 C_4 类食物为食。家犬的 $\delta^{15}N$ 值相较于家猪的高出 2.3‰,两类杂食性家畜摄入蛋白质

---

① X. L. Chen, S. M. Hu, Y. W. Hu, W. L. Wang, Y. Y. Ma, P. Lü, and C. S. Wang, "Raising Practices of Neolithic Livestock Evidenced by Stable Isotope Analysis in the Wei River Valley, North China", *International Journal of Osteoarchaeology*, 2016, 26(1), pp. 42-52.

食物存在明显差异,显示王阳畔先民对两类家畜的饲喂存在一些差异,即家犬与人类的饮食模式更为相似,应主要以人类的残羹剩饭来饲喂,体现出人与家犬的亲密关系,而家猪的食物中蛋白质食物则相对较少。

王阳畔遗址 2 例黄牛样品的 C、N 稳定同位素分析结果显示,其 $\delta^{13}C$ 值分别为 -14.7‰ 和 -15.1‰,其 $\delta^{15}N$ 值分别为 6.5‰ 和 5.1‰(彩图 6,附表六)。2 例绵羊样本的 $\delta^{13}C$ 和 $\delta^{15}N$ 值分别是 -19.8‰ 和 -18.7‰,5.0‰ 和 5.1‰(彩图 6,附表六)。总的来说,黄牛和绵羊的 $\delta^{13}C$ 和 $\delta^{15}N$ 值相较于王阳畔人和家犬的明显偏负,说明这两类食草类家畜相比人和家犬摄入了大量营养水平相对较低的 C_3 食物。王阳畔黄牛和绵羊的食谱类型分别属于混食 C_3、C_4 食物和主要以 C_3 类食物为食。先民对这两类家畜采取了不同的饲喂策略。具体来说,绵羊几乎全部饲喂 C_3 类植物,主要包括了大量陆生野生草本植物或灌木植物,而黄牛相对偏正的 $\delta^{13}C$ 值说明它们的食物中除了大量野生 C_3 植物也兼有相当数量的 C_4 植物,应主要源于粟黍农业的影响。

(五) 大古界遗址家畜骨骼样本的 $\delta^{13}C$ 值和 $\delta^{15}N$ 值

大古界遗址房址(F4)中出土 1 例家猪(*Sus domestica*)骨骼样品的 $\delta^{13}C$ 值为 -17.6‰,$\delta^{15}N$ 值为 7.8‰,说明这个家猪个体主要摄入 C_3 类食物,C_4 类食物在其食谱中分量不高(彩图 6,附表六)。与之相似,大古界遗址出土一个绵羊(*Ovis* sp.)个体也显示具有较低的 $\delta^{13}C$ 值(-18.3‰)和 $\delta^{15}N$ 值(6.4‰),可知大古界绵羊几乎完全以 C_3 类食物为食,C_4 食物在其食谱中的占比可以忽略不计。

(六) 石峁遗址家畜骨骼样本的 $\delta^{13}C$ 值和 $\delta^{15}N$ 值

石峁遗址出土家畜骨骼的 $\delta^{13}C$ 值和 $\delta^{15}N$ 值如彩图 6 所示,详见附表六。其中,4 例家猪骨骼样本 $\delta^{13}C$ 值的范围是 -7.9‰ 到 -6.1‰ 之间,$\delta^{13}C$ 值的平均值是 -7.1 ± 0.7,说明石峁家猪食谱主要由 C_4 类食物构成;$\delta^{15}N$ 值的范围是 4.9‰ 至 8.5‰ 之间,$\delta^{15}N$ 的平均值是 6.3 ± 1.5‰,家猪 $\delta^{15}N$ 值相对较宽的范围说明这些属于杂食动物的家猪个体间的营养水平差异较大。7 例黄牛骨骼样品的 $\delta^{13}C$ 和 $\delta^{15}N$ 值分布范围均较宽,具体来说 $\delta^{13}C$ 值处于 -17.5‰ 到 -7.3‰ 之间,平均值为 -13.6 ± 2.9‰,从平均值来看黄牛的食谱类型属于典型的 C_3/C_4 混合型,其中一例黄牛骨骼样品的 $\delta^{13}C$ 相对偏正,说明该个体几乎完全以 C_4 食物为食,主要受到来自粟黍农业的影响;石峁黄牛的 $\delta^{15}N$ 值处于 4.7‰ 到 7.9‰ 之间,平均值为 6.7 ± 1.0‰。7 例绵羊/山羊骨骼样品的 $\delta^{13}C$ 值处于 -18.5‰ 到 -14.9‰ 之间,平均值为 -16.8 ± 1.2‰,从 $\delta^{13}C$ 平均值来看石峁遗址绵羊/山羊的食谱类型也属于典型的 C_3/C_4 混合型,但相比于黄牛样品,绵羊/山羊的 $\delta^{13}C$ 值相对更低,说明它们相比于石峁的黄牛摄入更多 C_3 食物;石峁绵羊或山羊的 $\delta^{15}N$ 值处于 4.5‰ 到 6.8‰ 之间,平均值为 5.4 ± 0.7‰,较黄牛来说石峁绵羊或山羊的 $\delta^{15}N$ 值相对较低。除了上述家畜外,1 例石峁遗址野生动物——狍(*Capreolus caperolus*)骨骼样品的 $\delta^{13}C$ 值和 $\delta^{15}N$ 值分别是 -18.7‰ 和 2.9‰,相较于其他家养动物,该野生食草动物个体的 $\delta^{13}C$ 值和 $\delta^{15}N$ 值均相对较低,说明石峁地区狍的主要食物是 C_3 类野生植被,营养级较低。

(七) 木柱柱梁遗址家畜骨骼样本的 $\delta^{13}C$ 值和 $\delta^{15}N$ 值

木柱柱梁遗址出土家畜骨骼的 $\delta^{13}C$ 值和 $\delta^{15}N$ 值如彩图 6 所示,详见附表六。3 例家猪骨胶原样品的 $\delta^{13}C$ 和 $\delta^{15}N$ 值的范围分别是 -9.0‰~-7.8‰ 和 4.3‰~6.1‰,平均值分别为 -8.5 ± 0.5‰ 和 5.3 ± 0.8‰,其几乎完全以 C_4 食物为食。1 例黄牛骨胶原样品的 $\delta^{13}C$ 和 $\delta^{15}N$ 值分别是 -13.9‰ 和 7.0‰,显示其食谱模式为 C_3/C_4 混合型,

推测木柱柱梁黄牛摄食了相当数量的 C_4 食物;3 例绵羊/山羊骨胶原样品的 $\delta^{13}C$ 和 $\delta^{15}N$ 值的范围分别是 −17.6‰~−16.7‰ 和 4.0‰~6.1‰,平均值分别为 −17.2±0.4‰ 和 5.2±0.9‰,较同一遗址的黄牛来说,这些绵羊/山羊的 $\delta^{13}C$ 值和 $\delta^{15}N$ 值均相对较低,表明其食谱中 C_4 食物数量相对较低,主要摄食 C_3 食物,应主要来自自然植被。

(八) 辛庄遗址家畜骨骼样本的 $\delta^{13}C$ 值和 $\delta^{15}N$ 值

辛庄遗址出土家畜骨骼样本的 $\delta^{13}C$ 和 $\delta^{15}N$ 值如彩图 6 所示,详见附表六。本研究中 6 例家猪骨胶原样品的 $\delta^{13}C$ 和 $\delta^{15}N$ 值的范围分别是 −7.7‰~−6.9‰ 和 5.8‰~7.7‰,平均值分别为 −7.3±0.3‰ 和 6.7±0.7‰,显示家猪属于典型的 C_4 食谱模式。另外,4 例黄牛骨胶原样品的 $\delta^{13}C$ 和 $\delta^{15}N$ 值的范围分别是 −14.3‰~−11.2‰ 和 5.0‰~6.5‰,平均值分别为 −12.5±1.1‰ 和 5.8±0.5‰,属于典型的 C_3/C_4 混合型食谱模式;5 例绵羊骨胶原样品的 $\delta^{13}C$ 和 $\delta^{15}N$ 值的范围分别是 −18.2‰~−15.2‰ 和 4.4‰~6.3‰,平均值分别为 −17.0±1.0‰ 和 5.2±0.6‰,主要摄食 C_3 植物性食物,也一定程度上受到了 C_4 食物的影响;4 例山羊骨胶原样品的 $\delta^{13}C$ 和 $\delta^{15}N$ 值的范围分别是 −17.9‰~−16.1‰ 和 4.3‰~5.3‰,平均值分别为 −17.2±0.7‰ 和 4.9±0.4‰。相较于同一遗址的绵羊来说,这些山羊样本的 $\delta^{13}C$ 值和 $\delta^{15}N$ 值相对较低,说明其也主要摄食 C_3 植物性食物,同时受到 C_4 食物的影响相对更少。

(九) 研究区域内已有的相关人类骨骼样品的同位素古食谱数据

除了提供来自杨界沙遗址和王阳畔遗址仰韶晚期的人骨同位素数据外,我们还收集并分析了研究区域内相关时段内其他已有的人骨同位素数据。其中,91例石峁遗址人骨胶原样品的δ^{13}C和δ^{15}N平均值分别为$-9.8\pm3.8‰$和$7.2\pm1.6‰$[1];8例木柱柱梁遗址人骨胶原样品的δ^{13}C和δ^{15}N值的范围分别是$-10.3‰\sim-6.7‰$和$7.8‰\sim9.5‰$,平均值分别为$-8.2\pm1.4‰$和$8.8\pm0.6‰$[2];28例神圪垯梁遗址人骨胶原样品的δ^{13}C和δ^{15}N值的范围分别是$-14.6‰\sim-6.7‰$和$6.2‰\sim11.8‰$,平均值分别为$-8.5\pm1.8‰$和$8.8\pm1.4‰$[3];3例碧村遗址人骨胶原样品的δ^{13}C和δ^{15}N值的范围分别是$-13.5‰\sim-7.3‰$和$6.0‰\sim8.8‰$,平均值分别为$-11.3\pm2.9‰$和$7.4\pm1.1‰$[4];1例新华遗址人骨胶原样品的δ^{13}C和δ^{15}N值分别是$-8.7‰$和$8.2‰$[5];2例大口遗址人骨胶原样品的δ^{13}C和δ^{15}N值分别是$-7.6‰$、$6.8‰$和-10.2和$8.2‰$,平均值分别为$-8.9‰$和$7.5‰$[6];2例朱开沟遗址人骨胶原样品的δ^{13}C和δ^{15}N值分别是$-7.9‰$、$8.2‰$和-8.4和$9.7‰$,平均值分别为$-8.2‰$和$9.0‰$[7];6例后刘家塔墓地人骨胶原样品的δ^{13}C和δ^{15}N值的分布范围分别是$-9.7‰\sim-8.3‰$和$8.7‰\sim10.7‰$,平均值分别为

---

[1] 蔡佳雯:《陕西石峁遗址年代和食性研究》,北京大学考古学硕士学位论文,2015年。

[2] 陈相龙、郭小宁、胡耀武、王炜林、王昌燧:《陕西神木木柱柱梁遗址先民的食谱分析》,《考古与文物》2015年第5期。

[3] 陈相龙、郭小宁、王炜林、胡松梅、胡耀武:《陕北神圪垯墚遗址4000 a BP前后生业经济的稳定同位素记录》,《中国科学:地球科学》2017年第1期。

[4] Liangliang Hou, Liuhong Yang, Binxin Wang, Yao Jia, and Guanghui Zhang, "The Subsistence Economy on the Northwest Edge of the Loess Plateau During C. 4000 a BP: Evidence from Stable Isotopes", *Journal of Archaeological Science: Reports*, 2022, 45, pp. 103616.

[5] Pia Atahan, John Dodson, Xiaoqiang Li, Xinying Zhou, Liang Chen, Linda Barry, and Fiona Bertuch, "Temporal Trends in Millet Consumption in Northern China", *Journal of Archaeological Science*, 2014, 50, pp. 171-177.

[6] Ibid.

[7] Ibid.

−8.7±0.5‰和10.0±0.6‰①。

（十）研究区域内已有的相关家畜骨骼样品的同位素古食谱数据

陕西榆林仰韶晚期五庄果墚遗址出土家畜骨C、N稳定同位素数据中②，2例家犬骨胶原样品的$\delta^{13}C$值和$\delta^{15}N$值分别是−7.8‰、−6.6‰和8.7‰、9.4‰；5例家猪骨胶原样品的$\delta^{13}C$值和$\delta^{15}N$值的范围分别是−11.9‰～−6.2‰和7.8‰～9.9‰，平均值分别为−7.5±2.2‰和8.4±0.8‰。

除此之外，我们收集并分析了黄土高原北部地区龙山晚-二里头时期遗址出土家畜骨骼C、N稳定同位素古食谱数据③。其中，5例石峁遗址家猪骨胶原样品的$\delta^{13}C$和$\delta^{15}N$值的范围分别是−17.2‰～−7.2‰和4.4‰～8.5‰，平均值分别为−10.1±3.7‰和6.5±1.4‰；2例石峁遗址家犬骨胶原样品的$\delta^{13}C$值和$\delta^{15}N$值分别是−8.1‰、−7.5‰和5.6‰、7.5‰；4例石峁遗址黄牛骨胶原样品的$\delta^{13}C$和$\delta^{15}N$值的范围分别是−15.6‰～

---

① 李楠、左豪瑞、杨凡、闫欣、杨颖亮、吴小红、孙战伟：《陕西清涧寨沟遗址后刘家塔商代墓葬科技考古鉴定与分析》，《考古与文物》2024年第2期。
② 管理、胡耀武、胡松梅、孙周勇、秦亚、王昌燧：《陕北靖边五庄果墚动物骨的C和N稳定同位素分析》，《第四纪研究》2008年第6期。
③ 蔡佳雯：《陕西石峁遗址年代和食性研究》，北京大学考古学硕士学位论文，2015年；陈相龙、郭小宁、胡耀武、王炜林、王昌燧：《陕西神木木柱柱梁遗址先民的食谱分析》，《考古与文物》2015年第5期；陈相龙、郭小宁、王炜林、胡松梅、胡耀武：《陕北神圪垯墚遗址4000 a BP前后生业经济的稳定同位素记录》，《中国科学：地球科学》2017年第1期；Liangliang Hou, Liuhong Yang, Binxin Wang, Yao Jia, and Guanghui Zhang, "The Subsistence Economy on the Northwest Edge of the Loess Plateau During C. 4000 a BP: Evidence from Stable Isotopes", *Journal of Archaeological Science: Reports*, 2022, 45, pp. 103616；李楠、左豪瑞、杨凡、闫欣、杨颖亮、吴小红、孙战伟：《陕西清涧寨沟遗址后刘家塔商代墓葬科技考古鉴定与分析》，《考古与文物》2024年第2期。

−12.8‰和4.5‰~5.5‰,平均值分别为−14.3±1.0‰和5.2±0.4‰;12例石峁遗址绵羊/山羊骨胶原样品的$\delta^{13}C$和$\delta^{15}N$值的范围分别是−18.2‰~−15.9‰和3.2‰~7.3‰,平均值分别为−17.6±0.6‰和5.3±1.2‰。7例神圪垯梁遗址家猪骨胶原样品的$\delta^{13}C$和$\delta^{15}N$值的范围分别是−9.5‰~−7.2‰和6.2‰~8.5‰,平均值分别为−8.3±0.8‰和7.7±0.7‰;1例神圪垯梁遗址家犬骨胶原样品的$\delta^{13}C$值和$\delta^{15}N$值分别是−15.5‰和9.4‰;6例神圪垯梁遗址黄牛骨胶原样品的$\delta^{13}C$和$\delta^{15}N$值的范围分别是−16.6‰~−12.6‰和5.7‰~7.1‰,平均值分别为−14.7±1.3‰和6.5±0.4‰;11例神圪垯梁遗址绵羊/山羊骨胶原样品的$\delta^{13}C$和$\delta^{15}N$值的范围分别是−17.6‰~−14.8‰和3.6‰~7.3‰,平均值分别为−16.0±0.8‰和6.3±1.2‰。15例碧村遗址家猪骨胶原样品的$\delta^{13}C$和$\delta^{15}N$值的范围分别是−13.2‰~−6.3‰和4.8‰~7.4‰,平均值分别为−7.9±1.6‰和5.9±0.7‰;2例碧村遗址家犬骨胶原样品的$\delta^{13}C$值和$\delta^{15}N$值分别是−8.0‰、−7.6‰和7.2‰、7.8‰;11例碧村遗址黄牛骨胶原样品的$\delta^{13}C$和$\delta^{15}N$值的范围分别是−15.9‰~−12.0‰和4.4‰~6.5‰,平均值分别为−13.9±1.3‰和5.6±0.6‰;15例碧村遗址绵羊骨胶原样品的$\delta^{13}C$值和$\delta^{15}N$值的范围分别是−17.8‰~−14.0‰和3.9‰~6.2‰,平均值分别为−16.0±1.1‰和5.3±0.7‰。2例陕西清涧县寨沟遗址后刘家塔墓地家马骨胶原样品的C、N稳定同位素分析结果显示,其$\delta^{13}C$值和$\delta^{15}N$值分别是−11.9‰和5.1‰,−15.2‰和5.6‰。

四、讨论

(一) 黄土高原北部地区仰韶晚期的家畜饲喂模式与人类食谱

2017年董广辉等人撰文概述了中国北方新石器时代粟黍农业的发展历程①。简言之,距今10 000~7 000年前,粟黍农业在中国北方地区起源并初步发展;距今7 000~6 000年前,粟黍农业在全新世大暖期的气候背景下持续发展,出现了若干农业发展核心区,这些地区粟、黍在作物组合中的比例出现变化,以粟为主的农业类型出现;至距今6 000年之后至青铜时代,粟黍农业在中国北方地区广泛扩张,几乎遍布了黄土高原的全部区域,出现强化发展趋势。黄土高原北部地区虽然地处农业边缘区,但前述考古出土植物遗存的研究结果显示粟黍农业该地区至少自仰韶晚期开始,已经是先民生业经济的基础②。

在之前的研究中,胡松梅等研究人员对黄土高原北部地区仰韶晚期五庄果墚、杨界沙和大古界遗址出土动物骨骼进行了分类鉴定和统计,发现该地区仰韶晚期先民主要养殖的家畜为家犬、家猪,根据最小个体数两类的占比分别为 3.4%~8.3% 和 4.5%~

---

① 董广辉、张山佳、杨谊时、陈建徽、陈发虎:《中国北方新石器时代农业强化及对环境的影响》,《科学通报》2016年第26期。
② 夏秀敏、孙周勇、杨利平、康宁武、陈相龙、王昌燧、吴妍:《陕北榆林王阳畔遗址的植硅体分析》,《人类学学报》2016年第2期;高升、孙周勇、邵晶、卫雪、赵志军:《陕西榆林寨峁梁遗址浮选结果及分析》,《农业考古》2016年第3期;尹达:《河套地区史前农牧交错带的植物考古学研究——以寨峁遗址及其相关》,中国社会科学院考古研究所考古学博士学位论文,2015年。

30.2%。目前,考古发现不见此阶段存在源自西亚经欧亚草原传入黄土高原地区的黄牛、绵羊和山羊。相关遗址内发现的上述三类食草类家畜骨骼在没有碳-14测年结果明确的情况下,暂排除在我们对该地区仰韶晚期家畜饲喂模式的讨论中。因此,本章对五庄果墚、杨界沙、王阳畔和大古界家畜骨骼样品的C、N稳定同位素分析,其中包括了8个家犬和33个家猪的样本,为进一步了解黄土高原北部地区仰韶晚期先民的家畜饲养策略提供了科学依据。

在上述遗址中,家犬骨骼样本δ^{13}C值的范围是$-7.9‰$~$-6.2‰$,平均值为$-7.2\pm0.7‰$,δ^{15}N值的范围是$6.6‰$~$9.4‰$,平均值为7.9 ± 1.0(±标准偏差)‰,其食物结构为C_4类型,结合植物考古发现,可知先民主要以粟黍食物喂养家犬,其中也包括大量人类残羹冷炙。年代稍早的五庄果墚遗址家犬的δ^{13}C平均值为$-7.2‰$,而δ^{15}N平均值则为$9.0‰$。年代稍晚的杨界沙和王阳畔家犬的δ^{13}C平均值为$-7.2‰$,而δ^{15}N平均值则为$7.5‰$。杨界沙和王阳畔家犬的δ^{15}N值比五庄果墚的降低$1.5‰$,暗示其摄入的蛋白质相对减少。我们推测伴随着该地区仰韶晚期粟黍农业生产规模的扩大,先民可能越来越多利用农作物食物来饲喂家犬。

家猪骨骼样本δ^{13}C值的范围是$-19.0‰$~$-6.1‰$,平均值为-9.8 ± 3.5(±标准偏差)‰,δ^{15}N值的范围是$5.5‰$~$9.9‰$,平均值为7.7 ± 1.0(±标准偏差)‰。从其δ^{13}C值和δ^{15}N值的平均值来看,家猪的饲喂模式与家犬的类似。但从家猪的δ^{13}C值范围来看,其食谱宽度较家犬的更加广泛,说明其饲喂模式更加多样。我们发现其中有7个家猪个体的δ^{13}C值均小于$-12‰$,表明其食谱中存在C_3食物。据此我们将上述个体划分为A类家猪,占比为21.2%;其他个体为B类家猪,占比为78.8%。A类家猪骨骼样本δ^{13}C值的范围是$-19.0‰$~$-12.9‰$,平均值为-15.5 ± 2.3

(±标准偏差)‰，$\delta^{15}N$值的范围是5.5‰~7.8‰，平均值为6.7±0.9(±标准偏差)‰，表明这类家猪混食C_3和C_4食物。在杨界沙遗址存在1个A类家猪个体的$\delta^{13}C$值和$\delta^{15}N$值分别是-19.0‰和5.7‰，显示C_4食物在该个体食谱中的影响可以忽略不计。该个体$\delta^{15}N$值与该遗址野生食草类动物蒙古兔的平均值接近(详见下一章)，说明其蛋白质摄入量相对较低，主要消费C_3类野生植物性食物。B类家猪骨骼样本$\delta^{13}C$值的范围是-11.9‰~-6.1‰，平均值为-8.2±1.7(±标准偏差)‰，$\delta^{15}N$值的范围是6.5‰~9.9‰，平均值为8.0±0.8(±标准偏差)‰。$\delta^{13}C$值和$\delta^{15}N$值与A类家猪相比明显增加，我们推测占据多数的B类家猪应该主要以栽培粟黍作物或粟黍作物加工副产品(如秕壳等)来饲喂。

综上，我们认为黄土高原北部地区在仰韶晚期存在两种不同的家猪饲喂方式，一种是数量较多的集约化管理模式(舍饲)，另一种是数量较少的粗放化管理模式(放养)。这样的家猪饲喂策略在龙山时期关中地区的东营遗址也仍然存在[1]，可见如此饲喂家猪的方式在黄土高原地区持续的时间较久。

黄土高原北部地区仰韶晚期主要发现的考古遗址有五庄果墚、杨界沙、大古界、王阳畔等。我们对其中杨界沙和王阳畔遗址出土人骨的C、N稳定同位素分析结果显示，三个成年人和一个幼儿骨骼样品的$\delta^{13}C$值分别为-6.0‰、-7.1‰、-7.0‰和-10.7‰，$\delta^{13}C$平均值为-7.7±1.8(±标准偏差)‰；其$\delta^{15}N$值分别为9.1‰、9.4‰、7.7‰和10.5‰，$\delta^{15}N$平均值为9.2±1.0(±标准偏

---

[1] X.L. Chen, S.M. Hu, Y.W. Hu, W.L. Wang, Y.Y. Ma, P. Lü, and C.S. Wang, "Raising Practices of Neolithic Livestock Evidenced by Stable Isotope Analysis in the Wei River Valley, North China", *International Journal of Osteoarchaeology*, 2016, 26(1), pp.42-52.

差)‰。这些人类个体骨胶原 δ^{13}C 值均大于−12‰，表明其食谱模式均属于 C_4 类型；其 δ^{15}N 平均值较家猪的高出 1.5‰，推测他们的食谱中来自家猪的肉食资源相对有限。他们长期以 C_4 食物为食，表明此时黄土高原北部地区居民的生计已经相当依赖粟黍农业经济。这一发现与新石器时代晚期中国北方地区粟黍广泛种植与消费的大背景相呼应[1]，进一步证实了仰韶晚期黄土高原北部地区粟黍旱作农业的扩张发展态势。

（二）黄土高原北部地区龙山晚-二里头时期的家畜饲喂模式与人类食谱

黄土高原北部地区地处在中国北方地区农牧交错带中段，属于童恩正所指出的史前文化交流的"半月形地带"，也是被罗森（Jessica Rawson）称作"中国弧 china's arc"的重要一环[2]。"半月形地带"北起中国东北和辽西地区，经河套地区、陇东、青海东部、四川西部，向南延伸至西藏东部和云南地区。在"半月形地带"以西，古文化面貌与欧亚大陆中心地区存在相似性；而"半月形地带"东侧，

---

[1] Loukas Barton, Seth D. Newsome, Fa-Hu Chen, Hui Wang, Thomas P. Guilderson, and Robert L. Bettinger, "Agricultural Origins and the Isotopic Identity of Domestication in Northern China", *Proceedings of the National Academy of Sciences*, 2009, 106 (14), pp. 5523-5528; Zhijun Zhao, "New Archaeobotanic Data for the Study of the Origins of Agriculture in China", *Current Anthropology*, 2011,52(S4), pp. S295-S306；屈亚婷、胡珂、杨苗苗、崔建新：《新石器时代关中地区人类生业模式演变的生物考古学证据》，《人类学学报》2018 年第 1 期；董广辉、张山佳、杨谊时、陈建徽、陈发虎：《中国北方新石器时代农业强化及对环境的影响》，《科学通报》2016 年第 26 期。

[2] 童恩正：《试论我国从东北至西南的边地半月形文化传播带》，《文物与考古论集》，文物出版社 1986 年版；Rawson J., "Shimao and Erlitou: New Perspectives on the Origins of the Bronze Industry In Central China", *Antiquity*, 2017, 91 (355), pp. e5.

古代中国核心区文化呈现出独特的发展轨迹,而处于两者中间的"半月形地带",在早期东西方交流中扮演十分重要的角色①。在欧亚大陆青铜时代食物全球化大背景下②,自西北传入黄土高原地区的黄牛、绵羊和山羊成为该地区龙山时代生业经济发展的新动因③。龙山时代黄土高原北部地区的人类文化爆发式地进入了繁荣时期,社会复杂化程度显著提高,400万平方米的石峁遗址"石破天惊","神权模式的国家形态"初步形成④。遗址数量的增加和文明化程度的加深表明龙山晚-二里头时期黄土高原北部地区的人口数量激增,社会分层加剧,经济更加专门化。

胡松梅等学者对黄土高原北部龙山时期遗址出土动物骨骼的鉴定结果显示,该地区原有的家猪、家犬饲养持续发展,在家畜组合中增添了来自域外的食草类家畜新品种——黄牛、绵羊和山羊⑤。距今约4400～4200年时,黄牛、绵羊首先出现在龙山早期的庙梁

---

① 张弛:《龙山-二里头——中国史前文化格局的改变与青铜时代全球化的形成》,《文物》2017年第6期。
② Guanghui Dong, Linyao Du, Ruiliang Liu, Yuejiao Li, and Fahu Chen, "Human-Environment Interaction Systems between Regional and Continental Scales in Mid-Latitude Eurasia During 6000-3000 Years Ago", The Innovation Geoscience, 2023,1(3), pp. 100038.
③ 胡松梅、杨瞳、杨苗苗、邵晶、邸楠:《陕北靖边庙梁遗址动物遗存研究兼论中国牧业的形成》,《第四纪研究》2022年第1期;杨益民:《黄牛之路:从伏尔加河流域到黄河流域》,《中国农史》2024年第1期。
④ 孙周勇:《公元前第三千纪北方地区社会复杂化过程考察——以榆林地区考古资料为中心》,《考古与文物》2016年第4期;孙周勇、邵晶、邸楠:《石峁遗址的考古发现与研究综述》,《中原文物》2020第1期;戴向明:《从芦山峁到石峁——北方高原史前社会复杂化进程》,《考古》2024年第6期;张弛:《龙山-二里头——中国史前文化格局的改变与青铜时代全球化的形成》,《文物》2017年第6期。
⑤ 胡松梅、张鹏程、袁明:《榆林火石梁遗址动物遗存研究》,《人类学学报》2008年第3期;郭小宁:《陕北地区龙山晚期的生业方式——以木柱柱梁、神圪垯梁遗址的植物、动物遗存为例》,《农业考古》2017年第3期。

遗址、贾大峁遗址和红梁遗址①。之后，龙山晚-二里头时期的石峁遗址、木柱柱梁遗址和火石梁遗址中发现的黄牛、绵羊/山羊占据家畜总数量的约43%~80%[根据最小个体数（MNI）]。在一些地点，黄牛、绵羊、山羊在家畜总数中占比较大，比重甚至超过了家猪和家犬，例如，上述三种食草类家畜在陕西榆林榆阳区火石梁遗址中占据家畜总数的约80%（MNI）②。同一时期，内蒙古中南部的朱开沟遗址也发现数量客观的黄牛和绵羊，占比约58%（MNI）。

相比于其他家畜品种，黄土高原北部地区的家犬自仰韶晚期至龙山晚-二里头时期在全部动物组合中的占比变化不大，比例约为3%~8%（MNI）。这可能与家犬主要作为伴侣动物或狩猎助手的角色有关。家猪养殖在黄土高原北部地区仰韶晚期的家畜饲养业中占据最重要比重；进入龙山时代，在新引入的牛羊的冲击下，在一些中小型聚落中（火石梁遗址和木柱柱梁遗址）家猪的比例相比于黄牛、绵羊/山羊来说出现明显的下降。但在石峁遗址和朱开沟遗址，家猪在家畜组合中仍占据相当大的比重，占比分别约为54%和37%③。至商代晚期，家猪饲养业仍然在当地先民肉食资源生产中占据比较重要地位，例如，在李家崖遗址中发现的兽骨中，家猪和家犬的下颌骨居多④。

下面我们将对黄土高原北部龙山晚-二里头时期遗址出土家畜

---

① 胡松梅、杨瞳、杨苗苗、邵晶、邸楠：《陕北靖边庙梁遗址动物遗存研究兼论中国牧业的形成》，《第四纪研究》2022年第1期。
② 胡松梅、张鹏程、袁明：《榆林火石梁遗址动物遗存研究》，《人类学学报》2008年第3期。
③ 胡松梅、杨苗苗、孙周勇、邵晶：《2012~2013年度陕西神木石峁遗址出土动物遗存研究》，《考古与文物》2016年第4期；黄蕴平：《内蒙古朱开沟遗址兽骨的鉴定与研究》，《考古学报》1996年第4期。
④ 胡松梅、吕智荣：《李家崖遗址出土动物骨骸鉴定报告》，陕西省考古研究院编著：《李家崖》，文物出版社2013年版，第352—353页。

骨骼的 C、N 稳定同位素古食谱数据进行比较分析，了解这些家畜的饲喂模式。我们发现 2 例家猪个体的 δ^{13}C 值处于 $-18.0‰\sim-12.0‰$ 之间，平均值为 $-15.2‰$，说明其食谱为 C_3、C_4 混合模式，其 δ^{15}N 平均值为 $4.9‰$，可将这类家猪归为 A 类。其他 32 个家猪个体的 δ^{13}C 值大于 $-12.0‰$，表明这些家猪的食谱为 C_4 模式，可归为 B 类。这些家猪个体的 δ^{15}N 平均值为 $6.4‰$，与 A 类家猪相比增加 $1.5‰$，我们推测 B 类家猪个体主要应摄入粟黍（C_4 植物）食物，管理较为集约化，属于舍饲；而 A 类家猪除了粟黍食物外，还摄食了相当数量 C_3 植物，饲喂方式可能以散养为主，应当属于放养模式。

与研究区域内仰韶晚期家猪骨骼样品的同位素古食谱数据比较后，我们发现黄土高原北部地区龙山晚-二里头时期与仰韶晚期均存在 A 类和 B 类两种类似模式饲喂的家猪个体。龙山晚-二里头时期 A 类家猪较仰韶晚期的占比下降 15.4%；同时期 B 类家猪较之前仰韶晚期的占比上升 15.3%。考虑到研究区域内主要以粟黍食物饲喂，管理较为集约化的 B 类家猪数量出现增加趋势，而摄食野生 C_3 植被，管理较为粗放化的 A 类家猪数量相应减少，我们推测黄土高原北部地区龙山晚-二里头时期的粟黍农业食物数量相较于之前仰韶晚期的明显增加，家猪饲喂模式以舍饲为主，更加依赖粟黍农业。

研究区域内龙山晚-二里头时期家犬骨骼样本（$n=5$）的 δ^{13}C 平均值为 -9.3 ± 3.1（±标准偏差）‰，δ^{15}N 平均值为 7.5 ± 1.2（±标准偏差）‰。较该区域仰韶晚期家犬（$n=8$）的 δ^{13}C 平均值减小，而同时两个时期家犬的 δ^{15}N 平均值差异不大。根据 δ^{13}C 值的范围，我们推测黄土高原北部地区龙山晚-二里头时期的家犬较仰韶晚期的出现了混合 C_3、C_4 食物的饲喂模式，占比为 20%。根据已发表的植物考古数据,石峁遗址和碧村遗址发现少量水稻和大豆(二者均为 C_3 作物)的炭化种子①,揭示出黄土高原北部龙山晚-二里头时期先民的农业生产较之前仰韶晚期出现了多样化趋势。在此阶段,该地区发现除了存在以粟黍食物喂养的家犬,还存在摄食了相当数量 C_3 食物的家犬个体,我们推测这可以归因于龙山晚-二里头时期的农业多样化过程。

研究区域内龙山晚-二里头时期黄牛骨骼样品($n=31$)的 $\delta^{13}C$ 平均值为 -14.1 ± 1.8(±标准偏差)‰,$\delta^{15}N$ 平均值为 6.0 ± 0.9(±标准偏差)‰。其中,97%的黄牛骨骼样品 $\delta^{13}C$ 值处于 -18.0‰ 到 -12.0‰ 之间,其食谱属于 C_3/C_4 混合型,说明其食物组成中既包含栽培粟黍作物,也有野生陆生植物,饲喂模式应兼具舍饲和放牧。除此之外,有学者在核心聚落石峁遗址中发现一例黄牛骨骼样品具有较高的 $\delta^{13}C$ 值(>-12.0‰)和相对较高的 $\delta^{15}N$ 值(>7.5‰,高于同时期家猪的 $\delta^{15}N$ 平均值)②。可知与其他黄牛个体属于 C_3/C_4 的混合型食谱模式不同,该黄牛个体的食谱与前述研究区域内同时期 B 类家猪的食谱模式相同,属于 C_4 模式,栽培粟黍应该为其最主要的食物来源,饲喂模式应属于舍饲。石峁遗址是黄土高原北部地区龙山晚-二里头时期的核心聚落③,等级最高,社会复杂化程度也较高。该遗址黄牛骨骼样品的同位素古食谱分析结果说明石峁的黄牛存在两种饲喂模式,颇具多样化趋势。类似的情况

---

① 杨瑞琛、邸楠、贾鑫、尹达、高升、邵晶、孙周勇、胡松梅、赵志军:《从石峁遗址出土植物遗存看夏时代早期榆林地区先民的生存策略选择》,《第四纪研究》2022 年第 1 期;蒋宇超、王晓毅:《兴县碧村遗址小玉梁台地的浮选结果及分析》,《文物季刊》2024 年第 2 期。
② 蔡佳雯:《陕西石峁遗址年代和食性研究》,北京大学考古学硕士学位论文,2015 年。
③ 孙周勇:《公元前第三千纪北方地区社会复杂化过程考察——以榆林地区考古资料为中心》,《考古与文物》2016 年第 4 期。

在龙山时期的高陵东营①、襄汾陶寺②、禹州瓦店③等遗址也有发现。不过在黄土高原北部地区基本完全以粟黍食物饲喂的黄牛数量相对较少,而以粟黍食物为主食的舍饲黄牛个体数量在中原地区相对更多,从侧面说明中原地区的农业经济相较于黄土高原北部地区的更为集约化。

我们还发现在等级较高的石城聚落——石峁、碧村遗址中黄牛具有相似的 $\delta^{13}C$ 平均值(分别为 $-13.8‰$ 和 $-13.9‰$)④。而同时期其他等级较低的聚落——神圪垯梁、木柱柱梁和王阳畔遗址中黄牛 $\delta^{13}C$ 平均值为 $-14.7‰$⑤,相比前者来说降低约 $1‰$,我们推测在黄土高原北部龙山晚-二里头时期等级较低的非石城聚落中黄牛饲喂方式相对高等级石城聚落来说可能更多依赖放牧,管理相对粗放一些。

研究区域内龙山晚-二里头时期绵羊/山羊骨骼样品($n=51$)的

---

① X. L. Chen, S. M. Hu, Y. W. Hu, W. L. Wang, Y. Y. Ma, P. Lü, and C. S. Wang, "Raising Practices of Neolithic Livestock Evidenced by Stable Isotope Analysis in the Wei River Valley, North China", *International Journal of Osteoarchaeology*, 2016, 26(1), pp.42-52.
② 陈相龙、袁靖、胡耀武、何驽、王昌燧:《陶寺遗址家畜饲养策略初探:来自碳、氮稳定同位素的证据》,《考古》2012年第9期。
③ 陈相龙、方燕明、胡耀武、侯彦峰、吕鹏、宋国定、袁靖、Michael P. Richards:《稳定同位素分析对史前生业经济复杂化的启示:以河南禹州瓦店遗址为例》,《华夏考古》2017年第4期。
④ 蔡佳雯:《陕西石峁遗址年代和食性研究》,北京大学考古学硕士学位论文,2015年;Liangliang Hou, Liuhong Yang, Binxin Wang, Yao Jia, and Guanghui Zhang, "The Subsistence Economy on the Northwest Edge of the Loess Plateau During C. 4000 a BP: Evidence from Stable Isotopes", *Journal of Archaeological Science: Reports*, 2022, 45, pp.103616.
⑤ 陈相龙、郭小宁、胡耀武、王炜林、王昌燧:《陕西神木木柱柱梁遗址先民的食谱分析》,《考古与文物》2015年第5期;陈相龙、郭小宁、王炜林、胡松梅、胡耀武:《陕北神圪垯梁遗址4000 a BP前后生业经济的稳定同位素记录》,《中国科学:地球科学》2017年第1期。

δ^{13}C 平均值为 -16.7 ± 1.2(±标准偏差)‰，δ^{15}N 平均值为 5.5 ± 1.0(±标准偏差)‰。全部绵羊/山羊个体的 δ^{13}C 值均处于小于 -12.0‰，其中 84% 的个体 δ^{13}C 值处于 -18.0‰ 到 -12.0‰ 之间，表明这些个体由混合 C_3(主要来自野生植被)、C_4(主要栽培粟黍)食物的方式饲喂，饲喂模式应该也是放牧兼有一定程度的舍饲；其他 16% 的绵羊/山羊个体的 δ^{13}C 值小于 -18.0‰，说明在这些个体食谱中 C_4(主要来自栽培粟黍)食物的数量可以忽略不计，它们的饲喂模式应该以放牧为主。从已有的不同遗址绵羊/山羊的 δ^{13}C 值来看，我们发现在等级最高的石峁遗址中绵羊/山羊兼具上述两种饲喂模式，但在其他等级相对较低的遗址绵羊/山羊的饲喂模式相对单一。其中，大古界、王阳畔遗址 3 个绵羊个体的 δ^{13}C 值范围是 -19.8‰~-18.3‰，平均值为 -18.9 ± 0.6(±SD)‰，表明这些绵羊的饲喂模式是以放牧为主，主要摄食野生植被。神圪垯梁遗址 11 个绵羊/山羊个体的 δ^{13}C 值范围是 -17.6‰~-14.8‰，平均值为 -16.0 ± 0.8(±标准偏差)‰；木柱柱梁遗址 3 个绵羊/山羊个体的 δ^{13}C 值范围是 -17.6‰~-16.7‰，平均值为 -17.2 ± 0.4(±标准偏差)‰；碧村遗址 15 个绵羊/山羊个体的 δ^{13}C 值范围是 -17.8‰~-14.0‰，平均值为 -16.0 ± 1.1(±标准偏差)‰，这些遗址种绵羊/山羊属于放牧与舍饲混合的饲喂模式。

我们还发现研究区域内绵羊/山羊的 δ^{13}C 平均值相对于黄牛来说更低，两者相差 2.6‰，可见 C_3 类野生陆生植物在绵羊/山羊的食物结构中占比更大。不仅如此，通过对比黄牛和绵羊/山羊的 C、N 稳定同位素数据，我们发现黄牛与羊的 δ^{13}C 值(U 检验，$W=1435.5$，$p<0.05$)和 δ^{15}N 值(student's t-test，$t=2.0909$，$p<0.05$)均具有显著性差异，表明黄土高原北部地区龙山晚-二里头时期先民对以上两种食草家畜的饲喂策略明显不同。同位素古食谱

分析结果说明黄牛和绵羊/山羊对 C_4 类食物（主要来自栽培粟黍）的消费存在明显差异，可知在先民在黄牛食谱中投入更多粟黍作物，饲喂模式偏向舍饲；在绵羊/山羊的食谱中，粟黍食物的占比相对减少，先民应该更多对其采取放牧为主的饲喂模式。

今日的黄土高原北部地区属于干旱与半干旱区的过渡地带，历史上该地区属于典型的农牧交错地带，气候波动对农业生产的影响较为显著。在欧亚大陆青铜时代食物全球化背景下，黄牛和绵羊/山羊经由草原传入我国北方地区[1]，在龙山时代逐渐普及。这类食草家畜饲养业作为生业经济领域的一种"新质生产力"，助推了中国青铜时代革命的到来[2]。相比于之前以家猪饲养为主的家畜饲养业，牛、羊在黄土高原北部地区的出现和广获饲养，意味着先民可以更充分利用大型食草家畜，开发之前较少大规模利用的自然植被资源[3]。黄牛和绵羊/山羊养殖的引入一定程度上提高了黄土高原北部地区土地资源的利用效率，增加了土地承载力，为新石器时代晚期人类文化的发展注入了新的活力，奠定了后续农牧经济交错发展的基础[4]。

从前述考古证据出发，可知在龙山晚-二里头时期更为多样化的家畜饲养业已出现在黄土高原北部地区。在之前家猪、家犬的管理技术之上，此时又增加了新的对大型食草类家畜的有效管理技

---

[1] 胡松梅、杨瞳、杨苗苗、邵晶、邸楠：《陕北靖边庙梁遗址动物遗存研究兼论中国牧业的形成》，《第四纪研究》2022 年第 1 期；杨益民：《黄牛之路：从伏尔加河流域到黄河流域》，《中国农史》2024 年第 1 期。
[2] 张弛：《龙山-二里头——中国史前文化格局的改变与青铜时代全球化的形成》，《文物》2017 年第 6 期。
[3] 陈相龙、郭小宁、王炜林、胡松梅、胡耀武：《陕北神圪垯墚遗址 4000 a BP 前后生业经济的稳定同位素记录》，《中国科学：地球科学》2017 年第 1 期。
[4] 张弛：《衰落与新生：论中国北方新石器时代两层经济文化体》，《考古》2024 年第 12 期。

术,展示出该地区龙山时代居民在自然资源开发与利用能力上的提升。另外,黄牛与绵羊/山羊在放牧与舍饲中展示出的不同程度的集约化管理水平,暗示相应的大型食草类家畜管理技术在开始传入之时可能就已经相当成熟,呈现出了专门化趋势。黄土高原北部地区先民一旦接受这些养殖技术后便很快获得实践。在此过程中粟黍农业无疑为研究区域内龙山晚-二里头时期家畜饲养业提供了相当有力的支撑作用。

现阶段,龙山晚-二里头时期黄土高原北部人类的同位素古食谱数据来自于石峁、神圪垯梁、木柱柱梁、新华、大口、朱开沟和碧村遗址[①]。其中,石峁和神圪垯梁两处遗址的个体数最多,总数量超过100例;而其他遗址则相对较少,每个遗址个体数量少于5例。根据王炜林、郭小宁在《陕北地区龙山至夏时期的聚落与社会初论》文中的分类[②],石峁遗址为第一级聚落,总面积超过400万平方米。神圪垯梁、木柱柱梁、新华等聚落为第三级,总面积为30万平方米以下。位于内蒙古自治区准格尔旗的大口遗址的面积为3万平米左右,也属于第三级遗址。内蒙古伊金霍洛旗的朱开沟和山西兴县碧村遗址的面积均处于30万平方米~100万平方米之间,属于第

---

① 蔡佳雯:《陕西石峁遗址年代和食性研究》,北京大学考古学硕士学位论文,2015年;陈相龙、郭小宁、胡耀武、王炜林、王昌燧:《陕西神木木柱柱梁遗址先民的食谱分析》,《考古与文物》2015年第5期;陈相龙、郭小宁、王炜林、胡松梅、胡耀武:《陕北神圪垯梁遗址4000 a BP前后生业经济的稳定同位素记录》,《中国科学:地球科学》2017年第1期;Liangliang Hou, Liuhong Yang, Binxin Wang, Yao Jia, and Guanghui Zhang, "The Subsistence Economy on the Northwest Edge of the Loess Plateau During C. 4000 a BP: Evidence from Stable Isotopes", *Journal of Archaeological Science: Reports*, 2022, 45, pp. 103616;李楠、左豪瑞、杨凡、闫欣、杨颖亮、吴小红、孙战伟:《陕西清涧寨沟遗址后刘家塔商代墓葬科技考古鉴定与分析》,《考古与文物》2024年第2期。
② 王炜林、郭小宁:《陕北地区龙山至夏时期的聚落与社会初论》,《考古与文物》2016年第4期。

二级聚落。不过,朱开沟和碧村遗址目前报道出的人骨同位素古食谱数据分别是 2 例和 3 例,下面的讨论中我们暂将它们与来自第三级聚落的数据合并。

目前,石峁人骨样品的同位素古食谱分析工作主要由北京大学的蔡佳雯完成。除此之外,在蔡的工作之前,2014 年阿塔汗(Atahan)博士也报道过石峁人骨的 C、N 稳定同位素数据。已有石峁人骨样本($n=91$)δ^{13}C 值的范围是 $-18.2 \sim -6.4$‰,平均值为 -9.8 ± 3.8(±标准偏差)‰,δ^{15}N 值的范围是 3.2‰~12.8‰,平均值为 7.2 ± 1.6(±标准偏差)‰。从 δ^{13}C 值和 δ^{15}N 值的范围来看,石峁居民的食谱模式多样。我们发现基于这些个体 δ^{13}C 值和 δ^{15}N 值的差异可以将石峁人群划分 A、B、C 三个群体。其中,石峁 A 类人数较多,占比为 78%,这些个体的 δ^{13}C 值均大于 -12‰,说明其食谱属于 C_4 类型。石峁 A 类人群 δ^{13}C 值的范围是 -11.4‰~-6.4‰,平均值为 -7.9 ± 0.9(±标准偏差)‰,δ^{15}N 值的范围是 4.8‰~10.6‰,平均值为 7.5 ± 1.0(±标准偏差)‰。石峁家猪 δ^{15}N 值的平均值为 6.4 ± 1.5(±标准偏差)‰,较石峁 A 类人群 δ^{15}N 平均值低 1.1‰,低于 N 稳定同位素比值在不同营养级间的富集值(3‰~5‰)。因此,我们推测粟黍农业是石峁 A 类人群饮食生活的最重要支撑。

石峁 B 类人群数量较少,目前仅发现两个个体,占比为 2.2%;其 δ^{13}C 值分别是 -16.1‰ 和 -16.4‰,平均值为 -16.2‰;δ^{15}N 值分别是 12.5‰ 和 12.8‰,平均值为 12.6‰。石峁 B 类人的 δ^{13}C 值相对 A 类来说明显更低,属于 C_3、C_4 混合类型的食谱,暗示除了粟黍食物外,这些个体还应消费了相当数量的 C_3 食物。植物考古发现显示石峁皇城台发现有炭化水稻(C_3 作物)种子,数量不多,但属于具有高价值的"贵食"。我们推测石峁 B 类人的食谱中可能含有水稻。另外，石峁B类人的$\delta^{15}N$值较A类人的更高，两者平均值相差5.1‰，差不多是不同营养级间氮稳定同位素比值的富集值，暗示两类人的蛋白质摄入存在明显的不同。石峁黄牛的$\delta^{13}C$值平均值为-13.8 ± 2.4（±标准偏差）‰；$\delta^{15}N$值的平均值为6.1 ± 1.1（±标准偏差）‰，较石峁B类人的$\delta^{15}N$平均值低6.5‰。石峁绵羊/山羊的$\delta^{13}C$值平均值为-17.3 ± 1.0（±标准偏差）‰；$\delta^{15}N$值的平均值为5.3 ± 1.1（±标准偏差）‰，较石峁B类人的$\delta^{15}N$平均值低7.3‰。结合石峁遗址动物考古发现中主要的家畜动物骨骼遗存为绵羊和山羊，我们推测在石峁B类人群的食谱中牛羊类以主要C_3类和C_3/C_4类混合的植物为食的家畜应该占据更高比重。

石峁C类人数相较于B类人较多，占比为19.8%，其$\delta^{13}C$值的范围是$-18.2‰\sim-12.8‰$，平均值为-16.7 ± 1.5（±标准偏差）‰，$\delta^{15}N$值的范围是$3.2‰\sim7.3‰$，平均值为5.3 ± 1.1（±标准偏差）‰。石峁C类人$\delta^{13}C$平均值与石峁B类的相比十分接近，表明他们也属于C_3、C_4混合类型的食谱，可能同样除了摄入粟黍食物外，也食用了相当数量的C_3食物。不过，石峁C类人$\delta^{15}N$值的平均值较B类人的更低，两者相差7.5‰，超过不同营养级间氮稳定同位素比值的富集值；相较于石峁A类人，C类人$\delta^{15}N$值的平均值也相对较低，两者相差2.2‰。这表明石峁C类人的蛋白质摄入与石峁A类和B类人也存在明显差异。石峁C类人与该遗址出土绵羊/山羊具有相同的$\delta^{15}N$平均值[5.3 ± 1.1（±标准偏差）‰]，表明两者营养级几乎一致。考虑到石峁遗址出土1例狍骨骼样品的C、N稳定同位素分析结果显示其$\delta^{15}N$值为2.9‰，石峁C类人$\delta^{15}N$平均值比这例狍的高出2.4‰，我们推测石峁C类人的食谱中C_3植物性食物比重较多，也应该包含一些营养级水平较低的野生动物。植物考古研究结果显示石峁皇城台发现有炭化大豆种子，数量也不多,有学者认为也应属于"奢侈品"。作为 C_3 植物的大豆能与根瘤菌共生固氮,因而具有相对较低的 $\delta^{15}N$ 值,由此我们认为石峁 C 类人群的食谱中可能也包含有较多的大豆食物。

作为距今 4 000 年左右黄土高原北部地区乃至我国北方地区目前发现面积最大的石城聚落,石峁社会的复杂化程度高,与同时代其他地区文化也存在远距离的沟通联系。通过上述人骨同位素古食谱分析结果,我们认为大多数石峁居民依靠粟黍农业提供主要的食物来源,不过此时由于新的食物资源如水稻、大豆、黄牛、绵羊/山羊的出现与积累,龙山晚-二里头时期石峁居民的生存状态也呈现出了多样化的面貌。这一方面与石峁不同人群可能存在不同生计策略的联系密切,另一方面也可能也与其他区域居民迁移进入石峁石城聚落有关。不过后一点推测尚待今后对上述三类人群开展锶同位素分析予以确认。

黄土高原北部地区龙山晚-二里头时期第二、三级聚落遗址出土人骨的 C、N 稳定同位素数据揭示了核心聚落——石峁之外该地区先民的生计策略。我们发现神圪垯梁、木柱柱梁、新华、大口、朱开沟和碧村遗址人骨样本($n=44$)$\delta^{13}C$ 值的范围是 $-14.6 \sim -6.7‰$,平均值为 $-8.6±1.9$(±标准偏差)‰,$\delta^{15}N$ 值的范围是 $6.0‰ \sim 11.8‰$,平均值为 $8.2±1.6$(±标准偏差)‰。从这些个体的 $\delta^{13}C$ 值范围来看,其食谱宽度较一级聚落——石峁古城人群的变窄,表明二、三级聚落居民食谱多样性相对一级聚落的减少。

我们发现其中 40 个个体 $\delta^{13}C$ 值均大于 $-12‰$,$\delta^{13}C$ 平均值为 $-8.1±1.1$(±标准偏差)‰,可知其食谱为 C_4 类型,粟黍农业对他们饮食结构的影响较大;这些人 $\delta^{15}N$ 平均值为 $8.8±1.2$(±标准偏差)‰。据前文可知,龙山晚-二里头时期第二、三级聚落遗址出土家猪骨骼样本 $\delta^{13}C$ 平均值为 $-8.1±1.3$(±标准偏差)‰,

δ^{15}N 平均值为 6.3±1.1(±标准偏差)‰；出土黄牛骨骼样本 δ^{13}C 平均值为 −14.3±1.3(±标准偏差)‰，δ^{15}N 平均值为 5.9±0.7 (±标准偏差)‰；出土绵羊/山羊骨骼样本 δ^{13}C 平均值为 −16.4± 1.3(±标准偏差)‰，δ^{15}N 值平均值为 5.6±1.0(±标准偏差)‰。将上述家畜 C、N 稳定同位素数据与 40 个第二、三级聚落居民个体 δ^{13}C 和 δ^{15}N 的平均值比较之后，我们认为这些居民与石峁 A 类人群食谱模式接近，较石峁 A 类人群他们骨骼样品的 δ^{15}N 平均值增加 0.9‰。

另外，4 个第二、三级聚落居民个体的 δ^{13}C 值小于 −12‰，其 δ^{13}C 值的范围是 −14.6‰～−13.2‰，平均值为 −13.7±0.6(±标准偏差)‰，δ^{15}N 值的范围是 6.0‰～8.4‰，平均值为 7.2±0.9 (±标准偏差)‰，他们的食谱模式为 C_3/C_4 混合型。这些个体 δ^{15}N 平均值较第二、三级聚落遗址出土家猪、黄牛和绵羊/山羊分别增加了 0.9‰、1.3‰ 和 1.6‰，低于不同营养级间 δ^{15}N 值的富集值 (3‰～5‰)。综上考虑，我们推测这些第二、三级聚落居民食谱中包含一定数量的牛、羊等肉食资源，但粟黍作物仍然构成了这些人食谱中最主要的组成部分。

（三）黄土高原北部地区商代晚期的家畜饲喂模式与人类食谱

已有的植物考古发现显示黄土高原北部地区商代晚期的生业经济也主要由粟黍旱作农业经济构成。尽管在龙山晚-二里头时期的一级石城聚落——石峁出现了一定程度的农业多样化迹象，不过目前仍未有考古出土的殷商时期的炭化小麦、大麦和水稻等作物遗存。与同时期中原核心地区的农业生产制度相比[①]，黄土高原北部地区农业生产中的作物组合明显单调。王天佑等学者2011年报道了在陕西靖边老坟梁汉代墓地出土陶器中发现谷物稃壳残留物的科学鉴定结果，这些残留物为粟的遗存[②]。由此可见，作为在黄土高原北部地区具有韧性、可持续的农业系统，粟黍旱作农业长期提供了这一地区古代家畜饲养和居民饮食的最重要物质基础。

辛庄遗址，位于陕西省清涧县李家塔镇辛庄村，是继李家崖、高红遗址之后，陕晋高原地区又一次大规模考古发掘的商代聚落遗址。该遗址发现有大型礼仪性夯土建筑，以及中、小型下沉式夯土建筑，陶范及铸铜作坊，灰坑等遗迹，出土有陶器、石器、骨器、铜器等商代晚期的重要文物。在本章，我们公布了清涧辛庄商代晚期遗址主要家畜品种（家猪、黄牛、绵羊/山羊）骨胶原的C、N稳定同位素数据。进一步结合之前李楠等学者2024年已经发表的清涧寨沟遗址出土家马骨骼样品的C、N稳定同位素古食谱数据[③]，我们可以初步探讨黄土高原北部晚商时期先民的家畜饲养模式。

辛庄家猪骨胶原样品的$\delta^{13}C$和$\delta^{15}N$平均值分别为$-7.3\pm$（±标准偏差）0.3‰和6.7±（±标准偏差）0.7‰。具有较龙山晚-二里头时期的神圪垯梁、木柱柱梁、石峁遗址出土家猪骨胶原样品更高的$\delta^{13}C$平均值。结合这些辛庄家猪样品较低的$\delta^{15}N$平均值，我们认为辛庄遗址商代晚期家猪的食物应该全部来自栽培的粟黍作物，几乎可排除C_3类野生植物性食物对其食谱的贡献，足见粟黍

[①] 王宁、王宇、陶思远、吴倩：《晚商中国（1250~1046 BC）农业制度的优越性研究：来自考古稳定同位素的新证据》，《中国科学：地球科学》2021年第1期。
[②] 王天佑、金普军、马明志：《陕北靖边老坟梁墓葬出土粮食的鉴定及初步分析》，《农业考古》2011年第1期。
[③] 李楠、左豪瑞、杨凡、闫欣、杨颖亮、吴小红、孙战伟：《陕西清涧寨沟遗址后刘家塔商代墓葬科技考古鉴定与分析》，《考古与文物》2024年第2期。

旱作农业对商代晚期黄土高原北部地区家猪饲养业的强势影响力。

辛庄遗址大型食草类家畜黄牛的骨胶原样品的$\delta^{13}C$和$\delta^{15}N$平均值分别为$-12.5±$（±标准偏差）$1.1‰$和$5.8±$（±标准偏差）$0.5‰$，说明黄牛的食谱属于C_3/C_4混合型。考虑其$\delta^{13}C$平均值接近$-12.0‰$，我们认为其主要食物中包含大量栽培粟黍作物，兼有一些C_3类野生陆地植物。如前所述，考虑到黄土高原北部地区在自然地貌与气候条件的相似性，为了更好地认识该地区食草类家畜饲喂模式的历时变化，我们暂将辛庄遗址黄牛、绵羊/山羊的C、N稳定同位素数据与周边其他遗址的进行对比。与陕北龙山晚-二里头时期神圪垯梁黄牛骨骼样品$\delta^{13}C$和$\delta^{15}N$值比较后，我们发现辛庄黄牛与神圪垯梁黄牛的$\delta^{15}N$值无明显差别（student's t-test，$p>0.05$），但辛庄黄牛样品的$\delta^{13}C$值较神圪垯墚遗址的明显较高（student's t-test，$p<0.05$），暗示这些黄牛个体受到粟黍农业食物的影响强于神圪垯梁的黄牛个体。除了之前在石峁遗址的发现外，辛庄有一例黄牛样品的（编号为15T3∶2）的$\delta^{13}C$值也大于$-12.0‰$（$-11.2‰$），表明该个体应该主要摄食栽培粟黍食物，对粟黍农业的依赖程度较其他个体更高，饲喂模式属于舍饲。

另外，1例寨沟家马骨胶原样品的$\delta^{13}C$和$\delta^{15}N$值分别是$-11.9‰$和$5.1‰$，与上述辛庄黄牛的饲养模式较为接近，也摄食了相当数量的栽培粟黍[1]。然而，其他辛庄黄牛个体（$n=3$）摄食更多野生C_3植物，我们推测其饲喂模式可能是以放牧为主，兼有一定舍饲，管理相对前者是粗放的。我们还发现辛庄遗址商代晚期的黄牛与兴县碧村遗址龙山晚-二里头时期黄牛的饲养模式不存在明显

---

[1] 李楠、左豪瑞、杨凡、闫欣、杨颖亮、吴小红、孙战伟：《陕西清涧寨沟遗址后刘家塔商代墓葬科技考古鉴定与分析》，《考古与文物》2024年第2期。

差异(student's t-test，$p<0.05$)。

辛庄遗址绵羊和山羊骨胶原样品($n=9$)的 $\delta^{13}C$ 和 $\delta^{15}N$ 值均没有显著差异(student's t-test，$p>0.05$)，说明辛庄居民对这两类食草家畜的饲养模式相似。这些羊的骨胶原样品的 $\delta^{13}C$ 值处于 $-18.2‰$ 到 $-15.2‰$ 之间，平均值为 $-17.1±(±标准偏差)0.9‰$，$\delta^{15}N$ 值处于 $4.3‰$ 到 $6.3‰$ 之间，平均值为 $5.1±(±标准偏差)0.6‰$，可知绵羊/山羊的食谱类型也多属于 C_3/C_4 混合型。仅 1 例绵羊个体 $\delta^{13}C$ 值小于 $-18‰$，可忽略 C_3 类食物对该个体食谱的贡献。辛庄绵羊/山羊骨骼样品的 $\delta^{13}C$ 值与辛庄遗址黄牛的相比明显较低(student's t-test，$p<0.05$)，与之前龙山晚-二里头时期的神圪垯梁和碧村遗址绵羊/山羊的 $\delta^{13}C$ 值相比同样较低(ANOVA，$p>0.05$)，说明在这些绵羊/山羊的食谱中 C_3 类野生植物的占比相较于同时期黄牛和上述两个时代较早遗址中的绵羊/山羊可能更多。由此看来，黄土高原北部地区晚商时期先民较之前龙山晚-二里头时期先民在绵羊/山羊的养殖上也采取了更为粗放的放牧饲喂策略。另外，寨沟遗址 1 例家马骨胶原样品的 $\delta^{13}C$ 和 $\delta^{15}N$ 值分别是 $-15.2‰$ 和 $5.6‰$，我们认为该个体的饲喂模式也相对接近辛庄多数绵羊/山羊的饲喂模式，主要采取相对粗放的放牧管理策略。

我们还收集了处于中原地区的安阳殷墟遗址出土的商代晚期黄牛、绵羊/山羊的 C、N 稳定同位素古食谱数据与来自辛庄遗址的数据进行比较分析。殷墟商代黄牛骨胶原样品($n=11$)的 C 稳定同位素分析结果显示，其 $\delta^{13}C$ 值处于 $-10.6‰$ 到 $-7.5‰$ 之间，平均值为 $-9.7±0.9‰$，全部大于 $-12.0‰$[1]，可见与辛庄晚商时期

---

[1] 司艺：《2500 BC—1000 BC 中原地区家畜饲养策略与先民肉食资源消费》，中国科学院大学科学技术史博士学位论文，2013 年。

黄牛主体属于 C_3/C_4 混合型饲养模式完全不同（U 检验，$p<0.05$），安阳殷墟商代先民几乎完全依赖粟黍作物（C_4 作物）饲养黄牛，属于舍饲模式。中原地区商代安阳殷墟遗址出土绵羊/山羊（$n=4$）骨胶原 $\delta^{13}C$ 值处于 $-17.9‰$ 到 $-14.8‰$ 之间[①]，平均值为 $-16.0\pm(\pm SD)1.2‰$，与辛庄绵羊/山羊之间没有显著差别（ANOVA，$p>0.05$），说明殷墟地区绵羊/山羊的饲养模式与同时期的黄土高原北部地区的较为接近，属于放牧为主兼有一定舍饲的模式。

综上，我们认为黄土高原北部地区龙山晚-二里头时期已经形成的多样化的家畜饲养业在商代晚期得到了延续与发展。与之前相比，晚商时期家猪和黄牛饲养依赖粟黍农业经济的程度加深，先民对这两类大型家畜的管理可能较为集约化，饲养模式应更多转变为舍饲或半舍饲。而与此同时，先民对绵羊/山羊的饲养模式较以往仍更多采取自然放牧的策略。新出现的家马饲养兼有集约和自然放牧管理模式。在当地粟黍农业经济的支撑下，黄土高原北部商代晚期居民对不同家畜资源管理的认识较之前龙山晚-二里头时期明显提升，而且可能更为专业化。

寨沟遗址位于陕西清涧县解家沟镇寨沟村，是近年来黄土高原北部地区最重要的商代墓葬考古发现，其中"甲"字形大型墓葬出土有大量青铜车马器、玉器、骨器、漆器、龟甲、鳄鱼骨板等遗物并随葬车辆，等级颇高。从目前公布的考古资料看来，寨沟遗址出土晚商人骨的墓葬与殷墟地区高等级贵族墓葬有很多相似之处。田野考古发掘者从墓葬形制和葬俗角度，将寨沟商墓与殷墟商墓进行比较

[①] 司艺：《2500 BC—1000 BC 中原地区家畜饲养策略与先民肉食资源消费》，中国科学院大学科学技术史博士学位论文，2013 年。

后,认为寨沟人群属于李家崖文化的贵族群体①。

2024年李楠等学者对寨沟遗址后刘家塔商代墓葬出土人骨样品进行了C、N稳定同位素分析②,结果显示这些人骨胶原样品$\delta^{13}C$和$\delta^{15}N$平均值分别为$-8.7\pm$(±标准偏差)0.5‰和$10.0\pm$(±标准偏差)0.6‰,结合前文中植物考古和家畜骨骼样品的同位素古食谱分析结果,可知晚商时期寨沟居民的饮食生活主要受到粟黍(C_4类作物)农业经济的影响。与前述龙山晚-二里头时期石峁遗址A类人群相比,寨沟人$\delta^{15}N$平均值增加2.5‰,我们认为寨沟遗址商代晚期人群应摄入了相当多的动物蛋白质。鉴于已公布的黄土高原北部地区商代晚期墓葬出土人骨数量较少,这些贵族阶层的C、N稳定同位素古食谱数据只能部分揭示此时黄土高原北部地区人群的饮食生活状况。

我们汇集了陕北龙山晚期神圪垯梁、木柱柱梁遗址,以及晋西北龙山晚-二里头时期碧村遗址人骨胶原样本的$\delta^{13}C$和$\delta^{15}N$值。上述遗址所在地点大致位于现今400毫米等降水量线附近,自然地貌与气候环境条件相似,因而我们暂将寨沟人骨同位素数据与上述遗址人骨同位素数据进行对比分析。结果显示寨沟人群具有与前述三个龙山时代人群基本相似的饮食生活模式(ANOVA, $p>0.05$)。不过,神圪垯梁和碧村分别有两个个体的C同位素比值出现明显偏负的情况,这可能与龙山晚-二里头时期黄土高原北部地区出现的农业多样化有关,但现有考古证据揭示出陕北地区商代晚

---

① 孙战伟、于有光:《陕西清涧寨沟遗址后刘家塔商代墓葬发掘简报》,《考古与文物》2024年第2期;孙战伟、于有光、种建荣:《陕北商代墓葬初论》,《考古与文物》2024年第2期。
② 李楠、左豪瑞、杨凡、闫欣、杨颖亮、吴小红、孙战伟:《陕西清涧寨沟遗址后刘家塔商代墓葬科技考古鉴定与分析》,《考古与文物》2024年第2期。

期的农业多样化程度降低。

另外,我们还汇集了中原地区晚商时期的殷墟和黄河路109号院遗址出土人骨样品的$\delta^{13}C$值①,并绘制了图6-1。上述两处商代晚期遗址均发现有人骨胶原样品C稳定同位素比值结果相对偏负的情况,甚至上述两处遗址有的个体的$\delta^{13}C$值存在小于-18.0‰的情况,说明这些个体的食谱主要源于C_3(水稻、小麦)食物的影响。寨沟遗址目前不见上述情况(图6-1),进一步印证了我们之前由大植物遗存分析得出的对黄土高原北部地区晚商时期存在单一

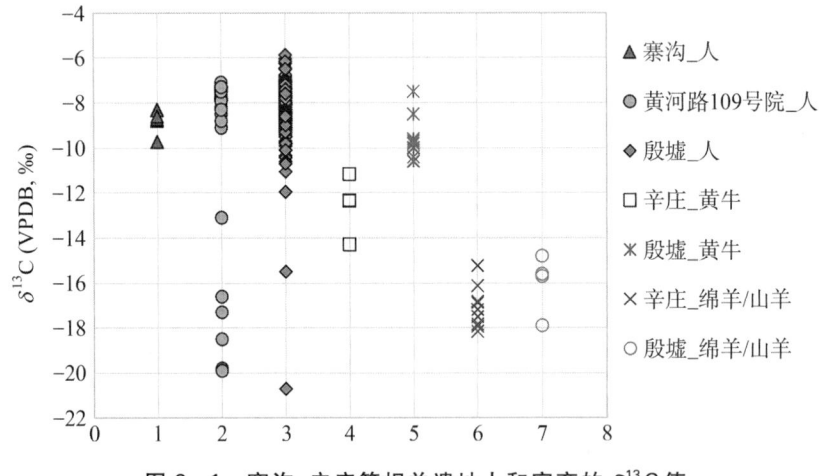

图6-1 寨沟、辛庄等相关遗址人和家畜的$\delta^{13}C$值

---

① 张雪莲、王金霞、冼自强、仇士华:《古人类食物结构研究》,《考古》,2003年第2期;张雪莲、徐广德、何毓灵、仇士华:《殷墟54号墓出土人骨的碳氮稳定同位素分析》,《考古》2017年第3期;司艺、李志鹏:《孝民屯遗址晚商先民的动物蛋白消费及相关问题初探》,《殷都学刊》2017年第3期;王宁、王宇、陶思远、吴倩:《晚商中国(1250~1046 BC)农业制度的优越性研究:来自考古稳定同位素的新证据》,《中国科学:地球科学》2021年第1期;Christina Cheung, Zhichun Jing, Jigen Tang, Darlene A. Weston, and Michael P. Richards, "Diets, Social Roles, and Geographical Origins of Sacrificial Victims at the Royal Cemetery at Yinxu, Shang China: New Evidence from Stable Carbon, Nitrogen, and Sulfur Isotope Analysis", *Journal of Anthropological Archaeology*, 2017, 48, pp. 28-45.

粟黍农业经济状况的判断。

（四）新石器时代晚期至青铜时代早期以粟黍为主食的家猪 $\delta^{15}N$ 值的变化

以往研究者通过对黄土高原北部地区仰韶晚期至商代晚期遗址出土动物遗存的分析，发现家猪是该地区先民长期饲养和开发利用的大型家畜[①]。家猪的食量较大，研究区域内新石器时代晚期至青铜时代早期先民相当依赖于粟黍农业食物来饲喂家猪。在之前第五章，我们通过分析粟黍植物种子的 $\delta^{15}N$ 值，尝试探讨了研究区域内粟黍作物生长的土壤质量的历时性变化。结果表明黄土高原北部地区粟黍农作物的 $\delta^{15}N$ 值在新石器时代晚期至青铜时代早期出现下降趋势（图5-1）。在这样的背景下，我们推测研究区域内仰韶晚期至晚商时期以粟黍为主要食物的家猪的 $\delta^{15}N$ 值在粟黍作物 $\delta^{15}N$ 值下降的情况下也可能出现相应的下降过程。由此可以从侧面印证我们之前对黄土高原北部地区新石器时代晚期至青铜时代早期粟黍农业发展模式认识的正确性。

我们发现研究区域内仰韶晚期家猪（$n=26$）的 $\delta^{15}N$ 值范围是 6.5‰～9.9‰，平均值为 8.0±（±标准偏差）0.8‰；龙山晚-二里

---

① 胡松梅、孙周勇：《陕北靖边五庄果墚动物遗存及古环境分析》，《考古与文物》2005年第6期；胡松梅、杨利平、康宁武、杨苗苗、李小强：《陕西横山县大古界遗址动物遗存分析》，《考古与文物》2012年第4期；胡松梅、孙周勇、杨利平、康宁武、杨苗苗、李小强：《陕北横山杨界沙遗址动物遗存研究》，《人类学学报》2013年第1期；胡松梅、杨瞳、杨苗苗、邵晶、邸楠：《陕西靖边庙梁遗址动物遗存研究兼论中国牧业的形成》，《第四纪研究》2022年第1期；胡松梅、张鹏程、袁明：《榆林火石梁遗址动物遗存研究》，《人类学学报》2008年第3期；胡松梅、杨苗苗、孙周勇、邵晶：《2012～2013年度陕西神木石峁遗址出土动物遗存研究》，《考古与文物》2016年第4期；郭小宁：《陕北地区龙山晚期的生业方式——以木柱柱梁、神圪垯梁遗址的植物、动物遗存为例》，《农业考古》2017年第3期；黄蕴平：《内蒙古朱开沟遗址兽骨的鉴定与研究》，《考古学报》1996年第4期。

头时期家猪($n=32$)δ^{15}N 值范围是 4.3‰~8.5‰,平均值 6.4±(±标准偏差)1.2‰,较仰韶晚期以粟黍为主食的家猪的 δ^{15}N 平均值下降 1.6‰;商代晚期家猪($n=6$)δ^{15}N 范围是 5.8‰~7.7‰,平均值为 6.7±(±标准偏差)0.7‰,与龙山晚-二里头时期以粟黍为主食的家猪的 δ^{15}N 平均值接近。综合考虑上述家猪 δ^{15}N 值和粟黍炭化种子 δ^{15}N 值的历时性变化,我们认为黄土高原北部地区仰韶晚期至晚商时期,在长达 2000 年左右的时间跨度内,当地粟黍作物生长的土壤质量水平可能出现下降过程。在此背景之下,以粟黍作物为主要食物的家猪的 δ^{15}N 值也出现了下降趋势,暗示这些家猪的营养水平从仰韶晚期至晚商时期出现了相应的下降过程。

五、小结

在本章中,我们根据黄土高原北部地区仰韶晚期至晚商时期人类和家畜骨骼样品的 C、N 稳定同位素分析结果,尝试重建了研究区域内上述时段中的人类食谱和家畜饲喂模式,为探讨研究区域内新石器时代晚期至青铜时代早期的农业经济提供了重要线索,结果显示如下。

在仰韶晚期,人类和家犬的食物主要来源于粟黍农业;家猪的食谱较人类和家犬更宽,既有完全以粟黍作物或粟黍作物加工副产品为食的,也有混食栽培粟黍和野生 C_3 植物的;多数家猪的饲喂模式属于舍饲,管理相对集约化,少量家猪的饲喂模式属于放养,管理相对粗放。

在龙山晚-二里头时期,多数人类和家犬的食谱仍主要受到粟黍农业经济的影响,但由于该时段研究区域内的农业和畜牧业出现多样化趋势,少数人类和家犬的食谱中出现较多 C_3 食物的影响;核心聚落——石峁遗址人群饮食模式的复杂程度较其他等级相对较低遗址的更高,食谱更宽;少量家猪的饲喂模式为放养,主要以野生 C_3 植物饲养,数量较仰韶晚期减少;多数家猪的主要摄食栽培粟黍,饲喂模式属于舍饲,数量较仰韶晚期增加,说明此时家猪饲养业更加依赖粟黍农业生产。新引进的食草类家畜品种——黄牛、绵羊/山羊的食谱与家猪、家犬的食谱明显不同;大多数黄牛和绵羊/山羊食谱模式 C_3/C_4 类型,混食 C_3 野生植物和栽培粟黍,属于兼具放牧与舍饲的饲喂模式;少量黄牛的食谱属于 C_4 类型,主要摄食粟黍作物,属于舍饲的饲喂模式;在较低等级的非石城聚落中的黄牛相对高等级石城聚落中的更多依赖放牧的饲喂模式。绵羊/山羊的食谱比黄牛的包含更多野生 C_3 植物,食谱类型多数属于 C_3/C_4 类型,少数属于 C_3 类型,饲喂模式以放牧与舍饲混合为主,有少量个体属于放牧模式。

在商代晚期,研究区域内人类食谱属于 C_4 类型,仍以粟黍食物为主食。相比于龙山晚-二里头时期,此时黄土高原北部的居民对粟黍农业经济的依赖程度加深。同时人骨 $\delta^{15}N$ 值较之前的升高,暗示这些人类个体食谱中的肉食资源增加;家猪 $\delta^{13}C$ 平均值较龙山晚-二里头时期高,而 $\delta^{15}N$ 平均值较之前低,表明家猪主要摄食栽培粟黍作物,饲喂模式属于舍饲;黄牛和绝大多数绵羊/山羊的食谱属于 C_3/C_4 混合型,饲喂模式兼有放牧与舍饲;与绵羊/山羊相比,黄牛对粟黍农业经济的依赖程度高,管理模式相对集约化,而绵羊/山羊更多采取自然放牧的管理策略;新出现的家马的饲喂模式既有舍饲的也兼有舍饲与放牧结合的。总之,粟黍农业经济是黄土高原北部地区新石器时代晚期至青铜时代早期先民饮食和家畜饲养业的重要支撑,牧业经济对农业经济的依赖程度较高。

第七章

野生动物同位素古食谱分析

一、引言

随着更新世晚期人类食物生产的大规模出现和扩散传播,人类行为对自然生态系统变迁的影响力增强,人与动物的相互关系出现了与之前相当不同的变化轨迹①。比如,人类与家犬、家猪的祖先,建立共生互惠关系②,开启了协同演化之路。除了驯化物种外,与人类共存于同一生态环境之中的其他野生动物,有的也容易受到人类生态位构建(human niche construction)的影响③。例如,鼠类动物

---

① Greger Larson, and Dorian Q. Fuller, "The Evolution of Animal Domestication", *Annual Review of Ecology, Evolution, and Systematics*, 2014, 45, pp. 115-136; Melinda A Zeder, "Domestication as a Model System for Niche Construction Theory", *Evolutionary Ecology*, 2016, 30(2), pp. 325-348.

② Loukas Barton, Seth D. Newsome, Fa-Hu Chen, Hui Wang, Thomas P. Guilderson, and Robert L. Bettinger, "Agricultural Origins and the Isotopic Identity of Domestication in Northern China", *Proceedings of the National Academy of Sciences*, 2009, 106(14), pp. 5523-5528;袁靖:《中国动物考古学》,文物出版社 2015 年版。

③ Bruce D. Smith, "Niche Construction and the Behavioral Context of Plant and Animal Domestication", *Evolutionary Anthropology: Issues, News, and Reviews*, 2007, 16(5), pp. 188-199; Lior Weissbrod, Fiona B. Marshall,(转下页)

在人类农业食物大量积累时,经常"不请自来"进入人类的居住区或农田周围,偷食人类生产的农作物,与人类的联系与互动也随之增多,诱发其生存状态较之前发生改变①。有学者将这些野生动物称为寄生物种(parasitic domesticoids)②。这些人类农业聚落周边共生的野生动物是人类农业生态系统的重要组成部分。它们的存在、行为模式和适应性变化能提供多维度信息,帮助我们更好地理解人类农业生态系统的结构、功能和动态变化③。

(接上页)François R. Valla, Hamoudi Khalaily, Guy Bar-Oz, Jean-Christophe Auffray, Jean-Denis Vigne, and Thomas Cucchi, "Origins of House Mice in Ecological Niches Created by Settled Hunter-Gatherers in the Levant 15,000 Y Ago", *Proceedings of the National Academy of Sciences*, 2017, 114(16), pp.4099-4104;武仙竹、Drozdov NI:《试论动物考古中的小哺乳动物研究》,《人类学学报》2016 年第 3 期;Donald K. Grayson, "The Archaeological Record of Human Impacts on Animal Populations", *Journal of World Prehistory*, 2001, 15(1), pp.1-68.

① Martin M. Turcotte, Hitoshi Araki, Daniel S. Karp, Katja Poveda, and Susan R. Whitehead, "The Eco-Evolutionary Impacts of Domestication and Agricultural Practices on Wild Species", *Philosophical Transactions of the Royal Society B: Biological Sciences*, 2017, 372(1712), pp.20160033; Dorian Q. Fuller, Chris J. Stevens, "Open for Competition: Domesticates, Parasitic Domesticoids and the Agricultural Niche", *Archaeology International*, 2017, 20(1), pp.110-121.

② Dorian Q. Fuller, Chris J. Stevens, "Open for Competition: Domesticates, Parasitic Domesticoids and the Agricultural Niche", *Archaeology International*, 2017, 20(1), pp.110-121.

③ Nicole L. Boivin, Melinda A. Zeder, Dorian Q. Fuller, Alison Crowther, Greger Larson, Jon M. Erlandson, Tim Denham, and Michael D. Petraglia, "Ecological Consequences of Human Niche Construction: Examining Long-Term Anthropogenic Shaping of Global Species Distributions", *Proceedings of the National Academy of Sciences*, 2016, 113(23), pp.6388-6396;武仙竹、Drozdov NI:《试论动物考古中的小哺乳动物研究》,《人类学学报》2016 年第 3 期;Bruce D. Smith, "Niche Construction and the Behavioral Context of Plant and Animal Domestication", *Evolutionary Anthropology: Issues, News, and Reviews*, 2007, 16(5), pp.188-199; Bruce D. Smith, "The Ultimate Ecosystem (转下页)

蒙古兔(Lepus tolai)是兔形目兔属的一种小型兔,主要分布在欧亚大陆的北部地区,在我国东北、华北、西北等地区分布广泛[1]。蒙古兔摄食范围广,经常袭击人类栽培的农作物,有的甚至就居住在农田里,在我国北方地区常常是农田害兽[2]。因而,农村聚落周边共生的野兔,在一定程度上,可以视为人类农业生态系统"活的传感器",其分布、行为及生理状态,一方面可以揭示人类农业活动对于自然的干扰方式与强度,而且还能为进一步了解人类与野兔的互动过程,以及野兔对人工环境的适应性演化提供线索。根据现有动物考古证据,蒙古兔骨骼遗存在黄土高原北部地区仰韶晚期遗址中的出土数量较多[3]。其中,在五庄果墚、杨界沙和大古界遗址中出土蒙古兔数量占全部动物骨骼遗存的占比分别为 46％、40％ 和

(接上页)Engineers", *Science*, 2007, 315(5820), pp. 1797-1798; Mark Williams, Jan Zalasiewicz, Colin N. Waters, Matt Edgeworth, Carys Bennett, Anthony D. Barnosky, Erle C. Ellis, et al., "The Anthropocene: A Conspicuous Stratigraphical Signal of Anthropogenic Changes in Production and Consumption across the Biosphere", *Earth's Future*, 2016, 4(3), pp. 34-53; W. F. Ruddiman, D. Q. Fuller, J. E. Kutzbach, P. C. Tzedakis, J. O. Kaplan, E. C. Ellis, S. J. Vavrus, et al., "Late Holocene Climate: Natural or Anthropogenic?", *Reviews of Geophysics*, 2016, 54(1), pp. 93-118; Martin M. Turcotte, Hitoshi Araki, Daniel S. Karp, Katja Poveda, and Susan R. Whitehead, "The Eco-Evolutionary Impacts of Domestication and Agricultural Practices on Wild Species", *Philosophical Transactions of the Royal Society B: Biological Sciences*, 2017, 372(1712), pp. 20160033.

[1] 程承、葛德燕、夏霖、周材权、杨奇森:《中国"草兔"头骨的形态计量学研究》,《兽类学报》2012年第4期。
[2] 禹瀚:《陕北农田害兽初步调查及其防治》,《西北农林科技大学学报(自然科学版)》1958年第2期。
[3] 胡松梅、孙周勇:《陕北靖边五庄果墚动物遗存及古环境分析》,《考古与文物》2005年第6期;胡松梅、孙周勇、杨利平、康宁武、杨苗苗、李小强:《陕北横山杨界沙遗址动物遗存研究》,《人类学学报》2013年第1期;胡松梅、杨利平、康宁武、杨苗苗、李小强:《陕西横山县大古界遗址动物遗存分析》,《考古与文物》2012年第4期。

38%[根据最小个体数(MNI)]①。

在之前的研究中,管理等学者曾对五庄果墚遗址出土的家犬、家猪、蒙古兔和鼠类的骨骼样本进行了 C、N 稳定同位素分析,初步了解了仰韶晚期黄土高原北部地区家畜和野生动物食性及其差异②。在本章中,我们将重点对杨界沙和大古界遗址发现的蒙古兔骨骼样本进行 C、N 稳定同位素研究,结合其他野生动物的同位素古食谱数据及相关研究成果,从野生动物食性变化的角度,进一步探讨黄土高原北部地区史前粟黍农业的发展模式,更全面地了解研究区域内相关时段内人类的农业活动及其生态影响。

二、材料与方法

我们选择杨界沙遗址出土蒙古兔骨提取骨胶原($n=54$),进行了 C、N 稳定同位素分析。同位素测试前的处理程序,主要依据理查兹和赫奇斯在文章中介绍的方法,略作修改③。首先机械去除骨样内外表面的污染物,称取约 0.5~2 克样品,加入 0.5 摩尔/升盐

---

① 胡松梅、孙周勇:《陕北靖边五庄果墚动物遗存及古环境分析》,《考古与文物》2005 年第 6 期;胡松梅、孙周勇、杨利平、康宁武、杨苗苗、李小强:《陕北横山杨界沙遗址动物遗存研究》,《人类学学报》2013 年第 1 期;胡松梅、杨利平、康宁武、杨苗苗、李小强:《陕西横山县大古界遗址动物遗存分析》,《考古与文物》2012 年第 4 期。
② 管理、胡耀武、胡松梅、孙周勇、秦亚、王昌燧:《陕北靖边五庄果墚动物骨的 C 和 N 稳定同位素分析》,《第四纪研究》2008 年第 6 期。
③ M. P. Richards, and R. E. M. Hedges, "Stable Isotope Evidence for Similarities in the Types of Marine Foods Used by Late Mesolithic Humans at Sites Along the Atlantic Coast of Europe", *Journal of Archaeological Science*, 1999, 26(6), pp. 717-722.

酸于 5℃下浸泡，每隔 1~2 天换新鲜酸液，直至骨样松软无气泡为止。之后用去离子水清洗至中性，加入 0.125 摩尔/升氢氧化钠，在室温下浸泡 20 小时，再洗至中性。置入 pH=3 的溶液中，在 70℃下明胶化 48 小时，浓缩并热滤，冷冻干燥后即得到骨骼的胶原蛋白。

所有上述蒙古兔样品骨胶原的测试在中国科学院大学考古学与人类学系实验室完成，获得动物骨胶原的 C、N 含量及 C、N 稳定同位素比值。使用测试仪器为配备有 Vario 元素分析仪的 Isoprime100 稳定同位素质谱仪。C 同位素的分析结果以相对 VPDB 碳同位素丰度比的 $\delta^{13}C$ 表示，N 同位素的分析结果以相对氮气（N_2，气态）的 $\delta^{15}N$ 表示。使用的标准物质分别为 Sulfanilamide、IAEA-600、IEAE-N-1、IAEA-N-2、IAEA-CH-6、USGS-24、USGS 40、USGS41 和一个实验室骨胶原标样（$\delta^{13}C=-14.7\pm0.2‰$；$\delta^{15}N=+7.0\pm0.2‰$），每 10 个样品插入一个标样。$\delta^{13}C$ 值和 $\delta^{15}N$ 值的测试精度均小于±0.2‰。杨界沙遗址两个灰坑出土的蒙古兔骨骼样品，送往美国贝塔实验室（Beta Analytic Inc.），进行 AMS-^{14}C 测年，为杨界沙出土的蒙古兔骨骼提供准确的碳-14 年代信息。

我们还对大古界遗址仰韶晚期房址（F4）出土蒙古兔、黄鼬（*Mustela sibirica*）、狗獾（*Meles leucurus*）、狍（*Capreolus pygargus*）和鹤（*Grus sp.*）的骨骼样品（n=14）提取骨胶原，进行了 C、N 稳定同位素分析。同位素测试前的处理程序，也主要依据理查兹、赫奇斯在文章中介绍的方法，略作修改[①]。首先机械去除骨样内外表面

[①] M. P. Richards, and R. E. M. Hedges, "Stable Isotope Evidence for Similarities in the Types of Marine Foods Used by Late Mesolithic Humans at Sites Along the Atlantic Coast of Europe", *Journal of Archaeological Science*, 1999, 26(6), pp.717-722.

的污染物，称取约 0.5~2 克样品，加入 0.5 摩尔/升盐酸于 5℃下浸泡，每隔 1~2 天换新鲜酸液，直至骨样松软无气泡为止。之后用去离子水清洗至中性，加入 0.125 摩尔/升氢氧化钠，在室温下浸泡 20 小时，再洗至中性。置入 pH=3 的溶液中，在 70℃下明胶化 48 小时，浓缩并热滤，冷冻干燥后即得到骨骼的胶原蛋白。

所有上述大古界动物骨胶原的测试在中国科学院古脊椎动物与古人类研究所人类演化实验室完成，获得动物骨胶原的 C、N 含量及 C、N 稳定同位素比值。使用元素分析仪（FLASH 2000 HT）联用的同位素质谱仪（253 Plus Isotope Ratio Mass Spectrometer），使用的标样分别为 U1（$\delta^{13}C_{VPDB}=-34.1‰$；$\delta^{15}N_{AIR}=0.3‰$）、U2（$\delta^{13}C_{VPDB}=-0.8‰$；$\delta^{15}N_{AIR}=20.2‰$）、U3（$\delta^{13}C_{VPDB}=11.7‰$；$\delta^{15}N_{AIR}=40.6‰$）、IAEA-CH3（$\delta^{13}C_{VPDB}=-24.7‰$）、USGS25（$\delta^{15}N_{AIR}=-30.4‰$）和 IAEA-NO3（$\delta^{15}N_{AIR}=4.7‰$）。C、N 同位素分析精度为±0.2‰。为了明确大古界遗址出土狗獾的碳-14 年代，我们选择 1 例狗獾骨骼样品送往美国贝塔实验室（Beta Analytic Inc.），进行 AMS-^{14}C 测年。

三、结 果

杨界沙和大古界野生动物骨胶原样品的 C/N 摩尔比在 2.9 到 3.6 之间，显示这些动物骨骼保存情况较好，获得的数据可以用于进一步的分析[1]。

---

[1] Michael J. DeNiro, "Postmortem Preservation and Alteration of in Vivo Bone Collagen Isotope Ratios in Relation to Palaeodietary Reconstruction", *Nature*, 1985, 317(6040), pp.806-809.

(一) AMS-^{14}C 测年结果

杨界沙遗址出土蒙古兔骨骼碳-14测年结果如附表一所示,树轮校正曲线采用 IntCal20[①],校正程序采用 OxCal v4.4.4[②]。两例蒙古兔的绝对年代分别处于 4 860—4 805 cal BP 和 4 765—4 690 cal BP,属于仰韶晚期。

大古界遗址出土狗獾骨骼样品碳-14测年结果详见附表一,树轮校正曲线采用 IntCal20[③],校正程序采用 OxCal v4.4.4[④]。这例狗獾骨骼的绝对年代处于 4 400—4 200 cal BP,属于龙山早期。

(二) 杨界沙遗址蒙古兔动物骨骼样本的 δ^{13}C 值和 δ^{15}N 值

杨界沙 54 例蒙古兔骨骼样品的 C、N 稳定同位素结果散点图如彩图 7 所示,蒙古兔 δ^{13}C 值和 δ^{15}N 值的分布范围也较大。其中,δ^{13}C 值的范围是 −21.5‰~−13.9‰,δ^{13}C 值的平均值是 −19.0±1.7‰,δ^{15}N 值的范围是 2.2‰~7.2‰,δ^{15}N 的平均值是 4.2±1.1‰(详见附表六)。在杨界沙蒙古兔样品中大约 80% 的个体的 δ^{13}C 值小于 −18‰,这说明大多数的杨界沙蒙古兔个体属于 C_3 类

---

① Paula J. Reimer, William E. N. Austin, Edouard Bard, Alex Bayliss, Paul G. Blackwell, Christopher Bronk Ramsey, Martin Butzin, et al., "The Intcal20 Northern Hemisphere Radiocarbon Age Calibration Curve (0-55 Cal kBP)", *Radiocarbon*, 2020,62(4), pp.725-757.

② http://c14.arch.ox.ac.uk/oxcal.html.

③ Paula J. Reimer, William E. N. Austin, Edouard Bard, Alex Bayliss, Paul G. Blackwell, Christopher Bronk Ramsey, Martin Butzin, et al., "The Intcal20 Northern Hemisphere Radiocarbon Age Calibration Curve (0-55 Cal kBP)", *Radiocarbon*, 2020,62(4), pp.725-757.

④ http://c14.arch.ox.ac.uk/oxcal.html.

型的食谱,主要摄食食物是 C_3 类的野生草本植物或灌木。除此之外,还有约 20% 的蒙古兔个体的 $\delta^{13}C$ 值处于 $-18‰$ 至 $-12‰$ 之间,属于 C_3/C_4 混合食物类型。值得关注的是,杨界沙 1 例编号为 16Y33 的蒙古兔骨胶原样品具有相对较高的 $\delta^{13}C$ 值($-13.9‰$)和 $\delta^{15}N$ 值($7.2‰$)(彩图 7,附表六),说明这个蒙古兔个体的食谱中包含相当多的 C_4 食物。

(三) 大古界遗址野生动物骨骼样本的 $\delta^{13}C$ 值和 $\delta^{15}N$ 值

如彩图 8 所示,详见附表六,大古界 1 例鹤的骨骼样品 $\delta^{13}C$ 值相对最低为 $-23.2‰$,而其 $\delta^{15}N$ 值则最高为 $12.5‰$。通常来说,因为水生环境(淡水或海水)的食物链比陆地环境更长,同样营养级的水生动物一般具有比陆地动物更高的 $\delta^{15}N$ 值[①]。如此来看,大古界出土鹤的食物可能主要来自水生环境。考虑到摄食海洋性资源的动物 $\delta^{13}C$ 值接近 $-13‰$[②],而大古界鹤的明显偏负,我们认为该个体并不摄入海洋性食物资源,应该生存于陆地湖泊或河流环境周边,主要摄食淡水鱼类、软体动物等。

大古界 2 例黄鼬骨骼样品的 $\delta^{13}C$ 值分别是 $-16.2‰$ 和 $-19.3‰$,$\delta^{15}N$ 值分别为 $8.8‰$ 和 $8.7‰$。两者的 N 稳定同位素比值差异不大,说明它们的营养级相同,不过两个个体的 C 稳定同位素比值存在较明显的差别,可知两者食谱分别属于 C_3/C_4 混合类型和 C_3 类型。其中,$\delta^{13}C$ 值相对偏正的黄鼬个体的食谱中具有相当

---

① Margaret J. Schoeninger, "Stable Isotope Analyses and the Evolution of Human Diets", *Annual Review of Anthropology*, 2014, 43, pp.413-430.

② Keith A. Hobson, "Use of Stable-Carbon Isotope Analysis to Estimate Marine and Terrestrial Protein Content in Gull Diets", *Canadian Journal of Zoology*, 1987, 65(5), pp.1210-1213.

数量的 C_4 食物。大古界遗址 1 例狗獾骨骼样品的 $\delta^{13}C$ 值和 $\delta^{15}N$ 值分别是 $-6.8‰$ 和 $7.4‰$，相较于大古界其他动物，该个体的 $\delta^{13}C$ 值最高。相比于大古界的黄鼬，其 $\delta^{15}N$ 值降低约 $1.3‰$，而 $\delta^{13}C$ 值大于 $-12‰$，属于 C_4 类型的食谱结构，C_3 食物对其食谱的影响可以忽略不计。

大古界 7 例蒙古兔骨骼样品的 C、N 稳定同位素结果散点图如彩图 7 所示，蒙古兔 $\delta^{13}C$ 值的范围是 $-20.0‰\sim-18.5‰$，$\delta^{15}N$ 值的分布范围是 $3.6‰\sim5.4‰$（详见附表六）。除此之外，大古界 3 例狍骨骼样品 $\delta^{13}C$ 值的范围是 $-20.2‰\sim-19.4‰$，$\delta^{15}N$ 值的分布范围是 $4.9‰\sim6.8‰$（详见附表六）。全部蒙古兔与狍样品的 $\delta^{13}C$ 值均小于 $-18‰$，这说明这两类食草动物主要摄食 C_3 类野生植物；两者相对较低的 $\delta^{15}N$ 值表明这两类食草动物的营养级相对较低。

四、讨 论

（一）粟黍农业扩张对野生动物食谱的影响

作为人类重要的生态位构建方式，农业的起源与传播扩散对地球生态系统影响显著[①]。已有考古证据表明，从新石器时代中晚期

[①] Dorian Q. Fuller, Chris J. Stevens, "Open for Competition: Domesticates, Parasitic Domesticoids and the Agricultural Niche", *Archaeology International*, 2017, 20(1), pp. 110-121; Nicole L. Boivin, Melinda A. Zeder, Dorian Q. Fuller, Alison Crowther, Greger Larson, Jon M. Erlandson, Tim Denham, and Michael D. Petraglia, "Ecological Consequences of Human Niche Construction: Examining Long-Term Anthropogenic Shaping of Global Species Distributions", *Proceedings of the National Academy of Sciences*, 2016, 113(23), pp. 6388-6396.

开始,粟黍农业在我国黄土高原地区广泛传播扩散①。在此过程中,黄土高原地区的人类遗址数量增长,聚落面积扩大,粟黍农业活动的影响范围也更快拓展。越来越多的农业食物生产活动,对人类聚落或农田周边的野生动物产生越来越强的外在压力。在这样的背景下,一些小型哺乳动物与人类因食物而联系,互动愈加密切。

梳理黄土高原地区新石器时代小型哺乳动物的同位素古食谱数据后,我们发现新石器时代晚期有一些鼠类动物骨胶原的 $\delta^{13}C$ 值相对较高。比如,胡耀武等学者在关中地区距今约5 300年的陕西华县泉护村遗址,发现1例中华鼢鼠(*Myospalax* sp.)骨胶原样品的 $\delta^{13}C$ 值为 $-8.5‰$②,其食谱模式与同一遗址家猪和家犬的相似。研究显示全新世时期黄土高原地区的自然植被以 C_3 类植物为主③。比较分析泉护村遗址人类、家畜和其他野生动物的同位素古食谱数据后,可知上述中华鼢鼠的食物中应包含大量栽培粟黍④。此外,在泉护村遗址还有3例小型猫科动物(Felidae)骨骼样品 $\delta^{13}C$

---

① 董广辉、张山佳、杨谊时、陈建徽、陈发虎:《中国北方新石器时代农业强化及对环境的影响》,《科学通报》2016年第26期。
② Yaowu Hu, Songmei Hu, Weilin Wang, Xiaohong Wu, Fiona B. Marshall, Xianglong Chen, Liangliang Hou, and Changsui Wang, "Earliest Evidence for Commensal Processes of Cat Domestication", *Proceedings of the National Academy of Sciences*, 2014, 111(1), pp.116-120.
③ Shiling Yang, Zhongli Ding, Yangyang Li, Xu Wang, Wenying Jiang, and Xiaofang Huang, "Warming-Induced Northwestward Migration of the East Asian Monsoon Rain Belt from the Last Glacial Maximum to the Mid-Holocene", *Proceedings of the National Academy of Sciences*, 2015, 112(43), pp.131781-13183.
④ Yaowu Hu, Songmei Hu, Weilin Wang, Xiaohong Wu, Fiona B. Marshall, Xianglong Chen, Liangliang Hou, and Changsui Wang, "Earliest Evidence for Commensal Processes of Cat Domestication", *Proceedings of the National Academy of Sciences*, 2014, 111(1), pp.116-120.

值和 $\delta^{15}N$ 值相对较高,平均值分别为 -14.0 ± 1.6(±标准偏差)‰和 7.6 ± 1.3(±标准偏差)‰,应摄食了相当数量的 C_4 食物。结合该遗址发现以粟黍为食的鼠类动物,研究者推测在新石器时代晚期关中地区粟黍农业扩张发展背景下,人与小型猫科动物已经建立起了互利互惠的共生关系,它们的食谱明显受到粟黍农业的影响①。在黄土高原北部地区,管理等研究者在仰韶晚期(距今 5 000~4 500 年)的五庄果墚遗址,也发现中华鼢鼠和褐家鼠(Rattus norvegicus)骨骼样品的 $\delta^{13}C$ 值明显较高,其 $\delta^{13}C$ 值分别为 -11.6‰和 -9.3‰,说明它们也摄入了相当多人类栽培的粟黍②。

除了鼠类和小型猫科动物之外,陈相龙等学者在陕西铜川仰韶晚期瓦窑沟遗址(距今 6 500~6 000 年)发现 3 例雉鸡(Gallus sp.)骨骼样品的 $\delta^{13}C$ 值分别为 -16.9‰、-16.8‰和 -15.7‰;在关中地区龙山时代的陕西高陵东营遗址(距今 4 600~4 000 年)发现 1 例雉鸡(Gallus sp.)骨骼样本的 $\delta^{13}C$ 值为 -12‰。在黄土高原北部地区,侯亮亮等人在龙山晚-二里头时期的山西兴县碧村遗址发现 2 例鸟类动物骨骼样品的 $\delta^{13}C$ 值和 $\delta^{15}N$ 值分别为 -13.9‰、6.0‰和 -15.1‰、7.6‰③。上述发现表明粟黍农业对人类聚落周边鸟类动物食谱产生越来越多的影响,一定程度上与黄土高原地区

---

① Yaowu Hu, Songmei Hu, Weilin Wang, Xiaohong Wu, Fiona B. Marshall, Xianglong Chen, Liangliang Hou, and Changsui Wang, "Earliest Evidence for Commensal Processes of Cat Domestication", *Proceedings of the National Academy of Sciences*, 2014, 111(1), pp.116-120.
② 管理、胡耀武、胡松梅、孙周勇、秦亚、王昌燧:《陕北靖边五庄果墚动物骨的 C 和 N 稳定同位素分析》,《第四纪研究》2008 年第 6 期。
③ Liangliang Hou, Liuhong Yang, Binxin Wang, Yao Jia, and Guanghui Zhang, "The Subsistence Economy on the Northwest Edge of the Loess Plateau During C. 4000 a BP: Evidence from Stable Isotopes", *Journal of Archaeological Science: Reports*, 2022, 45, pp.103616.

粟黍农业在新石器时代中、晚期的扩张发展过程相呼应①。

(二) 粟黍农业扩张对野兔食性的影响

在以往的研究中,学者通过对我国北方地区出土野兔骨骼样品的 C、N 稳定同位素分析,发现野兔的 $\delta^{13}C$ 值($<-18‰$)和 $\delta^{15}N$ 值均较低,表明这类小型食草动物主要以 C_3 野生植物为食②。例如,刘歆益等学者在内蒙古敖汉旗兴隆沟遗址发现 1 例兴隆洼时期(距今 8 200~7 400 年)野兔骨胶原的 $\delta^{13}C$ 值和 $\delta^{15}N$ 值分别为 $-23.5‰$ 和 $1.4‰$。胡耀武等研究者在距今约 5 300 年的泉护村遗址发现 1 例野兔骨胶原样品的 $\delta^{13}C$ 值和 $\delta^{15}N$ 值分别为 $-20.1‰$ 和 $4.4‰$。王欣等人在陕西白水下河遗址仰韶晚期至庙底沟二期(距今 5 200~4 200 年)发现 2 例野兔骨胶原的 $\delta^{13}C$ 值和 $\delta^{15}N$ 值分别为 $-18.6‰$、$2.3‰$ 和 $-18.8‰$、$5.2‰$。管理等研究者发现 3 例陕西榆林五庄果墚遗址仰韶晚期(距今 5 000~4 500 年)蒙古兔骨胶原样品的 $\delta^{13}C$ 值的范围为 $-19.3‰~-18.0‰$,平均值为 $-18.6±0.5$(±标准偏差)‰;$\delta^{15}N$ 值的范围 $4.8‰~5.0‰$,平均

---

① X. L. Chen, S. M. Hu, Y. W. Hu, W. L. Wang, Y. Y. Ma, P. Lü, and C. S. Wang, "Raising Practices of Neolithic Livestock Evidenced by Stable Isotope Analysis in the Wei River Valley, North China", *International Journal of Osteoarchaeology*, 2016, 26(1), pp. 42-52.

② Xinyi Liu, Martin K. Jones, Zhijun Zhao, Guoxiang Liu, and Tamsin C. O'Connell, "The Earliest Evidence of Millet as a Staple Crop: New Light on Neolithic Foodways in North China", *American Journal of Physical Anthropology*, 2012, 149(2), pp. 283-290; Hu, Yaowu, Songmei Hu, Weilin Wang, Xiaohong Wu, Fiona B. Marshall, Xianglong Chen, Liangliang Hou, and Changsui Wang, "Earliest Evidence for Commensal Processes of Cat Domestication", *Proceedings of the National Academy of Sciences*, 2014, 111(1), pp. 116-120;管理、胡耀武、胡松梅、孙周勇、秦亚、王昌燧:《陕北靖边五庄果墚动物骨的 C 和 N 稳定同位素分析》,《第四纪研究》2008 年第 6 期。

值为 4.8±0.1(±标准偏差)‰。

在本章中,同位素古食谱数据显示大古界 7 例仰韶晚期(距今 5 000~4 500 年)蒙古兔的食谱模式与同一遗址 3 例狍的接近(见彩图 8),均属于 C_3 模式。两者的 $\delta^{13}C$ 值均小于 -18‰,$\delta^{15}N$ 值的范围是 3.6‰~6.8‰,可知二者主要摄食 C_3 植物性食物,来自野生草本植物或小灌木等。在仰韶晚期(距今 5 000~4 500 年)的杨界沙遗址,我们发现 54 例蒙古兔样品 $\delta^{13}C$ 值的范围较宽,从 -21.5‰ 到 -13.9‰,$\delta^{15}N$ 值的范围是 2.2‰~7.2‰(见彩图 7)。其中 80% 的蒙古兔样品的 δ^{13} 值低于 -18.0‰,表明这类数量较多的蒙古兔个体主要摄食野生 C_3 植物。不过,杨界沙遗址有大约 20% 的蒙古兔个体的 $\delta^{13}C$ 值较高,处于 -17.7‰~-13.9‰,显示在这些蒙古兔的食谱中 C_4 类食物占比相对较大。它们的食谱模式是 C_3/C_4 混合模式,与该遗址其他大多数蒙古兔的食谱模式存在较大差别。其中,1 例蒙古兔的 $\delta^{13}C$ 值为 -13.9‰,$\delta^{15}N$ 值为 7.2‰,碳-14 测年结果为 4850—4790 cal BP。上述发现为科学认识新石器时代晚期黄土高原北部地区粟黍农业的扩张发展提供了新的线索。

梳理和比较分析我国北方地区已发表的野兔的同位素古食谱数据,我们发现前述可能摄食了相当数量栽培粟黍的野兔在其他遗址也有发现。例如,张全超等人在地处科尔沁草原腹地的哈民忙哈遗址,发现 1 例相当于红山晚期(距今 5 600~5 100 年)的野兔骨胶原的 $\delta^{13}C$ 值和 $\delta^{15}N$ 值分别为 -17.7‰ 和 4.4‰[1]。陈相龙等人在位于陕西高陵的东营遗址发现 1 例龙山时期(距今 4 600~4 000

---

[1] 张全超、孙语泽、侯亮亮、吉平、朱永刚:《哈民忙哈遗址人和动物骨骼的 C、N 稳定同位素分析》,《人类学学报》2022 年第 2 期。

年)野兔骨胶原样品的$\delta^{13}C$值和$\delta^{15}N$值分别为$-16.5‰$和$5.3‰$。佩特拉·瓦伊格洛娃(Petra Vaiglova)等人在河西走廊的西河滩遗址(距今4 000～3 300年)发现2例野兔中有1例的骨胶原$\delta^{13}C$值和$\delta^{15}N$值,分别为$-14.3‰$和$5.9‰$[①]。兰栋在渭北黄土高原沟壑区先周至西周时期(距今4 000～3 300年)的陕西省淳化枣树沟脑遗址,发现1例野兔骨胶原的$\delta^{13}C$值和$\delta^{15}N$值分别为$-16.3‰$和$5.9‰$,占全部野兔的50%[②]。周立刚等学者在华北平原东周时期(距今2 700～2 200年)河南淇县宋庄遗址发现2例野兔骨胶原的$\delta^{13}C$值和$\delta^{15}N$值分别为$-12.9‰$、$4.5‰$和$-15.4‰$、$5.3‰$,占比也为50%[③]。综上,我们发现在我国北方地区伴随新石器时代晚期粟黍农业的扩张发展,蒙古兔这类小型哺乳动物的食谱中可能逐渐出现了较多栽培粟黍食物。在人类农业活动越来越多影响野兔栖息地的过程中,人类与野兔之间的互动较以往更为复杂。二者可能建立了共生的(commensal)关系,野兔可视为寄生物种。从这个角度看,研究区域内野兔食性的变化轨迹一定程度上记录了粟黍农业活动对区域内自然生态系统影响的历史过程。

(三)栽培粟黍对狗獾、黄鼬食性的影响

狗獾体重为3.5～17千克,属于杂食性动物,摄食广泛,食量较

[①] Petra Vaiglova, Rachel E. B. Reid, Emma Lightfoot, Suzanne E. Pilaar Birch, Hui Wang, Guoke Chen, Shuicheng Li, Martin Jones, and Xinyi Liu, "Localized Management of Non-Indigenous Animal Domesticates in Northwestern China During the Bronze Age", *Scientific Reports*, 2021, 11(1), pp. 15764.

[②] 兰栋:《陕西淳化枣树沟脑遗址出土人和动物骨骼的同位素分析》,西北大学考古学硕士学位论文,2017年。

[③] Ligang Zhou, Shugang Yang, Zhaohui Han, Lei Sun, and Sandra J. Garvie-Lok, "Social Stratification and Human Diet in the Eastern Zhou China: An Isotopic View from the Central Plains", *Archaeological Research in Asia*, 2019, 20, pp. 100162.

大,其中植物根、茎和果实等在其食谱中占据比较重要的位置;同时它们也摄食无脊椎动物和小型哺乳动物等。我们发现大古界遗址1黄鼬和1个狗獾样品的$\delta^{13}C$值相对其他野生动物样品来说明显更高(见彩图8),表明C_4食物在其食谱中占据较大比重。其中,狗獾的碳-14测年结果显示其年代为距今4 400～4 200年左右,属于龙山早期,其$\delta^{13}C$值为$-6.8‰$,完全属于依赖C_4食物为食的生存状态。

梳理以往相关同位素古食谱数据可知,刘歆益等人在兴隆沟遗址曾发现2例兴隆洼时期(距今8 200～7 400年)狗獾骨胶原的$\delta^{13}C$值处于$-18‰$至$-12‰$之间,食谱模式属于C_3/C_4混合型,应该摄食相当数量的粟黍食物[①]。另外,王欣等研究者曾报道陕西白水河流域新石器时代晚期遗址出土动物骨骼的C、N稳定同位素分析结果[②]。其中,一个狗獾个体也属于C_3/C_4混合的食谱类型;其他两个狗獾个体骨胶原的$\delta^{13}C$值均大于$-12‰$,说明它们食谱模式为C_4类型,与同一地区家猪的食性相似。相比来说,大古界狗獾的$\delta^{13}C$值更为偏正,暗示其C_4食物消费数量可能更多。在此背景下,我们推测大古界狗獾的食谱受到了粟黍农业的显著影响,也属于在人类聚落周边的一种寄生物种。

黄鼬(*Mustela sibirica*)相较于狗獾来说体型较小,它们的栖息

---

① Xinyi Liu, Martin K. Jones, Zhijun Zhao, Guoxiang Liu, and Tamsin C. O'Connell, "The Earliest Evidence of Millet as a Staple Crop: New Light on Neolithic Foodways in North China" *American Journal of Physical Anthropology*, 2012, 149(2), pp.283-290.
② Xin Wang, Benjamin T. Fuller, Pengcheng Zhang, Songmei Hu, Yaowu Hu, and Xue Shang, "Millet Manuring as a Driving Force for the Late Neolithic Agricultural Expansion of North China", *Scientific Reports*, 2018, 8(1), pp.5552.

环境多样,食性也相当广泛,常常捕食小田鼠、老鼠和鼠兔等啮齿动物。因此,我们推测大古界遗址 $\delta^{13}C$ 值相对较高的黄鼬与前述关中地区泉护村遗址发现的野猫的食谱模式相似,主要摄食偷食栽培粟黍的啮齿类动物等。前述研究表明,粟黍农业在新石器时代晚期的黄土高原地区出现了扩张发展的趋势。逐渐积累的粟黍农业食物,为人类与生存于同一生态系统中的野生动物的互动与协同演化过程,增加了新的选择压力①。聚集起来的粟黍作物和偷食农业食物的"不速之客"——啮齿类动物等的大量出现,像黄鼬之类捕食者受到了更多食物的吸引,而进入人类的聚落,最终引发了部分共生动物个体食性和生存状态的改变,可见粟黍农业已深度介入全新世

---

① Dorian Q. Fuller, Chris J. Stevens, "Open for Competition: Domesticates, Parasitic Domesticoids and the Agricultural Niche", *Archaeology International*, 2017, 20(1), pp. 110-121; Nicole L. Boivin, Melinda A. Zeder, Dorian Q. Fuller, Alison Crowther, Greger Larson, Jon M. Erlandson, Tim Denham, and Michael D. Petraglia, "Ecological Consequences of Human Niche Construction: Examining Long-Term Anthropogenic Shaping of Global Species Distributions", *Proceedings of the National Academy of Sciences*, 2016, 113(23), pp. 6388-6396;武仙竹、Drozdov NI:《试论动物考古中的小哺乳动物研究》,《人类学学报》2016年第3期;Bruce D. Smith, "Niche Construction and the Behavioral Context of Plant and Animal Domestication", *Evolutionary Anthropology: Issues, News, and Reviews*, 2007, 16(5), pp. 188-199; Bruce D. Smith, "The Ultimate Ecosystem Engineers", *Science*, 2007, 315(5820), pp. 1797-1798; Mark Williams, Jan Zalasiewicz, Colin N. Waters, Matt Edgeworth, Carys Bennett, Anthony D. Barnosky, Erle C. Ellis, et al., "The Anthropocene: A Conspicuous Stratigraphical Signal of Anthropogenic Changes in Production and Consumption across the Biosphere", *Earth's Future*, 2016, 4(3), pp. 34-53; W. F. Ruddiman, D. Q. Fuller, J. E. Kutzbach, P. C. Tzedakis, J. O. Kaplan, E. C. Ellis, S. J. Vavrus, et al., "Late Holocene Climate: Natural or Anthropogenic?", *Reviews of Geophysics*, 2016, 54(1), pp. 93-118; Martin M. Turcotte, Hitoshi Araki, Daniel S. Karp, Katja Poveda, and Susan R. Whitehead, "The Eco-Evolutionary Impacts of Domestication and Agricultural Practices on Wild Species", *Philosophical Transactions of the Royal Society B: Biological Sciences*, 2017, 372(1712), pp. 20160033.

晚期黄土高原北部地区生态系统的物质循环。

五、小结

本章重点分析了黄土高原北部地区仰韶晚期（距今 5 000～4 500 年）杨界沙遗址出土蒙古兔骨骼和大古界遗址出土狗獾、黄鼬骨骼样品的 C、N 稳定同位素古食谱数据，比较新的研究结果与其他相关同位素数据，我们发现该地区存在一些蒙古兔、狗獾和黄鼬个体 $\delta^{13}C$ 值显著高于自然 C_3 植物生态系统的典型范围（—24‰至—20‰），表明其食谱中粟黍类 C_4 植物的摄入比例应该达到相当大比重，可见该时期粟黍农业对区域生态系统的影响加深。我们推测随着黄土高原北部新石器时代晚期人类聚落数量和规模的扩张，蒙古兔等野生动物原有栖息地逐渐破碎化，迫使其活动范围向人类聚居区收缩，进而通过取食农田作物、废弃物等方式改变了食性。这为理解黄土高原北部新石器晚期粟黍农业扩张生态效应提供了关键考古学证据。

第八章

总结与展望

"庙底沟时代"结束后,历经仰韶中期沿黄河河谷北上的粟作农业人群的拓殖,黄土高原北部地区从仰韶晚期开始形成了独特的文化风格与发展道路,在龙山时代跃变为中国文明化进程中的一颗明星[①]。韩建业曾将该地区的史前社会演进过程归纳为"北方模式",强调该地居民对全新世晚期气候干旱化的适应是该模式形成与发展的基础[②]。张弛则通过生业、聚落和器物等考古证据的时空变化,厘清了包括黄土高原北部在内的"北方地区"从仰韶时代至龙山时代,由欧亚大陆青铜时代全球化助力,经历了从"原生经济文化体"向"新生经济文化体"的转变,强调"半农半牧"的新经济形式对这一地区社会复杂化进程和"农牧交错带"形成的奠基意义[③]。本研究在集成创新的基础上,对黄土高原北部地区新石器时代晚期至青铜时代早期考古遗址出土的植物、人和动物骨骼样品开展了综合研究,揭示出中国早期文明演进过程中"北方模式"的农业经济特

[①] 孙周勇:《公元前第三千纪北方地区社会复杂化过程考察——以榆林地区考古资料为中心》,《考古与文物》2016年第4期。

[②] 韩建业:《略论中国铜石并用时代社会发展的一般趋势和不同模式》,《古代文明(辑刊)》,2003年第2期。

[③] 张弛:《龙山-二里头——中国史前文化格局的改变与青铜时代全球化的形成》,《文物》2017年第6期;张弛:《衰落与新生:论中国北方新石器时代两层经济文化体》,《考古》2024年第12期。

征,加深了对该地区生业经济由"原生"向"新生"转变过程中农业经济的长时段变化轨迹与发展模式的认识,为进一步深描古代中国文明化多线发展进程[①]提供了新线索。

一、主要研究结论

(一)作物组合分析结果显示,新石器时代晚期至青铜时代早期(距今5000~3000年)黄土高原北部地区农业经济的最大特点是以适应干旱的环境条件为导向,农业生产始终以粟和黍两种小米为主。其中,仰韶晚期至龙山早期黄土高原北部是以黍为主的粟黍农业模式。黍相较于粟来说,抗旱属性更强,说明该地先民在农业生产中优先考虑干旱环境适应。进入龙山晚-二里头时期,一些等级较低或面积较小的遗址居民仍然持续以黍为主的粟黍农业模式。而大型核心聚落或高等级遗址中的作物组合由以黍为主的作物布局转变为以粟为主,有少量的稻作农业因素引入。商代晚期先民保持以粟为主的粟黍农业发展模式,目前未见到水稻和麦类作物的农业因素。在青铜时代早期人口压力的影响下,黄土高原北部地区核心聚落的农业生产中先民增加了产量相对较高的粟在农业系统中的比重,一定程度上提高了粟黍食物的总产量。在石峁、碧村遗址发现稻作农业因素,也有利于提升农业产量。上述农业多样化也可视为当地农业生产出现了一些集约化的倾向,但受到干冷气候环境的限制,集约化农业生产模式的发展潜力不足。

[①] 戴向明:《中国史前社会的阶段性变化及早期国家的形成》,《考古学报》2020年第3期。

（二）作物种子尺寸分析结果显示，从新石器时代晚期至青铜时代早期（距今 5000～3000 年），黄土高原北部地区旱作农业生产中的粟出现种子尺寸变小趋势，而黍的种子尺寸略有增大。龙山晚期开始，黄土高原北部地区的社会复杂化加剧、人口激增，促进了区域内农业资源的竞争与控制加剧。在此背景下，环境适应性差异、作物过密种植、开发贫瘠土地、黄土土壤退化，乃至食物加工与饮食实践差异等均会影响粟、黍种子尺寸大小。不过，总的来说两种小米籽粒长度和宽度的变化幅度较小。由此可见，黄土高原北部先民通过两种小米籽粒增大来提高作物单位面积产量获得粟黍食物总产量增加的潜力并不大。综合考虑该地区相关时段内气候环境总体状况与干冷化趋势，可知此时黄土高原北部地区的粟黍农业不适合集约化的发展模式，而通过粗放化生产经营，扩张耕种面积应是更加有效地增加粟黍食物总产量的途径。

（三）作物种子同位素分析结果显示，新石器时代晚期至青铜时代早期（距今 5000～3000 年）黄土高原北部地区考古遗址出土炭化粟、黍种子的 $\delta^{15}N$ 值高于较少受到人类干预的自然植被，说明栽培粟黍可能受到了人类农田管理行为的影响。不过，在此时段内，栽培粟黍 $\delta^{15}N$ 平均值从较高水平下降至较低水平，暗示研究区域内土壤质量水平出现了持续下降的变化过程。综合考虑其他考古证据，我们认为为了养活黄土高原北部青铜时代早期社会复杂化与文明化过程中更多的城市人口，在气候明显干冷化、社会间资源竞争与掠夺加剧的背景下，人们的粟黍农业生产，一方面存在过度开发导致的"资源榨取"，让土地超出了其自然恢复的能力，加之该地区易发水肥流失，加剧土壤营养水平的下降，导致粟黍的 $\delta^{15}N$ 平均值也出现了相应的降低；另一方面，粟黍单产潜力不足，会促使先民选择通过扩张耕地面积来维持或提高农业总产量，当地农业经济更加以粗放化扩张的发展模式为主。但这种短期增收的代价是长期系统风险,例如单位面积内的农田管理技术投入(如施肥)的不足导致粟黍农田质量水平出现下降。如此产生的"低水平农业生产"可能助推了当地生业模式向着"半农半牧"的方向转变。

(四)人与家畜同位素古食谱分析结果显示:仰韶晚期黄土高原北部地区人、犬主食粟黍农业产品;家猪呈现多样化食谱,包含粟黍食物和野生C_3植物,以舍饲为主兼具少量放养。龙山晚-二里头时期该地区农业经济多元化导致人、犬食谱出现C_3食物补充(来自稻作农业),核心聚落(如石峁)饮食结构更为复杂。家猪饲养业更加依赖粟黍农业生产,舍饲比例显著增加。新引入的黄牛与绵羊/山羊形成差异化饲养体系,前者倾向粟黍补充的混合饲喂,后者更多依赖野生C_3植物,且聚落等级差异影响这些动物的饲养模式。商代晚期先民对粟黍农业的依赖度更高,肉食摄入增加。家猪完全转向粟黍舍饲。黄牛与绵羊/山羊维持混合饲养,但黄牛管理更趋舍饲,绵羊偏重自然放牧。新增家马采用舍饲或半舍饲模式。该演变过程清晰反映了粟黍农业对畜牧经济的持续强化作用,以及社会复杂化进程对畜牧资源管理专业化的深层影响。

(五)野生动物同位素古食谱分析结果显示,黄土高原北部地区仰韶晚期(距今5 000~4 500年)时,伴随粟黍农业传播扩散,蒙古兔的生存空间受到挤压,有相当多个体可能频繁出现在人类聚落中或周边区域,导致这些野兔个体相较于其他多数个体发生了食性的改变。不仅如此,仰韶晚期(距今5 000~4 500年)大古界遗址出土狗獾、黄鼬的食谱也受到了栽培粟黍相当大的影响。综合看来,新石器时代晚期黄土高原地区人与动物协同演化和密切互动过程中粟黍农业扩张发展一个重要的驱动因素。反之,上述野生动物的食性受到栽培粟黍的明显影响,也是黄土高原北部地区从新石器时代晚期逐渐形成农业扩张发展模式的历史见证。

二、不足与展望

就现状来看，黄土高原北部地区的植物考古、动物考古、人骨考古的研究工作积累了相当数量的研究材料和研究数据，但这些植物、动物和人骨等生物考古发现对于全面探讨当地早期文明化和社会复杂化过程中的经济基础、发展模式等核心问题还相对不足。特别是现有做研究工作的遗址的时空分布不平衡，极大限制了不同区域、不同聚落的对比分析，需要继续探索。人类的农业经济受到自然与社会文化的多重因素影响。通过植物考古、稳定同位素分析获取的生物考古信息和证据，仅是提供了了解人类农业经济的一些线索。本书对于农业发展模式的认识也是"沙里淘金"，是在残破不全的历史痕迹中找寻历史真相。仍需要借助更多的科学分析手段，提取更多关于古代人类农业活动各个环节的考古信息，获取更多的科学证据，构建更加完善的证据链。

农业作为文明发展的基础要素，在中国文明起源研究中具有核心地位。中华文明的形成并非源于单一中心，而是萌发于新石器时代就已形成的八大文化区：甘青区、中原区、海岱区、燕辽区、北方区、巴蜀区、两湖区和江浙区[①]。这些地理单元因自然禀赋与生态环境的差异，在作物驯化、耕作技术及社会组织方面呈现出不同的发展轨迹。通过对各区域作物组合结构、农田管理技术及聚落形态

---

① 戴向明：《中国史前社会的阶段性变化及早期国家的形成》，《考古学报》2020年第3期。

的系统研究,我们得以构建起多维度的区域农业经济发展模型。未来更多基于地理单元的不同区域的比较研究,不仅能揭示粟黍农业与稻作农业、麦作农业在不同文明板块中的支撑作用,更能深度解析资源利用方式与文明演进路径之间的耦合关系,为破译中国早期文明形成过程中农业经济的基础性作用,理解长时段的人地关系,提供关键性学术路径。

附　　录

附表一　本研究相关遗址的 AMS-^{14}C 测年及树轮校正结果（树轮校正曲线采用 IntCal20[①]，树轮校正程序采用 OxCal v4.4.4[②]）

实验室编号	遗址	文化时期	样品种类	背景	碳14年代（BP）	日历年代（2σ-95.4%）	概率区间（%）
Beta-490919	肖家㛒[③]	仰韶晚期	植物种子		4350±30	5030—5010 4980—4845	2.96 92.43
Beta-465233	杨界沙	仰韶晚期	蒙古兔骨	H9	4240±30	4860—4805 4755—4700 4670—4650	62.66 27.52 5.21
Beta-465232	杨界沙	仰韶晚期	蒙古兔骨	H12	4210±30	4850—4790 4765—4690 4680—4620	32.73 45.55 17.11
Beta-411769	大古界	仰韶晚期	炭化黍种子	F7Z1	4160±30	4830—4575	95.41
Beta-465234	杨界沙	仰韶晚期	炭化黍种子	F4:4	4090±30	4810—4750 4705—4665 4655—4515 4480—4445	18.49 6.99 64.48 5.43

---

① Paula J. Reimer, William E. N. Austin, Edouard Bard, Alex Bayliss, Paul G. Blackwell, Christopher Bronk Ramsey, Martin Butzin, et al., "The Intcal20 Northern Hemisphere Radiocarbon Age Calibration Curve (0-55 Cal kBP)", *Radiocarbon*, 2020, 62(4), pp.725-757.

② http://c14.arch.ox.ac.uk/oxcal.html.

③ Yige Bao, Xinying Zhou, Hanbin Liu, Songmei Hu, Keliang Zhao, Pia Atahan, John Dodson, Xiaoqiang Li, "Evolution of Prehistoric Dryland Agriculture in the Arid and Semi-arid Transition Zone in Northern China", *PLoS One*, 2018, 13(8), pp.e0198750.

续表

实验室编号	遗址	文化时期	样品种类	背景	碳14年代(BP)	日历年代(2σ-95.4%)	概率区间(%)
Beta-604751	大古界	仰韶晚期	狗獾骨	F4	3870±30	4415—4225 4205—4155	86.93 8.47
OZO945	大口①	龙山早期	人骨		3780±40	4295—4070 4045—3985	86.47 8.3
OZP043	阿善②	龙山早期	炭化黍种子		3770±35	4245—4070 4045—3985	84.06 11.34
Beta-473868	庙畔	龙山早期	炭化黍种子	F1	3760±30	4235—4075 4045—3985	80.66 14.74
Beta-486921	圆疙瘩	龙山早期	炭化黍种子	H8	3750±30	4235—4195 4185—4060 4050—3985	9.28 62.94 23.18
Beta-486923	上阳洼	龙山早期	炭化黍种子	H1	3730±30	4220—4205 4155—3980	1.67 93.73
BA212141	红梁	龙山早期	炭化黍种子	F3	3715±25	4150—4110 4100—3975	16.15 79.25
Beta-486922	庙梁（横山）	龙山早期	炭化黍种子	H5	3700±30	4150—4110 4100—3965 3950—3925	9.69 82.16 3.54

---

① Yige Bao, Xinying Zhou, Hanbin Liu, Songmei Hu, Keliang Zhao, Pia Atahan, John Dodson, Xiaoqiang Li, "Evolution of Prehistoric Dryland Agriculture in the Arid and Semi-Arid Transition Zone in Northern China", *PLoS One*, 2018, 13 (8), pp. e0198750.

② Ibid.

续表

实验室编号	遗址	文化时期	样品种类	背景	碳14年代（BP）	日历年代（2σ-95.4%）	概率区间（%）
Beta-462799	寨峁①	龙山晚-二里头时期	炭化黍种子		3650±30	4085—3880	95.4
Beta-571586	石峁②	龙山晚-二里头时期	炭化水稻种子	獾子畔二段北隔梁④c 150~200 cm	3620±30	4070—4040 3990—3840	5.26 90.14
SI2936/OZO954	石峁③	龙山晚-二里头时期	人骨		3570±50	4065—4050 3985—3695	0.86 94.53
BA212140	石峁	龙山晚-二里头时期	黄牛骨	（T2②）T2②：D85	3580±30	3975—3825 3790—3770 3740—3730	91.2 2.72 0.57

① Yige Bao, Xinying Zhou, Hanbin Liu, Songmei Hu, Keliang Zhao, Pia Atahan, John Dodson, Xiaoqiang Li, "Evolution of Prehistoric Dryland Agriculture in the Arid and Semi-Arid Transition Zone in Northern China", *PLoS One*, 2018, 13 (8), pp. e0198750.

② 杨瑞琛、邱楠、贾鑫、尹达、高升、邵晶、孙周勇、胡松梅、赵志军：《从石峁遗址出土植物遗存看夏时代早期榆林地区先民的生存策略选择》，《第四纪研究》2022年第1期。

③ Yige Bao, Xinying Zhou, Hanbin Liu, Songmei Hu, Keliang Zhao, Pia Atahan, John Dodson, Xiaoqiang Li, "Evolution of Prehistoric Dryland Agriculture in the Arid and Semi-Arid Transition Zone in Northern China", *PLoS One*, 2018, 13 (8), pp. e0198750.

续表

实验室编号	遗址	文化时期	样品种类	背景	碳14年代（BP）	日历年代（2σ-95.4%）	概率区间（%）
BA132168	火石梁	龙山晚-二里头时期	人骨	M1	3 570±40	3 980—3 815 3 800—3 720	77.72 17.67
SI1595/OZN206	新华①	龙山晚-二里头时期	人骨		3 555±35	3 970—3 940 3 930—3 815 3 800—3 715	4.75 63.51 27.13
Beta-364263	木柱柱梁②	龙山晚-二里头时期	人骨	M7	3 550±30	3 965—3 945 3 925—3 815 3 800—3 720	1.85 63.39 30.16
Beta-604752	王阳畔	龙山晚-二里头时期	黄牛骨	T1②:5	3 530±30	3 895—3 695	95.4
OZM221	朱开沟③	龙山晚-二里头时期	人骨		3 500±40	3 885—3 685 3 665—3 640	91.85 3.54

---

① Yige Bao, Xinying Zhou, Hanbin Liu, Songmei Hu, Keliang Zhao, Pia Atahan, John Dodson, Xiaoqiang Li, "Evolution of Prehistoric Dryland Agriculture in the Arid and Semi-Arid Transition Zone in Northern China", *PLoS One*, 2018, 13 (8), pp. e0198750.

② 陈相龙、郭小宁、胡耀武、王炜林、王昌燧:《陕西神木木柱柱梁遗址先民的食谱分析》,《考古与文物》2015年第5期。

③ Yige Bao, Xinying Zhou, Hanbin Liu, Songmei Hu, Keliang Zhao, Pia Atahan, John Dodson, Xiaoqiang Li, "Evolution of Prehistoric Dryland Agriculture in the Arid and Semi-Arid Transition Zone in Northern China", *PLoS One*, 2018, 13 (8), pp. e0198750.

续表

实验室编号	遗址	文化时期	样品种类	背景	碳14年代（BP）	日历年代（2σ-95.4%）	概率区间（%）
Beta-403918	神圪垯梁①	龙山晚-二里头时期	人骨	M7	3440±30	3830—3785 3775—3740 3730—3575	16.98 8.33 70.08
Beta-571587	石峁②	龙山晚-二里头时期	炭化水稻种子	獾子畔六段北隔梁④a	3440±30	3830—3785 3775—3740 3730—3575	16.98 8.33 70.08
Beta-546049	石峁	龙山晚-二里头时期	蒙古兔骨	T2②：D1	3390±30	3810—3805 3715—3555 3525—3490	0.01 93.38 2.01
OZO041	石峁③	朱开沟文化	炭化黍种子		3280±40	3580—3395	95.41
BA230754	后刘家塔④	晚商时期	人骨	M1D1	2950±30	3210—2995	95.41

---

① Yan Wu, XiaoNing Guo, WeiLin Wang, XiangLong Chen, Zhijun Zhao, Xiumin Xia, and YiMin Yang, "Red Pigments and Boraginaceae Leaves in Mortuary Ritual of Late Neolithic China: A Case Study of Shengedaliang Site", *Microscopy Research and Technique*, 2017, 80(2), pp.231-238.

② 杨瑞琛、邱楠、贾鑫、尹达、高升、邵晶、孙周勇、胡松梅、赵志军：《从石峁遗址出土植物遗存看夏时代早期榆林地区先民的生存策略选择》，《第四纪研究》2022年第1期。

③ Yige Bao, Xinying Zhou, Hanbin Liu, Songmei Hu, Keliang Zhao, Pia Atahan, John Dodson, Xiaoqiang Li, "Evolution of Prehistoric Dryland Agriculture in the Arid and Semi-Arid Transition Zone in Northern China", *PLoS One*, 2018, 13(8), pp. e0198750.

④ 李楠、左豪瑞、杨凡、闫欣、杨颖亮、吴小红、孙战伟：《陕西清涧寨沟遗址后刘家塔商代墓葬科技考古鉴定与分析》，《考古与文物》2024年第2期。

续表

实验室编号	遗址	文化时期	样品种类	背景	碳14年代（BP）	日历年代（2σ-95.4%）	概率区间（%）
BA230754	后刘家塔①	晚商时期	人骨	M1车2右侧车轮	2925±20	3165—2995	95.41
Beta-477975	辛庄	晚商时期	炭化黍种子	H12	2900±30	3160—2950	95.41

附表二 相关遗址出土炭化作物种子绝对数量及重量百分比、粟黍比

遗址名称	粟（粒）	黍（粒）	稻（粒）	粟重量百分比	黍重量百分比	稻重量百分比	粟黍比
肖家崾②	101	201		14.8%	85.2%	0.0%	0.2
大古界	80	66		29.6%	70.4%	0.0%	0.4
杨界沙	611	431		33.0%	67.0%	0.0%	0.5
庙梁（靖边）③	1478	710		41.9%	58.1%	0.0%	0.7
大口④	66	65		26.0%	74.0%	0.0%	0.4

---

① 李楠、左豪瑞、杨凡、闫欣、杨颖亮、吴小红、孙战伟：《陕西清涧寨沟遗址后刘家塔商代墓葬科技考古鉴定与分析》，《考古与文物》2024年第2期。
② Yige Bao, Xinying Zhou, Hanbin Liu, Songmei Hu, Keliang Zhao, Pia Atahan, John Dodson, Xiaoqiang Li, "Evolution of Prehistoric Dryland Agriculture in the Arid and Semi-Arid Transition Zone in Northern China", *PLoS One*, 2018, 13(8), pp. e0198750.
③ 傅文彬、邸楠、邵晶、胡松梅、杨瑞琛、赵志军：《陕北靖边庙梁遗址浮选结果与分析》，《第四纪研究》2022年第1期。
④ Yige Bao, Xinying Zhou, Hanbin Liu, Songmei Hu, Keliang Zhao, Pia Atahan, John Dodson, Xiaoqiang Li, "Evolution of Prehistoric Dryland Agriculture in the Arid and Semi-Arid Transition Zone in Northern China", *PLoS One*, 2018, 13(8), pp. e0198750.

续表

遗址名称	粟（粒）	黍（粒）	稻（粒）	粟重量百分比	黍重量百分比	稻重量百分比	粟黍比
阿善①	14	10		32.7%	67.3%	0.0%	0.5
井窑圪梁	1423	1114		30.7%	69.3%	0.0%	0.4
庙畔	857	557		34.8%	65.2%	0.0%	0.5
上阳洼	104	60		37.5%	62.5%	0.0%	0.6
后阳洼	98	76		30.9%	69.1%	0.0%	0.4
大阳洼	71	45		35.4%	64.6%	0.0%	0.5
红梁	805	1069		20.7%	79.3%	0.0%	0.3
庙梁（横山）	88	54		36.1%	63.9%	0.0%	0.6
圆疙瘩	407	224		38.6%	61.4%	0.0%	0.6
瓦兹塔	62	82		20.8%	79.2%	0.0%	0.3
寨峁②	615	99		68.3%	31.7%	0.0%	2.2
寨峁梁③	1510	951		35.5%	64.5%	0.0%	0.6
火石梁	73	54		31.9%	68.1%	0.0%	0.5
石峁④	6130	2146	19	49.0%	49.5%	1.5%	1.0

---

① Yige Bao, Xinying Zhou, Hanbin Liu, Songmei Hu, Keliang Zhao, Pia Atahan, John Dodson, Xiaoqiang Li, "Evolution of Prehistoric Dryland Agriculture in the Arid and Semi-Arid Transition Zone in Northern China", *PLoS One*, 2018, 13(8), pp. e0198750.

② 高升、孙周勇、邵晶、卫雪、赵志军:《陕西榆林寨峁梁遗址浮选结果及分析》,《农业考古》2016年第3期。

③ 同上。

④ 尹达:《河套地区史前农牧交错带的植物考古学研究——以石峁遗址及其相关》,中国社会科学院考古研究所考古学博士学位论文,2015年;高升:《陕北神木石峁遗址植物遗存研究》,西北大学考古学硕士学位论文,2017年;Yige Bao, Xinying Zhou, Hanbin Liu, Songmei Hu, Keliang Zhao, Pia Atahan, John Dodson, Xiaoqiang Li, "Evolution of Prehistoric Dryland Agriculture in the Arid and Semi-Arid Transition Zone in Northern China", *PLoS One*, 2018, 13(8), pp. e0198750;杨瑞琛、邱楠、贾鑫、尹达、高升、邵晶、孙周勇、胡松梅、赵志军:《从石峁遗址出土植物遗存看夏时代早期榆林地区先民的生存策略选择》,《第四纪研究》2022年第1期。

续表

遗址名称	粟(粒)	黍(粒)	稻(粒)	粟重量百分比	黍重量百分比	稻重量百分比	粟黍比
新华①	28	5		66.0%	34.0%	0.0%	1.9
木柱柱梁②	4 289	2 952		33.5%	66.5%	0.0%	0.5
碧村③	2 928	391	3	71.7%	27.6%	0.7%	2.6
朱开沟④	389	335		28.7%	71.3%	0.0%	0.4
神圪垯梁⑤	232	186		30.2%	69.8%	0.0%	0.4
辛庄	177	51		54.6%	45.4%	0.0%	1.2
高红⑥	6 797	304		88.6%	11.4%	0.0%	7.8

附表三　本研究新公布的粟、黍粒长和粒宽测量结果

遗址名	时代	作物品种	长(mm)	宽(mm)
大古界	仰韶晚期	粟	1.36	1.3
大古界	仰韶晚期	粟	1.61	1.3

---

① Yige Bao, Xinying Zhou, Hanbin Liu, Songmei Hu, Keliang Zhao, Pia Atahan, John Dodson, Xiaoqiang Li, "Evolution of Prehistoric Dryland Agriculture in the Arid and Semi-Arid Transition Zone in Northern China", *PLoS One*, 2018, 13(8), pp. e0198750.

② 郭小宁:《陕北地区龙山晚期的生业方式——以木柱柱梁、神圪垯梁遗址的植物、动物遗存为例》,《农业考古》2017年第3期。

③ 蒋宇超、王晓毅:《兴县碧村遗址小玉梁台地的浮选结果及分析》,《文物季刊》2024年第2期。

④ Yige Bao, Xinying Zhou, Hanbin Liu, Songmei Hu, Keliang Zhao, Pia Atahan, John Dodson, Xiaoqiang Li, "Evolution of Prehistoric Dryland Agriculture in the Arid and Semi-Arid Transition Zone in Northern China", *PLoS One*, 2018, 13(8), pp. e0198750.

⑤ 郭小宁:《陕北地区龙山晚期的生业方式——以木柱柱梁、神圪垯梁遗址的植物、动物遗存为例》。

⑥ 尹达:《河套地区史前农牧交错带的植物考古学研究——以石峁遗址及其相关》,中国社会科学院考古研究所考古学博士学位论文,2015年。

续表

遗址名	时代	作物品种	长（mm）	宽（mm）
大古界	仰韶晚期	粟	1.51	1.21
大古界	仰韶晚期	粟	1.5	1.28
大古界	仰韶晚期	粟	1.55	1.21
大古界	仰韶晚期	粟	1.57	1.21
大古界	仰韶晚期	粟	1.35	1.17
大古界	仰韶晚期	粟	1.68	1.23
大古界	仰韶晚期	粟	1.43	1.35
大古界	仰韶晚期	粟	1.5	1.31
大古界	仰韶晚期	粟	1.47	1.27
大古界	仰韶晚期	粟	1.79	1.35
大古界	仰韶晚期	粟	1.45	1.34
大古界	仰韶晚期	粟	1.71	1.3
大古界	仰韶晚期	粟	1.98	1.49
大古界	仰韶晚期	粟	1.44	1.29
大古界	仰韶晚期	粟	1.42	1.06
大古界	仰韶晚期	粟	1.63	1.2
大古界	仰韶晚期	粟	1.41	1.27
大古界	仰韶晚期	粟	1.59	1.3
大古界	仰韶晚期	粟	1.42	1.13
大古界	仰韶晚期	粟	1.4	1.21
大古界	仰韶晚期	粟	1.38	1.23
大古界	仰韶晚期	粟	1.48	1.27
大古界	仰韶晚期	粟	1.51	1.22
大古界	仰韶晚期	粟	1.74	1.21
大古界	仰韶晚期	粟	1.44	1.18

续表

遗址名	时代	作物品种	长(mm)	宽(mm)
大古界	仰韶晚期	粟	1.32	1.26
大古界	仰韶晚期	粟	1.45	1.03
大古界	仰韶晚期	粟	1.38	1.19
大古界	仰韶晚期	粟	1.41	1.28
大古界	仰韶晚期	粟	1.5	1.23
大古界	仰韶晚期	粟	1.85	1.37
大古界	仰韶晚期	粟	1.49	1.29
大古界	仰韶晚期	粟	1.51	1.29
大古界	仰韶晚期	粟	1.34	1.18
大古界	仰韶晚期	粟	1.42	1.23
大古界	仰韶晚期	粟	1.6	1.24
大古界	仰韶晚期	粟	2.07	1.21
杨界沙	仰韶晚期	粟	1.3	0.91
杨界沙	仰韶晚期	粟	1.01	0.94
杨界沙	仰韶晚期	粟	1.1	1.02
杨界沙	仰韶晚期	粟	1.24	0.99
杨界沙	仰韶晚期	粟	1.25	1.03
杨界沙	仰韶晚期	粟	1.22	1.15
杨界沙	仰韶晚期	粟	1.03	0.96
杨界沙	仰韶晚期	粟	1.26	1.15
杨界沙	仰韶晚期	粟	1.09	1.16
杨界沙	仰韶晚期	粟	1.21	1.2
杨界沙	仰韶晚期	粟	1.2	1.03
杨界沙	仰韶晚期	粟	1.28	1.08
杨界沙	仰韶晚期	粟	1.28	1.16

续表

遗址名	时代	作物品种	长（mm）	宽（mm）
杨界沙	仰韶晚期	粟	1.24	1.12
杨界沙	仰韶晚期	粟	1.16	1.1
杨界沙	仰韶晚期	粟	1.17	1.13
杨界沙	仰韶晚期	粟	1.27	1.23
杨界沙	仰韶晚期	粟	1.21	1.27
庙畔	龙山早期	粟	1.44	1.36
庙畔	龙山早期	粟	1.65	1.3
庙畔	龙山早期	粟	1.48	1.22
庙畔	龙山早期	粟	1.4	1.09
庙畔	龙山早期	粟	1.77	1.44
庙畔	龙山早期	粟	1.42	1.35
庙畔	龙山早期	粟	1.47	1.43
庙畔	龙山早期	粟	1.5	1.44
庙畔	龙山早期	粟	1.45	1.44
庙畔	龙山早期	粟	1.53	1.24
庙畔	龙山早期	粟	1.56	1.22
庙畔	龙山早期	粟	1.52	1.3
庙畔	龙山早期	粟	1.56	1.28
庙畔	龙山早期	粟	1.57	1.2
庙畔	龙山早期	粟	1.55	1.43
庙畔	龙山早期	粟	1.51	1.36
庙畔	龙山早期	粟	1.24	1.2
庙畔	龙山早期	粟	1.34	1.02
庙畔	龙山早期	粟	1.18	1.18
庙畔	龙山早期	粟	1.68	1.32

续表

遗址名	时代	作物品种	长（mm）	宽（mm）
庙畔	龙山早期	粟	1.54	1.5
庙畔	龙山早期	粟	1.82	1.56
庙畔	龙山早期	粟	1.57	1.36
庙畔	龙山早期	粟	1.49	1.34
庙畔	龙山早期	粟	1.33	1.3
火石梁	龙山晚-二里头	粟	1.66	1.23
火石梁	龙山晚-二里头	粟	1.4	1.34
火石梁	龙山晚-二里头	粟	1.65	1.35
火石梁	龙山晚-二里头	粟	1.49	1.36
火石梁	龙山晚-二里头	粟	1.58	1.47
火石梁	龙山晚-二里头	粟	1.3	1.07
辛庄	商代晚期	粟	1.37	1.32
辛庄	商代晚期	粟	1.47	1.26
辛庄	商代晚期	粟	1.28	1.26
辛庄	商代晚期	粟	1.33	1.23
辛庄	商代晚期	粟	1.48	1.42
辛庄	商代晚期	粟	1.33	1.32
辛庄	商代晚期	粟	1.45	1.43
辛庄	商代晚期	粟	1.25	1.2
辛庄	商代晚期	粟	1.27	1.26
辛庄	商代晚期	粟	1.44	1.17
辛庄	商代晚期	粟	1.39	1.46
辛庄	商代晚期	粟	1.31	1.29
辛庄	商代晚期	粟	1.49	1.47
辛庄	商代晚期	粟	1.44	1.33

续表

遗址名	时代	作物品种	长(mm)	宽(mm)
辛庄	商代晚期	粟	1.57	1.32
大古界	仰韶晚期	黍	1.91	1.85
大古界	仰韶晚期	黍	1.88	1.77
大古界	仰韶晚期	黍	1.61	1.79
大古界	仰韶晚期	黍	1.46	1.4
大古界	仰韶晚期	黍	1.95	1.71
大古界	仰韶晚期	黍	1.59	1.58
大古界	仰韶晚期	黍	1.98	1.88
大古界	仰韶晚期	黍	1.68	1.63
大古界	仰韶晚期	黍	1.52	1.45
大古界	仰韶晚期	黍	1.8	1.81
大古界	仰韶晚期	黍	1.7	1.8
大古界	仰韶晚期	黍	1.8	1.79
大古界	仰韶晚期	黍	1.67	1.77
大古界	仰韶晚期	黍	1.76	1.8
大古界	仰韶晚期	黍	1.67	1.8
大古界	仰韶晚期	黍	1.83	1.84
大古界	仰韶晚期	黍	1.67	1.68
大古界	仰韶晚期	黍	1.77	1.74
大古界	仰韶晚期	黍	1.58	1.84
大古界	仰韶晚期	黍	1.78	1.88
大古界	仰韶晚期	黍	1.85	1.76
大古界	仰韶晚期	黍	1.67	1.81
大古界	仰韶晚期	黍	1.65	1.62
大古界	仰韶晚期	黍	1.64	1.84

续表

遗址名	时代	作物品种	长（mm）	宽（mm）
大古界	仰韶晚期	黍	1.46	1.58
大古界	仰韶晚期	黍	1.83	1.79
大古界	仰韶晚期	黍	1.5	1.55
大古界	仰韶晚期	黍	1.75	1.88
大古界	仰韶晚期	黍	1.65	1.86
大古界	仰韶晚期	黍	1.81	1.86
大古界	仰韶晚期	黍	1.9	1.79
大古界	仰韶晚期	黍	1.7	1.69
大古界	仰韶晚期	黍	1.71	1.83
大古界	仰韶晚期	黍	1.77	1.84
大古界	仰韶晚期	黍	1.72	1.84
大古界	仰韶晚期	黍	1.69	1.78
大古界	仰韶晚期	黍	1.66	1.74
大古界	仰韶晚期	黍	1.73	1.74
大古界	仰韶晚期	黍	1.84	1.82
杨界沙	仰韶晚期	黍	1.68	1.72
杨界沙	仰韶晚期	黍	1.72	1.68
杨界沙	仰韶晚期	黍	1.51	1.43
杨界沙	仰韶晚期	黍	1.77	1.72
杨界沙	仰韶晚期	黍	1.74	1.72
杨界沙	仰韶晚期	黍	1.74	1.75
杨界沙	仰韶晚期	黍	1.53	1.7
杨界沙	仰韶晚期	黍	1.65	1.55
杨界沙	仰韶晚期	黍	1.81	1.59
杨界沙	仰韶晚期	黍	1.59	1.77

续表

遗址名	时代	作物品种	长(mm)	宽(mm)
杨界沙	仰韶晚期	黍	1.38	1.39
杨界沙	仰韶晚期	黍	1.8	1.75
杨界沙	仰韶晚期	黍	1.72	1.75
杨界沙	仰韶晚期	黍	1.5	1.62
杨界沙	仰韶晚期	黍	1.56	1.72
杨界沙	仰韶晚期	黍	1.7	1.57
杨界沙	仰韶晚期	黍	1.56	1.75
杨界沙	仰韶晚期	黍	1.93	1.7
杨界沙	仰韶晚期	黍	1.59	1.47
杨界沙	仰韶晚期	黍	1.47	1.72
杨界沙	仰韶晚期	黍	1.42	1.45
杨界沙	仰韶晚期	黍	1.61	1.41
杨界沙	仰韶晚期	黍	1.36	1.42
杨界沙	仰韶晚期	黍	1.23	1.26
庙畔	龙山早期	黍	1.77	1.76
庙畔	龙山早期	黍	1.88	1.76
庙畔	龙山早期	黍	1.75	1.63
庙畔	龙山早期	黍	2.08	1.86
庙畔	龙山早期	黍	1.66	1.51
庙畔	龙山早期	黍	1.8	1.46
庙畔	龙山早期	黍	1.81	1.72
庙畔	龙山早期	黍	1.57	1.53
庙畔	龙山早期	黍	1.49	1.42
庙畔	龙山早期	黍	1.6	1.42
庙畔	龙山早期	黍	1.6	1.39

续表

遗址名	时代	作物品种	长(mm)	宽(mm)
庙畔	龙山早期	黍	2.09	1.45
庙畔	龙山早期	黍	1.52	1.25
庙畔	龙山早期	黍	1.68	1.34
庙畔	龙山早期	黍	1.94	1.22
庙畔	龙山早期	黍	2.12	1.17
庙畔	龙山早期	黍	1.35	1.27
庙畔	龙山早期	黍	2.34	1.19
庙畔	龙山早期	黍	1.39	1.18
庙畔	龙山早期	黍	1.61	1.43
庙畔	龙山早期	黍	2.05	1.22
庙畔	龙山早期	黍	1.78	1.42
庙畔	龙山早期	黍	1.73	1.32
庙畔	龙山早期	黍	1.97	1.36
庙畔	龙山早期	黍	1.88	1.23
火石梁	龙山晚-二里头	黍	1.59	1.41
火石梁	龙山晚-二里头	黍	1.75	1.53
火石梁	龙山晚-二里头	黍	1.78	1.52
火石梁	龙山晚-二里头	黍	1.67	1.48
火石梁	龙山晚-二里头	黍	1.83	1.58
火石梁	龙山晚-二里头	黍	1.56	1.41
火石梁	龙山晚-二里头	黍	1.87	1.72
火石梁	龙山晚-二里头	黍	1.81	1.65
火石梁	龙山晚-二里头	黍	1.85	1.58
火石梁	龙山晚-二里头	黍	1.94	1.73
火石梁	龙山晚-二里头	黍	1.74	1.63

续表

遗址名	时代	作物品种	长（mm）	宽（mm）
火石梁	龙山晚-二里头	黍	1.82	1.52
辛庄	商代晚期	黍	1.95	1.85
辛庄	商代晚期	黍	1.94	1.93
辛庄	商代晚期	黍	1.9	1.86
辛庄	商代晚期	黍	1.65	1.64
辛庄	商代晚期	黍	1.88	1.88
辛庄	商代晚期	黍	2.13	1.69
辛庄	商代晚期	黍	2.24	1.98
辛庄	商代晚期	黍	2.12	1.77
辛庄	商代晚期	黍	2.08	2.02
辛庄	商代晚期	黍	1.89	1.57
辛庄	商代晚期	黍	1.81	1.72

附表四 本研究中粟、黍和杂草的 C、N 稳定同位素分析结果

实验编号	文化时期	遗址	样品号	物种	$\delta^{13}C$（‰）	$\delta^{15}N$（‰）	$\delta^{15}N$-校正（‰）	C（%）	N（%）	C∶N
AIL3328	仰韶晚期	大古界	D1	虫实	−26.6	0.9	0.6	64.1	4.1	18
59	仰韶晚期	大古界	DGJD1	藜科	−25.9	7.7	7.4	45.4	3.3	15.9
60	仰韶晚期	大古界	DGJD2	藜科	−22.3	8.5	8.2	46.8	4.2	12.9
61	仰韶晚期	大古界	DGJD3	藜科	−22.2	8.6	8.3	47	4.2	12.9
63	仰韶晚期	大古界	DGJD4	藜科	−22.3	8.8	8.5	47.2	4.3	12.7

续表

实验编号	文化时期	遗址	样品号	物种	$\delta^{13}C$ (‰)	$\delta^{15}N$ (‰)	$\delta^{15}N-$校正 (‰)	C (%)	N (%)	C：N
AIL3329	仰韶晚期	大古界	D2	黍	−9.3	2.2	1.9	62	4.4	16.3
1489	仰韶晚期	大古界	H2	黍	−9.9	7.3	7	59.2	5.6	12.2
1573	仰韶晚期	大古界	F7	黍	−9.3	5.3	5	56.5	10.2	6.4
1576	仰韶晚期	大古界	F4	黍	−10	5.2	4.9	62.9	3.5	20.7
1502	仰韶晚期	大古界	H2	粟	−9.5	7	6.7	58.8	4.9	13.8
64	仰韶晚期	杨界沙	YJSD1	藜科	−22	9.5	9.2	46	4.3	12.3
AIL3323	仰韶晚期	杨界沙	Y2	黍	−9.2	9	8.7	55.8	9.5	6.8
AIL3326	仰韶晚期	杨界沙	Y5	黍	−9.7	4.3	4	48.2	5.4	10.3
AIL3327	仰韶晚期	杨界沙	Y6	黍	−9.3	6.4	6.1	64.8	8.3	9
1565	仰韶晚期	杨界沙	H19	黍	−10	9.4	9.1	56.8	7.9	8.3
1579	仰韶晚期	杨界沙	F17	黍	−9.6	8.5	8.2	56.8	7.5	8.7
AIL3322	仰韶晚期	杨界沙	Y1	粟	−9.2	8.5	8.2	57.1	8.8	7.5
1514	仰韶晚期	杨界沙	F17	粟	−9.1	8.7	8.4	56.7	7.7	8.5
1515	仰韶晚期	杨界沙	H19	粟	−9.6	8.9	8.6	57	8.1	8.1

续表

实验编号	文化时期	遗址	样品号	物种	$\delta^{13}C$（‰）	$\delta^{15}N$（‰）	$\delta^{15}N$-校正（‰）	C（%）	N（%）	C：N
AIL3387	龙山早期	后阳洼	HYW1	黍	−9.9	4.8	4.5	56.3	4	16.2
AIL3388	龙山早期	后阳洼	HYW2	黍	−9.4	6	5.7	56.8	6.1	10.7
AIL3353	龙山早期	井窑圪梁	J9	虫实	−25.1	6.1	5.8	59.4	4	17.1
AIL3357	龙山早期	井窑圪梁	J13	虫实	−23.6	6.1	5.8	56.6	3.5	18.7
AIL3352	龙山早期	井窑圪梁	J8	藜科	−25	2.7	2.4	58.9	5.6	12.1
AIL3360	龙山早期	井窑圪梁	J16	藜科	−23.9	6.2	5.9	64.4	5.7	13
AIL3369	龙山早期	井窑圪梁	J25	藜科	−24.1	4	3.7	61.1	6.5	10.8
AIL3345	龙山早期	井窑圪梁	J1	黍	−10.1	5.2	4.9	53.9	3.9	15.9
AIL3346	龙山早期	井窑圪梁	J2	黍	−9.3	5.8	5.5	59.3	6.7	10.2
AIL3347	龙山早期	井窑圪梁	J3	黍	−9.5	5.1	4.8	59.4	3.9	17.6
AIL3349	龙山早期	井窑圪梁	J5	黍	−9.7	5.2	4.9	51.7	4.9	12.2
AIL3351	龙山早期	井窑圪梁	J7	黍	−14.7	5.4	5.1	56.6	5.3	12.3
AIL3354	龙山早期	井窑圪梁	J10	黍	−10.1	7.5	7.2	49.1	5.4	10.5
AIL3355	龙山早期	井窑圪梁	J11	黍	−10.9	3.7	3.4	56.5	3.9	16.7

续表

实验编号	文化时期	遗址	样品号	物种	$\delta^{13}C$ (‰)	$\delta^{15}N$ (‰)	$\delta^{15}N$-校正 (‰)	C (%)	N (%)	C:N
AIL3356	龙山早期	井窑圪梁	J12	黍	−9.9	4.1	3.8	60.5	5	14
AIL3363	龙山早期	井窑圪梁	J19	黍	−9.7	6.3	6	57.3	6.2	10.7
AIL3365	龙山早期	井窑圪梁	J21	黍	−10.8	2.5	2.2	44.8	2.6	19.9
AIL3366	龙山早期	井窑圪梁	J22	黍	−11.5	5	4.7	66	4.4	17.3
AIL3370	龙山早期	井窑圪梁	J26	黍	−12.8	4.2	3.9	58.4	5	13.5
AIL3371	龙山早期	井窑圪梁	J27	黍	−9.7	3.9	3.6	55.7	4.6	14
AIL3372	龙山早期	井窑圪梁	J28	黍	−11.4	2.5	2.2	54.5	4.7	13.4
AIL3348	龙山早期	井窑圪梁	J4	粟	−9.5	7.9	7.6	55.9	5.5	11.7
AIL3350	龙山早期	井窑圪梁	J6	粟	−9.6	7.2	6.9	63	5.4	13.5
AIL3358	龙山早期	井窑圪梁	J14	粟	−10.1	6	5.7	53.6	4.8	12.9
AIL3361	龙山早期	井窑圪梁	J17	粟	−9.1	6.1	5.8	58.5	6.5	10.4
AIL3362	龙山早期	井窑圪梁	J18	粟	−13.2	2	1.7	48.7	5.6	10
AIL3364	龙山早期	井窑圪梁	J20	粟	−9.6	6.7	6.4	58.7	4.9	13.8
AIL3368	龙山早期	井窑圪梁	J24	粟	−10.1	5.3	5	54.9	6.7	9.5

续表

实验编号	文化时期	遗址	样品号	物种	$\delta^{13}C$ (‰)	$\delta^{15}N$ (‰)	$\delta^{15}N$-校正 (‰)	C (%)	N (%)	C:N
AIL3380	龙山早期	庙梁	ML1	黍	−12.1	4.8	4.5	54.6	5.5	11.5
AIL3381	龙山早期	庙梁	ML2	黍	−10	8.3	8	63.4	5.2	14.1
AIL3382	龙山早期	庙梁	ML3	粟	−9.4	6.1	5.8	55.7	5.1	12.6
AIL3333	龙山早期	庙畔	MP4	虫实	−23.3	8.1	7.8	56.2	5.9	11
AIL3336	龙山早期	庙畔	MP7	虫实	−23.3	4.5	4.2	56.6	5.8	11.3
AIL3340	龙山早期	庙畔	MP11	虫实	−23	5.2	4.9	59.6	5.1	13.5
AIL3332	龙山早期	庙畔	MP3	藜科	−22.2	7.8	7.5	60.9	6.3	11.2
AIL3344	龙山早期	庙畔	MP15	藜科	−23.9	6	5.7	61.4	5.9	12
AIL3331	龙山早期	庙畔	MP2	黍	−9.6	10.1	9.8	56.4	7	9.3
AIL3334	龙山早期	庙畔	MP5	黍	−14.3	6.1	5.8	58.1	5.1	13.1
AIL3339	龙山早期	庙畔	MP10	黍	−9.6	4.6	4.3	59.9	4.8	14.4
AIL3341	龙山早期	庙畔	MP12	黍	−9.4	9.9	9.6	55.9	8.9	7.2
AIL3330	龙山早期	庙畔	MP1	粟	−10.2	10.3	10	57.7	6.9	9.6
AIL3335	龙山早期	庙畔	MP6	粟	−11.5	8	7.7	58.5	7.2	9.4

续表

实验编号	文化时期	遗址	样品号	物种	$\delta^{13}C$ (‰)	$\delta^{15}N$ (‰)	$\delta^{15}N$-校正 (‰)	C (%)	N (%)	C:N
AIL3338	龙山早期	庙畔	MP9	粟	−9.1	5.5	5.2	57	5.7	11.5
AIL3342	龙山早期	庙畔	MP13	粟	−9.8	6.7	6.4	52.1	6.4	9.4
AIL3343	龙山早期	庙畔	MP14	粟	−11.4	7.9	7.6	58.7	6.9	9.8
AIL3383	龙山早期	上阳洼	SYW1	黍	−9.9	1.4	1.1	54.5	5.6	11.2
AIL3384	龙山早期	上阳洼	SYW2	黍	−9.7	5.5	5.2	54	5.3	11.8
AIL3385	龙山早期	瓦兹塔	WZT1	黍	−9.9	7.4	7.1	52.8	4.7	13
AIL3386	龙山早期	瓦兹塔	WZT2	黍	−10.4	5.9	5.6	66.9	5.4	14.3
AIL3378	龙山早期	圆疙瘩	YGD6	虫实	−24.2	5.8	5.5	61.5	5.1	13.9
AIL3379	龙山早期	圆疙瘩	YGD7	虫实	−24.5	5.9	5.6	58.4	3.9	17.3
AIL3375	龙山早期	圆疙瘩	YGD3	黍	−13.8	1.6	1.3	52.4	4.9	12.3
AIL3376	龙山早期	圆疙瘩	YGD4	黍	−11.4	4.9	4.6	58.3	5.2	12.9
AIL3373	龙山早期	圆疙瘩	YGD1	粟	−9.6	6.1	5.8	56.2	5.3	12.2
AIL3374	龙山早期	圆疙瘩	YGD2	粟	−9.6	2.4	2.1	62.3	5.3	13.6
41	龙山晚-二里头	火石梁	HSLC1	黍	−10.1	8.2	7.9	43.1	3.7	13.4

续表

实验编号	文化时期	遗址	样品号	物种	$\delta^{13}C$ (‰)	$\delta^{15}N$ (‰)	$\delta^{15}N$-校正 (‰)	C (%)	N (%)	C:N
42	龙山晚-二里头	火石梁	HSLC2	黍	−10.2	7.2	6.9	42.9	3.3	15
43	龙山晚-二里头	火石梁	HSLC3	黍	−10.2	6.5	6.2	42.6	3.5	14
45	龙山晚-二里头	火石梁	HSLF1	粟	−10	7.1	6.8	40.3	3.1	15
40	龙山晚-二里头	石峁	SMC1	黍	−10	3	2.7	41.9	3.5	13.8
37	龙山晚-二里头	石峁	SMF1	粟	−9.8	2.4	2.1	42.3	2.9	16.8
38	龙山晚-二里头	石峁	SMF2	粟	−10	2.2	1.9	40.6	3.6	13
39	龙山晚-二里头	石峁	SMF3	粟	−9.8	2.1	1.8	42.1	2.8	17.3
AIL3389	晚商时期	辛庄	XZ	黍	−9.8	2.5	2.2	64.4	3.8	19.6
46	晚商时期	辛庄	XZC1	黍	−9.7	4.4	4.1	42.9	3.1	16

续表

实验编号	文化时期	遗址	样品号	物种	$\delta^{13}C$ (‰)	$\delta^{15}N$ (‰)	$\delta^{15}N$-校正 (‰)	C (%)	N (%)	C:N
47	晚商时期	辛庄	XZC2	黍	-9.9	5.3	5	45.6	3	17.5
48	晚商时期	辛庄	XZC3	黍	-9.7	5	4.7	43.5	3.6	13.9
50	晚商时期	辛庄	XZC4	黍	-9.5	4.7	4.4	45.7	3.3	16
51	晚商时期	辛庄	XZC5	黍	-9.1	4.6	4.3	45.5	2.9	18.1
52	晚商时期	辛庄	XZF1	粟	-10.7	4.8	4.5	40.9	3	15.7
53	晚商时期	辛庄	XZF2	粟	-8.9	5.9	5.6	40	3.6	12.8
54	晚商时期	辛庄	XZF3	粟	-9.6	4.3	4	45.4	2.9	18.1
55	晚商时期	辛庄	XZF4	粟	-10.4	5	4.7	45.1	3.4	15.3
56	晚商时期	辛庄	XZF5	粟	-11.4	5.6	5.3	42.7	2.9	17

附表五 黄土高原北部地区仰韶晚期至龙山晚-二里头时期动物考古数据（最小个体数）

遗址	时代	家猪	犬	绵羊/山羊	黄牛	野生哺乳动物	水生动物	鸟类	总计
五庄果墚①	仰韶晚期	45	5	0	0	93	3	3	149

---

① 胡松梅、孙周勇：《陕北靖边五庄果墚动物遗存及古环境分析》，《考古与文物》2005年第6期。

续表

遗址	时代	家猪	犬	绵羊/山羊	黄牛	野生哺乳动物	水生动物	鸟类	总计
大古界①	仰韶晚期	1	1	0	0	17	1	2	22
杨界沙②	仰韶晚期	15	5	0	0	35	1	4	60
庙梁③	龙山早期	2	0	2	2	12	0	0	18
火石梁④	龙山晚-二里头时期	13	4	61	9	22	0	1	110
石峁⑤	龙山晚-二里头时期	52	3	23	19	44	1	3	145
木柱柱梁⑥	龙山晚-二里头时期	11	6	40	20	20	0	0	97
朱开沟（1—4期）⑦	龙山晚-二里头时期	50	7	55	23	18	0	0	153

附表六　本研究新公布的人和动物骨骼样品的 C、N 稳定同位素分析结果

遗址	样品编号	物种	$\delta^{13}C$ (‰)	$\delta^{15}N$ (‰)	C (%)	N (%)	C/N
杨界沙	AH17	人	−6.0	9.1	45.3	16.1	3.2
杨界沙	AH21	人	−10.7	10.5	39.3	14.3	3.2

---

① 胡松梅、杨利平、康宁武、杨苗苗、李小强：《陕西横山县大古界遗址动物遗存分析》，《考古与文物》2012年第4期。

② 胡松梅、孙周勇、杨利平、康宁武、杨苗苗、李小强：《陕北横山杨界沙遗址动物遗存研究》，《人类学学报》2013年第1期。

③ 胡松梅、杨瞳、杨苗苗、邵晶、邸楠：《陕北靖边庙梁遗址动物遗存研究兼论中国牧业的形成》，《第四纪研究》2022年第1期。

④ 胡松梅、张鹏程、袁明：《榆林火石梁遗址动物遗存研究》，《人类学学报》2008年第3期。

⑤ 胡松梅、杨苗苗、孙周勇、邵晶：《2012~2013年度陕西神木石峁遗址出土动物遗存研究》，《考古与文物》2016年第4期。

⑥ 郭小宁：《陕北地区龙山晚期的生业方式——以木柱柱梁、神圪垯梁遗址的植物、动物遗存为例》，《农业考古》2017年第3期。

⑦ 黄蕴平：《内蒙古朱开沟遗址兽骨的鉴定与研究》，《考古学报》1996年第4期。

续表

遗址	样品编号	物种	δ¹³C (‰)	δ¹⁵N (‰)	C (%)	N (%)	C/N
杨界沙	CF6:44	家犬	-6.3	6.7	45.0	16.2	3.2
杨界沙	CH24:20	家犬	-6.2	7.5	45.2	16.1	3.2
杨界沙	AH19:13	家犬	-7.0	7.4	43.2	15.6	3.2
杨界沙	AH25	家犬	-7.6	8.1	40.6	15.0	3.1
杨界沙	BT1H1:7	家犬	-7.9	6.6	40.6	15.0	3.1
杨界沙	AH19:18	家猪	-9.5	7.6	42.7	15.7	3.1
杨界沙	AH12:68	家猪	-6.9	9.1	43.9	16.2	3.1
杨界沙	AH19:20	家猪	-7.4	7.9	43.4	15.7	3.2
杨界沙	AH25:2	家猪	-7.4	9.1	46.3	17.2	3.1
杨界沙	AH25:4	家猪	-8.1	9.0	32.7	12.1	3.1
杨界沙	AH25:5	家猪	-9.1	8.9	44.6	16.2	3.2
杨界沙	AH25:1	家猪	-10.4	7.9	42.0	15.1	3.2
杨界沙	CH32:15	家猪	-7.2	8.7	46.0	17.2	3.1
杨界沙	AH25:3	家猪	-10.6	7.9	49.3	19.0	3.0
杨界沙	CH4:11	家猪	-8.3	6.5	49.7	19.2	3.0
杨界沙	AH17(第二层):11	家猪	-6.9	8.0	44.3	16.4	3.1
杨界沙	CF3J1:9	家猪	-10.5	7.9	46.3	17.0	3.1
杨界沙	CH45:8	家猪	-8.8	7.7	42.8	15.5	3.2
杨界沙	AF5:2	家猪	-12.9	7.3	35.8	13.1	3.2
杨界沙	BH1:9	家猪	-12.9	7.3	38.6	14.2	3.1
杨界沙	AH19:17	家猪	-10.1	7.6	39.0	14.0	3.2
杨界沙	CH24:21	家猪	-16.7	5.7	41.8	15.1	3.2
杨界沙	BH1:1	家猪	-13.1	7.3	40.1	14.3	3.2
杨界沙	CF6:45	家猪	-7.6	6.8	44.3	16.1	3.2

续表

遗址	样品编号	物种	$\delta^{13}C$ (‰)	$\delta^{15}N$ (‰)	C (%)	N (%)	C/N
杨界沙	CH20:3	家猪	-8.5	7.6	39.3	14.1	3.2
杨界沙	CF7:6	家猪	-19.0	5.7	41.8	15.5	3.1
杨界沙	AF13:J:7	家猪	-7.5	7.1	41.8	15.4	3.1
杨界沙	CF3J1:11	家猪	-11.3	7.6	38.5	14.2	3.1
杨界沙	CH20:2	家猪	-7.3	8.1	40.8	15.1	3.1
杨界沙	AH12:67	家猪	-6.9	7.6	41.3	15.3	3.1
杨界沙	AH25:6	家猪	-16.0	5.5	39.3	14.3	3.2
杨界沙	CH5:33	蒙古兔	-19.1	2.9	44.3	15.9	3.2
杨界沙	AH12:30	蒙古兔	-16.0	4.6	42.6	15.4	3.2
杨界沙	CF6:31	蒙古兔	-20.0	3.0	43.2	15.7	3.2
杨界沙	CF6:18	蒙古兔	-18.7	4.0	44.5	15.8	3.2
杨界沙	CF9:12	蒙古兔	-17.2	2.8	40.9	15.0	3.2
杨界沙	CH5:22	蒙古兔	-15.9	5.5	39.8	14.5	3.2
杨界沙	CH24:12	蒙古兔	-17.7	4.2	43.1	15.8	3.2
杨界沙	CH5:21	蒙古兔	-19.9	4.5	40.7	14.9	3.2
杨界沙	CF6:29	蒙古兔	-18.8	4.7	43.3	16.1	3.1
杨界沙	AH17(第二层):4	蒙古兔	-20.2	2.4	45.7	17.1	3.1
杨界沙	CH46:4	蒙古兔	-20.1	4.5	41.7	14.9	3.2
杨界沙	CH5:20	蒙古兔	-20.0	2.7	38.9	14.1	3.2
杨界沙	CF7:2	蒙古兔	-20.3	2.6	40.8	14.7	3.2
杨界沙	BH9:3	蒙古兔	-18.9	5.1	40.3	14.6	3.2
杨界沙	CT3F3J1:3	蒙古兔	-18.2	4.8	40.9	14.8	3.2
杨界沙	AH12	蒙古兔	-13.9	7.2	40.8	15.0	3.1
杨界沙	CT3F3:2	蒙古兔	-19.9	3.7	43.3	15.1	3.3

续表

遗址	样品编号	物种	$\delta^{13}C$ (‰)	$\delta^{15}N$ (‰)	C (%)	N (%)	C/N
杨界沙	CH5:3	蒙古兔	−20.2	5.4	34.7	12.7	3.2
杨界沙	CH24:3	蒙古兔	−17.7	3.2	42.0	15.3	3.2
杨界沙	CH15:6	蒙古兔	−19.6	4.0	38.0	13.7	3.2
杨界沙	AH23:4	蒙古兔	−18.8	5.1	36.4	13.3	3.2
杨界沙	CH24:4	蒙古兔	−21.4	4.6	41.9	15.2	3.2
杨界沙	AH12:6	蒙古兔	−19.4	3.7	38.8	14.0	3.2
杨界沙	AH12:2	蒙古兔	−20.5	3.8	40.1	14.5	3.2
杨界沙	AH12:3	蒙古兔	−18.0	5.2	36.2	13.1	3.2
杨界沙	AH12:4	蒙古兔	−16.2	4.2	37.8	13.9	3.1
杨界沙	AH12:5	蒙古兔	−18.7	2.6	38.4	14.2	3.1
杨界沙	AH12:7	蒙古兔	−20.1	4.3	36.1	13.0	3.2
杨界沙	AH12:8	蒙古兔	−18.0	3.3	36.6	13.3	3.2
杨界沙	CF9:15	蒙古兔	−19.6	3.9	42.3	15.3	3.2
杨界沙	CF9:3	蒙古兔	−18.8	4.2	38.9	13.9	3.2
杨界沙	CF9:4	蒙古兔	−21.0	5.4	32.8	11.9	3.2
杨界沙	AH12:9	蒙古兔	−18.9	4.0	41.5	15.1	3.2
杨界沙	CF6:6	蒙古兔	−21.2	4.5	39.2	14.3	3.2
杨界沙	CF6:7	蒙古兔	−19.6	3.2	38.9	14.3	3.1
杨界沙	AH12:10	蒙古兔	−19.3	2.2	40.1	14.1	3.3
杨界沙	AH23:5	蒙古兔	−21.4	3.4	41.5	14.8	3.2
杨界沙	AH12:11	蒙古兔	−21.3	2.7	40.1	14.8	3.1
杨界沙	CF8:1	蒙古兔	−20.0	3.0	42.5	15.3	3.2
杨界沙	CF9:5	蒙古兔	−21.5	3.5	43.0	14.7	3.4
杨界沙	AH23:6	蒙古兔	−15.5	3.8	32.4	11.8	3.2

续表

遗址	样品编号	物种	$\delta^{13}C$ (‰)	$\delta^{15}N$ (‰)	C (%)	N (%)	C/N
杨界沙	CH5:4	蒙古兔	−16.5	5.8	38.4	13.7	3.2
杨界沙	AH12:12	蒙古兔	−18.1	4.0	35.7	13.1	3.1
杨界沙	CH46:1	蒙古兔	−20.0	5.4	37.7	13.9	3.1
杨界沙	CF2:2	蒙古兔	−18.2	3.5	38.8	14.3	3.1
杨界沙	AH12:13	蒙古兔	−16.3	5.6	37.1	13.6	3.1
杨界沙	AH12:1	蒙古兔	−19.5	4.3	40.5	14.9	3.1
杨界沙	CH4:7	蒙古兔	−20.8	5.9	41.3	15.2	3.1
杨界沙	AH19:6	蒙古兔	−20.9	5.1	40.1	15.1	3.1
杨界沙	AH12:45	蒙古兔	−19.2	3.7	40.9	14.9	3.2
杨界沙	AH23:33	蒙古兔	−18.8	6.4	40.7	14.7	3.2
杨界沙	CH15:10	蒙古兔	−19.9	4.3	40.1	14.7	3.1
杨界沙	AH12:34	蒙古兔	−17.2	5.5	42.5	15.6	3.1
杨界沙	AH12:33	蒙古兔	−21.1	4.0	41.7	15.6	3.1
王阳畔	M1	人	−7.1	9.4	40.9	15.1	3.1
王阳畔	M3	人	−7.0	7.7	42.0	15.1	3.2
王阳畔	T1(第三层):1	家猪	−6.1	6.6	43.0	15.1	3.3
王阳畔	T3H29	家犬	−7.9	8.9	41.5	15.1	3.2
王阳畔	T1(第二层):5	黄牛	−14.7	6.5	27.3	14.7	3.3
王阳畔	T2(第三层):3	黄牛	−15.1	5.1	27.6	15.4	3.3
王阳畔	T1(第二层):3	绵羊	−19.8	5.0	28.6	16.5	3.3
王阳畔	T1(第二层):6	绵羊	−18.7	5.1	27.4	16.1	3.3
大古界	F4:103	家猪	−17.6	7.8	42.4	15.1	3.2
大古界	F4:132	绵羊	−18.3	6.4	39.5	14.1	3.2
大古界	F4:1	鹤	−23.2	12.5	44.9	15.9	3.3

续表

遗址	样品编号	物种	$\delta^{13}C$(‰)	$\delta^{15}N$(‰)	C(%)	N(%)	C/N
大古界	F4:3	黄鼬	-16.2	8.8	43.8	15.5	3.3
大古界	F4:4	黄鼬	-19.3	8.7	44.0	15.7	3.2
大古界	F4:97	狗獾	-6.8	7.4	15.1	5.2	3.3
大古界	F4:41	蒙古兔	-18.6	5.4	42.3	15.2	3.2
大古界	F4:44	蒙古兔	-19.1	3.7	39.6	13.9	3.3
大古界	F4:40	蒙古兔	-20.0	4.2	42.9	15.3	3.3
大古界	F4:43	蒙古兔	-18.5	4.5	43.0	15.2	3.3
大古界	F4:42	蒙古兔	-19.9	3.7	30.4	10.8	3.2
大古界	F4:38	蒙古兔	-18.7	3.6	41.0	14.7	3.2
大古界	F4:39	蒙古兔	-18.7	4.0	38.9	13.8	3.2
大古界	F4:111	狍	-19.4	4.9	42.9	15.4	3.2
大古界	F4:112	狍	-20.2	5.5	43.1	15.1	3.3
大古界	F4:113	狍	-19.6	6.8	43.1	15.3	3.2
石峁	T2(第二层):D8	家猪	-6.9	4.9	39.7	15.1	3
石峁	T2(第二层):D1	家猪	-7.9	6.8	56.5	18.4	3.5
石峁	T2(第二层):D2	家猪	-6.1	4.9	46.7	17.7	3
石峁	T2(第二层):D3	家猪	-7.6	8.5	25.8	9	3.3
石峁	T2(第二层):D109	黄牛	-14.7	5.8	46.7	17	3.2
石峁	T2(第二层):D108	黄牛	-17.5	6.8	54.7	17.9	3.5
石峁	T2(第二层):D85	黄牛	-7.3	7.8	50.2	17.6	3.3
石峁	T2(第二层):D110	黄牛	-13.8	7.9	25	8.9	3.2
石峁	T2(第二层):D96	黄牛	-14.9	4.7	47.6	17.5	3.1
石峁	T2(第二层):D111	黄牛	-14.2	6.5	46.5	18.7	2.9
石峁	T2(第二层):D84	黄牛	-12.5	7.1	52.8	20.9	2.9

续表

遗址	样品编号	物种	$\delta^{13}C$(‰)	$\delta^{15}N$(‰)	C(%)	N(%)	C/N
石峁	T2E(第三层):D40	绵羊	-17	5.7	49.4	16.1	3.5
石峁	T2E(第三层):D45	绵羊/山羊	-17.1	4.8	46.8	16.6	3.3
石峁	T2E(第三层):D32	山羊	-14.9	6.8	52.3	17.5	3.5
石峁	T2E(第三层):D39	绵羊	-17	5.8	52.6	17.7	3.4
石峁	T2E(第三层):D41	绵羊	-15.1	5.1	44.8	15.3	3.4
石峁	T2E(第三层):D31	山羊	-18.5	4.5	39.2	15.8	2.9
石峁	F1:D362	绵羊/山羊	-17.8	4.8	42.6	15.4	3.2
石峁	F1:D395	狍	-18.7	2.9	42.9	16.4	3.0
木柱柱梁	ⅠH80(第三层):D6	家猪	-7.8	5.6	32	12.4	3
木柱柱梁	ⅠH132:D1	家猪	-8.8	4.3	13.9	5	3.2
木柱柱梁	ⅠH199(第一层):2	家猪	-9	6.1	28.8	11.4	2.9
木柱柱梁	ⅠF3:3	绵羊	-17.6	4	49	19.7	2.9
木柱柱梁	ⅠF9:6	绵羊	-17.2	5.5	51.4	18.9	3.1
木柱柱梁	ⅠH70(第二层):D13	黄牛	-13.9	7	43.5	17.3	2.9
木柱柱梁	H54:D11	山羊	-16.7	6.1	48.5	17	3.3
辛庄	15T14(第三层):D5	家猪	-7.1	7.3	50.6	18.1	3.2
辛庄	15G2(第三层):D1	家猪	-7.1	6.8	49.4	17.8	3.2
辛庄	15T23(第三层):6	家猪	-7.7	6.2	41.7	15.0	3.2
辛庄	15G2H3(第四层):D1	家猪	-7.4	5.8	40.7	14.3	3.3

续表

遗址	样品编号	物种	$\delta^{13}C$ (‰)	$\delta^{15}N$ (‰)	C (%)	N (%)	C/N
辛庄	2013QXH13(第二层):D6	家猪	−6.9	7.7	48.6	17.5	3.2
辛庄	15H23:D3	家猪	−7.5	6.2	44.8	16.1	3.2
辛庄	15T15(第三层):D2	黄牛	−12.4	5.7	36.4	13.3	3.2
辛庄	14QXT0102(第五层):D6	黄牛	−15.8	5.3	3.9	1.1	4.1
辛庄	15T23(第三层):D7	黄牛	−12.3	6.5	35.7	13.0	3.2
辛庄	2014QXⅠ区T0101(第四层)A:D5	黄牛	−14.3	5.0	35.1	12.8	3.2
辛庄	15T3:2	黄牛	−11.2	6.1	37.8	13.6	3.2
辛庄	F1:D29	山羊	−17.5	5.3	23.8	12.1	2.9
辛庄	15T21(第三层):D8	山羊	−16.1	5.3	42.4	15.4	3.2
辛庄	2013QXTG3(第四层):D1	山羊	−17.9	4.8	40.8	14.7	3.2
辛庄	15T24H57:D2	山羊	−17.2	4.3	43.6	15.9	3.2
辛庄	14QXT0002(第四层)B:D3	绵羊	−18.2	5.1	44.0	15.6	3.2
辛庄	2014QX枣湾畔H3:D45	绵羊	−16.9	4.4	43.6	15.7	3.2
辛庄	15H27(第三层):D4	绵羊	−15.2	6.3	44.4	15.8	3.2
辛庄	2014QXⅠ区T0102(第四层):D10	绵羊	−17.8	5.0	42.0	15.3	3.2
辛庄	T0002H22:D3	绵羊	−16.8	5.0	43.5	15.8	3.2

后　　记

本书的雏形始于我在中国科学院大学攻读博士学位期间完成的学位论文《榆林地区 3 000～1 000 cal BC 的旱作农业特征与影响》。2018 年提交答辩的文稿，如同早春的幼苗，虽已初具形态，却仍需在学术土壤中继续生长。进入复旦大学科技考古研究院工作后，我对原有研究进行了系统性的深化与拓展。如今付梓之际，这部书稿已历经五次重大修订，较之最初的博士论文，在数据精度、论证逻辑与理论框架上都有了质的提升。

本书主要的发现是黄土高原北部地区新石器时代晚期至青铜时代早期先民的农业活动，经历了从"以黍为主"到"以粟为主"的转变，适应干旱环境的导向相当明显；在早期城市化过程中，当地农业经济出现了多样化趋势，核心聚落石峁居民的饮食生活模式存在复杂化现象；但愈加干冷的气候条件、激烈的社会竞争等因素，加剧了土壤退化，使得当地农业经济以粗放扩张发展模式为主，集约化的潜力不足。这无疑助推了"半农半牧"或"农牧交错"模式在黄土高原北部的诞生。

回望 2015 年在陕北一个干热的初夏午后，当我站在秃尾河畔北侧的山峁上，第一次看见石峁规模宏大的石砌城墙时，未曾料想这场邂逅将开启长达十年的学术羁旅。从对大量出土炭化粟、黍种子的显微观察、测量统计和碳-14 测年，到针对人、动物骨骼和植物种子开展稳定同位素分析；从对单个遗址居民农业活动的探讨，到立足多个指标对黄土高原北部地区长时段农业经济变化轨迹的重建。这条探索之路充满解开古代文明兴衰密码的惊喜和挑战，其间所遇见人和经历的事都是美好的,令人倍感珍惜。

在此,我首先要感谢博士后导师袁靖教授。他是一位睿智的长者,是复旦大学科技考古研究院的首任"掌门人"。2017年研究院创建时,他已年过花甲,但对科技考古的初心始终不改。我进入复旦大学工作后,与他的交流都是愉快而收获丰富的经历。他严谨负责的治学态度和雷厉风行的办事作风令我印象深刻。他在科技考古方法论上的悉心指导,使我的研究真正实现了传统考古学与前沿科技手段的对话,他长期的支持和鼓励让我十分感激。

我还要感谢博士导师胡耀武教授。他是一个富有热情而且专心于学术研究的人,对于自己的学生总是悉心指导,为获得扎实的科学实验数据和有价值的学术见解也经常敲打,时时督促。他为学生营建了良好的学习与交流平台,不仅注重科研能力的培养也注重口头表达和沟通能力的训练。对我的研究工作,他总是强调立意要高远,告诫我要在扎实的文献阅读和认真的比较分析中,不断加深对科学问题的理解。

我也特别感谢我的另一位博士导师尚雪副教授。从2013年开始,尚老师指导我从事陕北地区新石器时代晚期的植物考古研究工作,在做学问与做事方面都引领我走上了新的人生道路,用心良苦。在科研中,为了取得研究材料和实验数据,她带领我进行了数次田野考察和实验工作。在学习中,她时常督促我、纠正我,也经常鼓励我、支持我。在我撰写研究论文中,她从选题、材料收集与分析、写作、修改文稿的整个过程中,无不倾注心血。对她的感激之情,我想只有在今后的科研工作中,勤勉奋进才是最好的报答。

近十年来,在我的求学、工作和生活中,还有很多人给我提供了无私的帮助与关爱。在此,我要感谢王昌燧教授、孙周勇研究员、蒋洪恩教授、李小强研究员、周新郢研究员、陆建松教授、陈淳教授、王

后　记

辉教授、秦小丽教授、郑奕教授、沈岳明教授、郑建明教授、魏峻教授、吴敬教授、王荣教授、吴小红教授、赵志军研究员、陈星灿研究员、李新伟研究员、关莹研究员、郭怡教授、邵晶研究员、杨利平研究员、孙战伟研究员、郭小宁研究员、张鹏程研究员、胡松梅研究员、马明志研究员、陈相龙副研究员、Martin Jones 教授、Benjamin Fuller 博士、Michael Storozum 博士、Edward Allen 博士、潘碧华教授、王欣副教授、张贵林副教授、张萌博士、魏偏偏博士、朱思媚博士、刘洋博士、廖静雯博士和陈子茜女士。

石峁古城在公元前二千纪前后经历的兴衰，恰似一个永恒的隐喻：文明的兴替总在辉煌与寂灭间循环往复。石峁仍召唤着人们继续聆听黄土深处传来的文明絮语。本书是对相关问题阶段性探讨的成果梳理，书中尚存诸多疏漏与欠妥之处，恳请各位学友不吝赐教，予以斧正。

感谢第 64 批中国博士后科学基金（2018M641902）和国家社会科学基金（21CKG022）对相关研究和野外考察工作提供的支持。

最后，感激我的家人，他们的理解和支持是我不断在学术之路上前行的最大动力。

生鹏荪

于上海五角场

2025 年 3 月 30 日

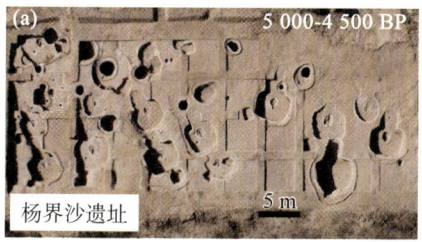
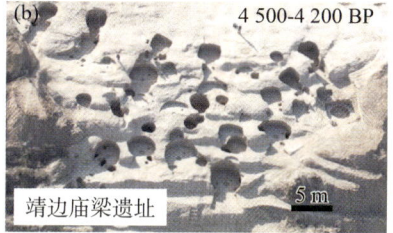

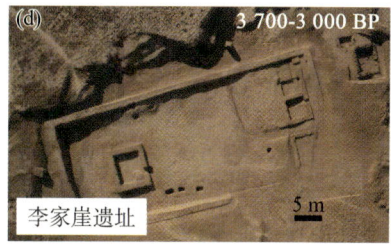

彩图1　黄土高原北部地区距今5 000～3 000年左右四个典型聚落

[(a)杨界沙遗址与(b)靖边庙梁遗址为乡村聚落,(c)石峁遗址与(d)李家崖遗址为城市聚落]

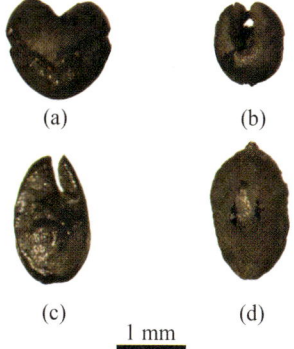

彩图2　本研究涉及的考古遗址出土炭化植物种子①

[(a)黍,(b)粟,(c)藜科(Chenopodiaceae),(d)虫实属(*Corispermum* sp.)]

---

① Sheng Pengfei, Shang Xue, Sun Zhouyong, Yang Liping, Guo Xiaoning, Martin Jones, "North-South Patterning of Millet Agriculture on the Loess Plateau: Late Neolithic Adaptations to Water Stress, NW China", *The Holocene*, 2018, 28(10), pp.1554-1563.

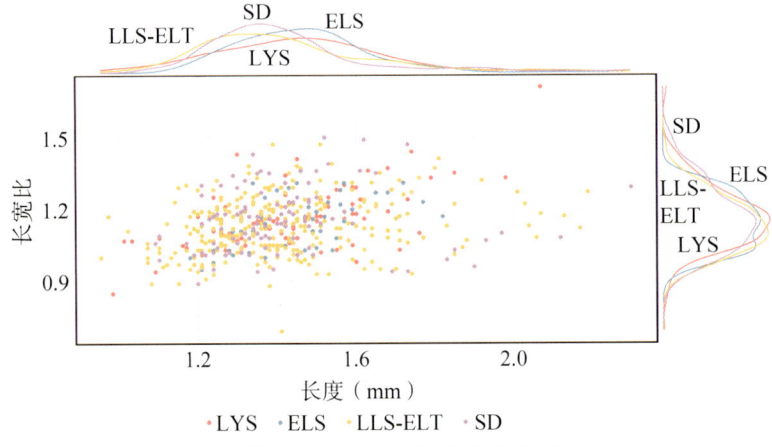

彩图 3　粟长宽比与长的散点图

(LYS:仰韶晚期;ELS:龙山早期;LLS－ELT:龙山晚-二里头时期;SD:商代)

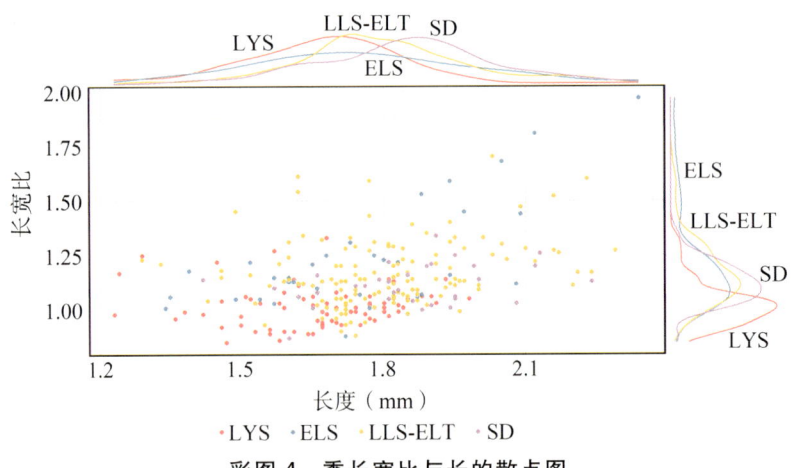

彩图 4　黍长宽比与长的散点图

(LYS:仰韶晚期;ELS:龙山早期;LLS－ELT:龙山晚-二里头时期;SD:商代)

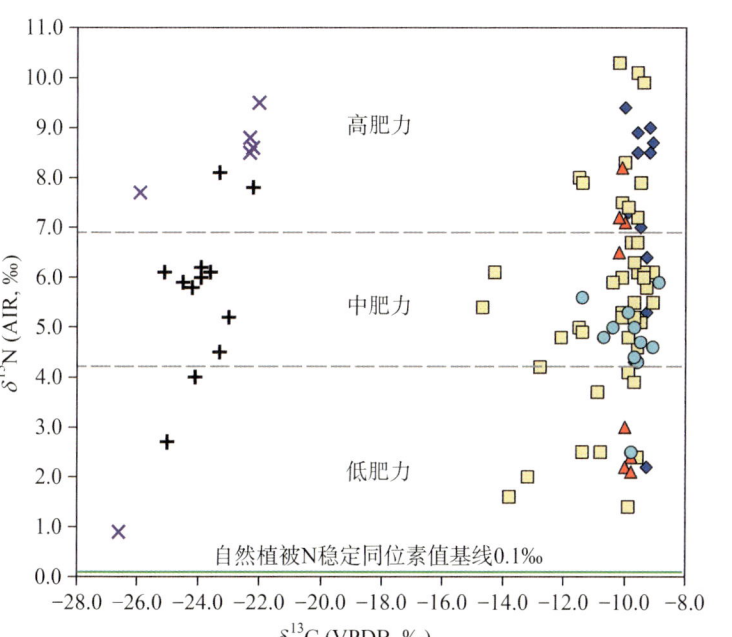

彩图5 本研究粟黍和杂草种子的 $\delta^{13}C$ 和 $\delta^{15}N$-校正值散点图,以及自然植被 N 稳定同位素值基线(实线)和高中低肥力线(虚线)

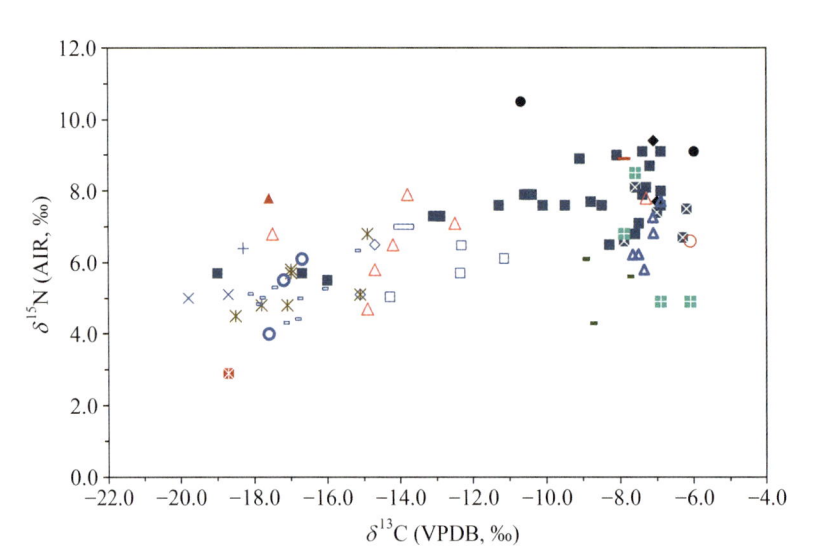

彩图6 黄土高原北部地区新的人和家畜动物骨骼 δ^{13}C 和 δ^{15}N 散点

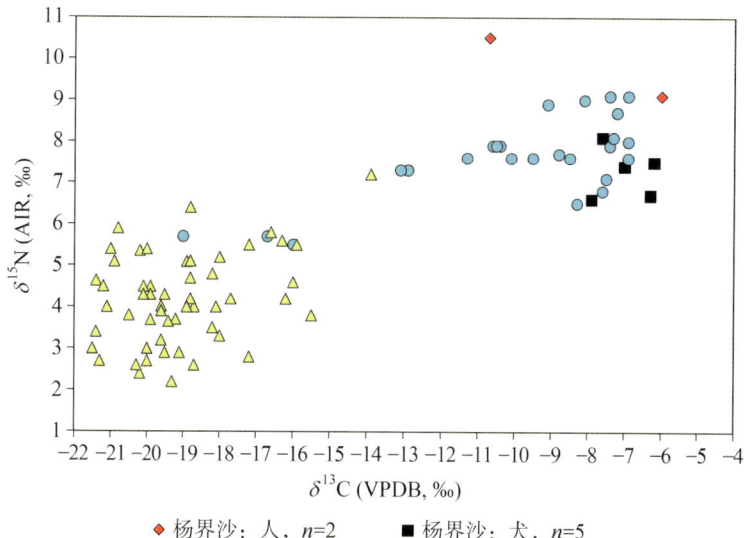

彩图 7 杨界沙野生动物、人类和家畜骨骼 $\delta^{13}C$ 和 $\delta^{15}N$ 值散点图

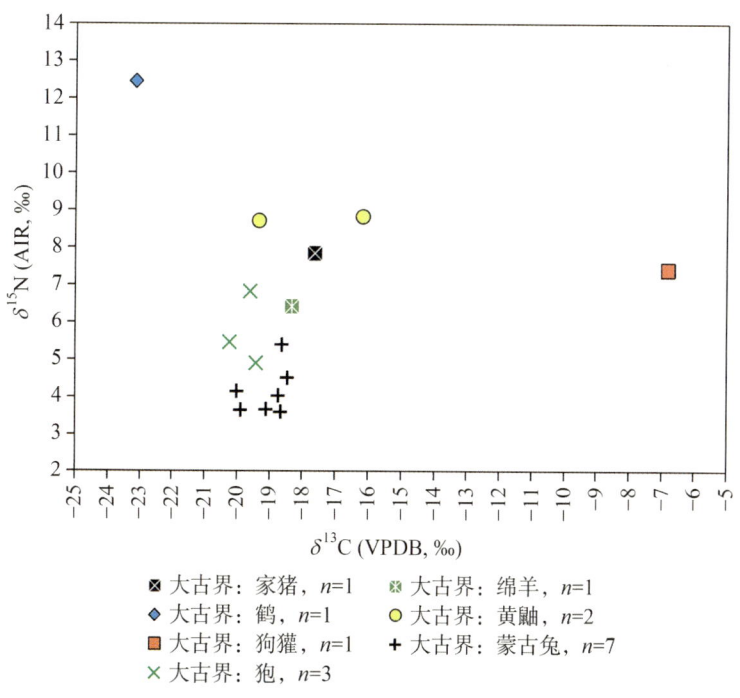

彩图 8 大古界遗址野生动物和家畜骨骼 $\delta^{13}C$ 和 $\delta^{15}N$ 值散点图

图书在版编目(CIP)数据

黄土高原北部早期农业经济研究:从新石器时代晚期到青铜时代早期/生膨菲著.--上海:复旦大学出版社,2025.8.
(复旦科技考古文库)
ISBN 978-7-309-18103-6
Ⅰ.F329.4
中国国家版本馆 CIP 数据核字第 202567HG44 号

黄土高原北部早期农业经济研究:从新石器时代晚期到青铜时代早期
生膨菲 著
责任编辑/方尚芩

复旦大学出版社有限公司出版发行
上海市国权路 579 号　邮编:200433
网址:fupnet@fudanpress.com　http://www.fudanpress.com
门市零售:86-21-65102580　团体订购:86-21-65104505
出版部电话:86-21-65642845
上海四维数字图文有限公司

开本 787 毫米×1092 毫米　1/16　印张 13　字数 151 千字
2025 年 8 月第 1 版
2025 年 8 月第 1 版第 1 次印刷

ISBN 978-7-309-18103-6/F·3120
定价:60.00 元

如有印装质量问题,请向复旦大学出版社有限公司出版部调换。
版权所有　侵权必究